Wolfgang Huber

Von der Freiheit

Perspektiven für
eine solidarische Welt

Herausgegeben von
Helga Kuhlmann
und Tobias Reitmeier

C.H.Beck

Originalausgabe

© Verlag C.H.Beck oHG, München 2012
Gesamtherstellung: Druckerei C.H.Beck, Nördlingen
Umschlagentwurf: malsyteufel, Willich
Umschlagabbildung: © Marco Urban
Printed in Germany
ISBN 978 3 406 63723 0

www.beck.de

Inhalt

Was ist kommunikative Freiheit?

Welche Freiheit – Eros der Freiheit – Die Freiheitsfalle: Bei der Freiheit handelt es sich, wie solche Buchtitel zeigen, um ein aktuelles und beziehungsreiches Thema. Die Verheißung der Freiheit zieht die Aufmerksamkeit auf sich; doch die Gefährdung der Freiheit steht genauso dringlich auf der Tagesordnung.

Wissenschaft und Technik dehnen die Reichweite des Gebrauchs menschlicher Freiheit aus. Eine den Globus umspannende Mobilität und eine dem Anschein nach grenzenlose digitale Kommunikation schaffen Verbindungen, die für frühere Generationen unvorstellbar waren. Wirtschaftlicher Austausch und finanzielle Transaktionen sind zu den entscheidenden Triebkräften der Globalisierung geworden.

Die reproduktionsmedizinische Verfügung über die Anfänge des menschlichen Lebens bezieht die reproduktive Selbstbestimmung in den Bereich individueller Freiheit ein. Die institutionellen Vorgaben für die Gestaltung des persönlichen Lebens schrumpfen: Partnerschaften auf Zeit treten neben die Verpflichtung zu lebenslanger Gemeinschaft; die Zugehörigkeit zu einer Religionsgemeinschaft wird zum Thema persönlicher Entscheidung; der Erwerb einer neuen Staatsangehörigkeit wird leichter. Die lebensverlängernden Möglichkeiten der Medizin führen zu dem Postulat, dass die Freiheit des Menschen auch die Bestimmung über den eigenen Todeszeitpunkt einschließt.

Doch mit den Spielräumen menschlichen Freiheitsgebrauchs wachsen auch die Gefahren, die der Freiheit drohen. Der Einzelne fühlt sich von der Vielfalt der Optionen überfordert. Und er stößt sich darüber hinaus an der ungleichen Verteilung der Freiheitschancen. Der Gegensatz zwischen Reichtum und Armut verschärft sich im eigenen Land wie weltweit; zugleich dämmert es,

dass der heutige Freiheitsgebrauch zugleich ein Freiheitsver-
brauch zu Lasten künftiger Generationen ist. Der Klimawandel,
der durch den heutigen Lebensstil verursacht wird, und die Schul-
den, die heutige Politik künftigen Generationen aufbürdet, sind
die beiden deutlichsten Beispiele dafür.

Sosehr Menschen die Freiheit preisen, so sehr rufen sie zugleich
nach Sicherheit. In der Gegenwehr gegen den global agierenden
Terrorismus hat sich erneut die Gefahr gezeigt, dass die Verteidigung der Freiheit in ihre Gefährdung umschlagen kann. Die Ausbreitung demokratischer Verhältnisse ist kein Naturgesetz; sie ergibt sich keineswegs zwingend aus der Durchsetzung marktwirt-
schaftlicher Prinzipien. Nur eine Minderheit der heute Lebenden
erfreut sich politischer Handlungsspielräume, die als «frei» bezeichnet werden können. Oft wird die Religion zur Begründung
von Freiheitsbeschränkungen herangezogen; Beobachter entneh-
men diesem Befund eine Gleichsetzung von «autoritär» und «religiös» auf der einen, von «freiheitlich» und «säkular» auf der anderen Seite. Nicht nur Freiheit als solche, sondern das Verhältnis
von Freiheit und Religion wird zu einem Schlüsselthema des
21. Jahrhunderts.

Doch was ist mit Freiheit gemeint? Dieses ebenso hohe wie ge-
fährdete Gut ist schwer zu bestimmen. Es ist leichter, die Unfreiheit zu beschreiben als die Freiheit. Manche meinen, es sei sogar
ein Verstoß gegen die Freiheit, wenn man über ihre negative Definition als Abwesenheit von Fremdbestimmung und Zwang hin-
ausgeht. Aber Freiheit ist mehr; definitorische Vorsicht ändert daran nichts. Sie ist, wie der Philosoph Peter Bieri sagt, «das Gefühl,
Urheber unseres Willens und Subjekt unseres Lebens zu sein». Die
Sehnsucht nach Freiheit ist so stark, weil wir als Menschen nicht
nur in einer Beziehung zu anderen, sondern auch zu uns selbst
stehen. Uns bestimmt die Sehnsucht, dem eigenen Leben eine klare
Richtung zu geben; wenn uns das gelingt, erfüllt uns das Glücks-
gefühl der Freiheit. Ein solches Gefühl lässt sich mit anderen teilen; aus ihm ergibt sich eher der Wunsch, Lebenssphären miteinander zu verknüpfen, als sie voneinander abzugrenzen.

Doch so wird die Freiheit nur selten betrachtet. Beherrscht
wird die Diskussion von dem Gedanken, dass Freiheit ein Recht

ist. Deshalb wird sie mit den Kategorien von Abgrenzung und Anspruch verbunden. Wie die Freiheit des einen von der Freiheit des anderen abgegrenzt wird, ist die eine Frage, die immer wieder gestellt wird. Die andere Frage bezieht sich darauf, welche Ansprüche sich aus dem Freiheitsrecht des Einzelnen gegenüber der Rechtsgemeinschaft, also gegenüber dem Staat, ergeben. Schon lange beschränken sich diese Ansprüche nicht mehr darauf, dass der Staat sich von der Sphäre individueller Freiheit fernzuhalten hat; vielmehr werden auch staatliche Leistungen zugunsten der individuellen Freiheit in Anspruch genommen.

Je mehr diese Denkweise den Freiheitsdiskurs bestimmt, desto stärker konzentriert er sich auf die individuelle Freiheit des Einzelnen. Nun haben die Fragen nach Abgrenzung und Anspruch ihr gutes Recht. Doch fraglich ist, ob Freiheit auf diese Weise in ihrer Fülle wahrgenommen wird. Denn konkret wird sie nicht einfach durch Anspruch und Abgrenzung; konkret wird sie vielmehr nur durch ihren Gebrauch. Die Antworten auf die Frage, wofür Freiheit gebraucht wird, sind vielfältig; aber das macht das Gespräch darüber weder unmöglich noch unnötig. Gestalt gewinnt die Freiheit unter den jeweiligen Bedingungen von Zeit und Ort; diese Gestalt ist abhängig von den Gelegenheiten, die sich bieten, und den Fähigkeiten, über die wir verfügen. Im konkreten Gebrauch haben wir es mit einer bedingten und endlichen Freiheit zu tun; gerade das macht sie kostbar.

Wenn es um Verwirklichungsfragen geht, treten Freiheit und Gerechtigkeit in ein unlösliches Wechselverhältnis miteinander. Wir können von den Kämpfen derer, denen die Freiheit vorenthalten und verweigert wird, nicht absehen. Wenn wir ihre Sehnsucht nach Freiheit ignorieren, beschädigen wir die Freiheit selbst. Freiheit ist also kein individueller Besitz; sie verwirklicht sich in einer Ordnung, die allen den Zugang zur Freiheit ermöglicht. Die Einzelnen müssen dazu befähigt werden, ihre Gaben zu nutzen; die Teilhabe an der Gesellschaft muss ihnen offenstehen. Eine solche Sichtweise schmälert die individuelle Freiheit nicht. Es kommt ihr vielmehr zugute, wenn man in Kommunikation und Solidarität genuine Ausdrucksformen der Freiheit erkennt.

Auf den Begriff der «kommunikativen Freiheit» hat mich der Philosoph Michael Theunissen im Jahr 1978 aufmerksam gemacht. Er hat ihn damals im Rahmen seiner Interpretation von Hegels Logik entwickelt. Mir ging auf, dass mit «kommunikativer Freiheit» ein Charakteristikum des christlichen Glaubens gut umschrieben ist. Denn zu dessen Merkmalen gehört, dass er Freiheit und Nächstenliebe miteinander verbindet. Jeder Auslegung des christlichen Glaubens muss daran gelegen sein, diese Verbindung weder als Einschränkung der Freiheit noch als Schwächung der Liebe zu verstehen.

Durch diesen Anstoß wurde «kommunikative Freiheit» zu einem Leitbegriff meiner Theologie. Immer deutlicher trat mir vor Augen, dass die reformatorische Theologie, an die paulinischen Briefe anknüpfend, sich von diesem Begriff aus erschließt. Seit dem Ende der siebziger Jahre habe ich mein Konzept der Sozialethik von hier aus entwickelt und mein Verständnis der Kirche als «Raum und Anwalt der Freiheit» daran ausgerichtet. Mein Versuch, eine «öffentliche Theologie» zu entwickeln, hat sich maßgeblich an diesem Leitbegriff orientiert. Aber auch in kirchenleitender Verantwortung habe ich mich von solchen Überlegungen bestimmen lassen; deshalb war es für mich folgerichtig, dass der Reformprozess der Evangelischen Kirche in Deutschland unter das Motto «Kirche der Freiheit» gestellt wurde.

Ich habe deshalb keinen Einwand dagegen, dass der südafrikanische Theologe Willem Fourie meine theologische Arbeit insgesamt vom Begriff «Communicative Freedom» aus darstellt. Und ich bin dankbar dafür, dass das Konzept von anderen aufgenommen wurde. Zu nennen ist insbesondere die Weiterführung durch Heinrich Bedford-Strohm in seinem sozialethischen Konzept einer Gemeinschaft aus kommunikativer Freiheit. Vor zehn Jahren haben Autoren aus unterschiedlichen Fachgebieten in dem von Hans-Richard Reuter gemeinsam mit Heinrich Bedford-Strohm, Helga Kuhlmann und Karl-Heinrich Lütcke herausgegebenen Buch *Freiheit verantworten* als Antwort auf die Herausforderungen der Moderne interpretiert. Darin wird insbesondere die These entfaltet, dass die Freiheit des Glaubens, die Freiheit des Gewissens und die verfasste Gestalt der Freiheit in

Staat, Gesellschaft und Kirche in einem klaren Zusammenhang stehen.

An diesem Beispiel zeigt sich, dass meine Theologie sich insgesamt im Austausch mit anderen entwickelt hat. Den Kolleginnen und Kollegen sowie den Mitarbeiterinnen und Mitarbeitern in den verschiedenen Phasen meiner beruflichen Tätigkeit verdanke ich nicht nur Unterstützung, sondern auch entscheidende Anregungen. Das kommt auch in diesem Buch zum Ausdruck, das aus einer Initiative von Helga Kuhlmann entstanden ist. Ihr und Tobias Reitmeier danke ich für die Idee und ihre Ausführung. Ebenso herzlich auch Ulrich Nolte, der das Buch verlegerisch betreut hat.

Wer «öffentliche Theologie» betreibt, lässt sich bewusst auf die Herausforderungen als Zeitgenosse ein. Das wird auch an diesem Buch erkennbar, in das Arbeiten aus unterschiedlichen Entstehungsjahren Eingang gefunden haben. Der früheste Text geht auf einen Vortrag aus dem Jahr 1978 zurück; der jüngste Text wurde im Jahr 2011 veröffentlicht. Doch die von Helga Kuhlmann und Tobias Reitmeier aus einem weit umfangreicheren Material ausgewählten Abschnitte dieses Buches werden trotz mancher Weiterentwicklungen durch einen Bogen zusammengehalten. Angesichts der Vielfalt heutiger Optionen will ich verdeutlichen: Verantwortete Freiheit aus dem Geist des christlichen Glaubens ist eine plausible Lebensform für das 21. Jahrhundert.

Wolfgang Huber

I.
Das Erbe der Reformation

Theologie der Befreiung – ein Anstoß Martin Luthers

Worin liegt der Ausgangspunkt der politischen Ethik in der Reformation? Ist sie für uns heute nur noch anstoßerregend oder kann sie Anstöße geben, die weiterwirken? Am Beispiel Luthers und der Tradition, die sich auf ihn beruft, will ich diesen Fragen nachgehen. Die Schweizer Reformation Zwinglis und Calvins, gerade für die Fragen der politischen Ethik von nicht geringerem Gewicht, bleibt außer Betracht.

Der Streit um die politischen Folgen der Reformation

Ein verbreitetes Urteil sieht die wichtigste politische Folge der Reformation in der Erziehung der Deutschen zum Gehorsam gegenüber der Obrigkeit, im Untertanengeist. Der Begriff der Obrigkeit ist durch Luther in der deutschen Sprache heimisch geworden; der berühmte Satz des Paulus, mit dem das 13. Kapitel des Römerbriefs beginnt, wurde nicht zufällig in Luthers Übersetzung zum geflügelten Wort: «Jedermann sei untertan der Obrigkeit, die Gewalt über ihn hat. Denn es ist keine Obrigkeit ohne von Gott. Wo aber Obrigkeit ist, die ist von Gott verordnet.»

Welche Gestalt auch immer die Obrigkeit haben mag, was auch immer sie befiehlt, sie ist von Gott verordnet und kann auf Unterwerfung Anspruch erheben. Der Untertanengeist, so scheint es, ist bei Luther und in Luthers Rückgriff auf Paulus angelegt. Am deutlichsten zeigt er sich in den flammenden Worten, mit denen der Reformator den aufrührerischen Bauern entgegentritt, als er sie auffordert, ihren Widerstand gegen die Obrigkeit aufzugeben, alle Gewaltsamkeit einzustellen und zum schlichten Gehorsam zurückzukehren. Die Fürsten aber ermuntert und ermächtigt er, mit allen verfügbaren Gewaltmitteln den Widerstand der Bauern gegen die rechtmäßige Obrigkeit zu brechen. Ja: denen, die den Ungehorsam gewaltsam niederringen, verspricht der Reformator, der Wiederentdecker der Rechtfertigung allein aus Glauben, himmlischen Lohn: «Solch wunderliche Zeiten sind jetzt, dass ein Fürst den Himmel mit Blutvergießen verdienen kann, besser denn andere mit Beten.»

Was hat Luther zu einer derart schroffen Apologie des Untertanengeistes veranlasst – oder soll ich sagen: verführt? Zwei Momente spielen zusammen.

Zunächst: Luther war darin ein zutiefst mittelalterlicher Mensch, dass er von der realen Wirksamkeit des Teufels überzeugt war. Die Welt – das ist für ihn der Schauplatz des Kampfes zwischen Gott und dem Teufel. Dieser Kampf dauert an bis zum Jüngsten Tag. Aufgabe des Menschen ist es, sich an diesem Kampf auf Gottes Seite zu beteiligen und im Ringen mit den Mächten des Bösen die Erde zu erhalten. Eine christliche Obrigkeit hat die Aufgabe, dem Bösen entgegenzutreten und im weltlichen Regiment am Kampf Gottes mit dem Teufel teilzunehmen. Im Aufstand der Bauern sah Luther einen Ausbruch des Teuflischen im Menschen; ihre Gewalttaten hatten für ihn dämonische Gestalt. Deshalb sein Appell an die Fürsten zum rücksichtslosen Einschreiten.

Das andere trat hinzu: Luther trennte sich darin vom Mittelalter, dass er der Vermischung von religiösen Hoffnungen und politischen Zielen den Abschied gab. Die mittelalterliche Kirche, die geistliche und weltliche Herrschaft zugleich ausüben wollte, hatte ihn die Notwendigkeit gelehrt, zwischen beidem deutlich zu unterscheiden, wenn auch keineswegs zu trennen. Das geistliche Regiment Gottes wirkt nur durch das Wort, nicht durch Gewalt. Darin unterscheidet es sich vom weltlichen Regiment, in welchem dem Bösen auch mit den Mitteln der Gewalt gewehrt werden muss. Bei den Bauern aber sah Luther eine heillose Vermischung von politischen Forderungen und religiösen Vorstellungen am

Werk. Sie wollten ihrem Widerstand dadurch ein unbezweifelbares Recht geben, dass sie die Gerechtigkeit, die sie einklagten, mit dem Reich Gottes gleichsetzten.

Gegen diese Vermischung richtete sich Luthers Protest. Und weil er von dem Gedanken, die Welt sei durch den Kampf zwischen Gott und dem Teufel bestimmt, nahezu besessen war, verstieg er sich bis zur Verteufelung der Bauern – wie er übrigens aus demselben Grund auch die Papisten und die Juden mit maßlosen und erschreckenden Worten verteufelte. Darüber ging ihm schließlich sogar der Sinn für die Forderungen der Bauern, die auch er als durchaus berechtigt anerkannt hatte, verloren. So versperrte er Teilen des Protestantismus bis zum heutigen Tag den Zugang zu der Frage, ob der Glaube politische Konsequenzen hat, ja wann er äußerstenfalls in den zivilen Ungehorsam gegen einzelne staatliche Entscheidungen oder in den politischen Widerstand gegen eine ungerechte Staatsordnung als solche fahren kann.

Ich will noch ein weiteres Motiv in Luthers Denken erwähnen, aus dem sich erklärt, warum wir mit der Frage nach den politischen Folgen der Reformation zunächst Obrigkeitsgehorsam und Untertanengeist verbinden. Luther hat die Gehorsamspflicht gegenüber der Obrigkeit mit den Pflichten der Kinder gegenüber den Eltern in Parallele gesetzt und beides aus dem Vierten Gebot abgeleitet, das dazu anhält, Vater und Mutter zu ehren. Daraus ergibt sich die Vorstellung, der Fürst als Landesvater und alle Amtspersonen seien mit väterlicher Gewalt ausgestattet; sie hat sich den Deutschen tief ins Gemüt gegraben. Kaum ein Gedanke der Reformation war so erfolgreich wie dieser. Er wurde noch dadurch unterstützt und bestärkt, dass auch die Kirche selbst sich unter die Obhut der Landesväter begab. Die Fürsten – und mochten sie in Einzelfällen wie in Sachsen oder Bayern auch katholisch sein – erhielten die Würde eines obersten Bischofs ihrer jeweiligen evangelischen Landeskirche; bis zur Novemberrevolution des Jahres 1918 hatte diese Regelung Bestand. Das Staatskirchentum dieses landesherrlichen Kirchenregiments stützte noch wirksamer als alle theologischen Überlegungen und Katechismusformeln den Untertanengeist, der deshalb noch heute als die wichtigste politische Folge der Reformation erscheint.

Wusste die Reformation über das Verhältnis von Glauben und Politik nichts anderes zu sagen, als zum Gehorsam aufzufordern? Es gibt in Luthers Werk eine unübersehbare, wenn auch häufig verdrängte andere Linie, die aus der Einsicht in die Befreiung der Gewissen Konsequenzen für das Handeln der politischen Obrigkeit wie der Gewaltunterworfenen zieht. Luther hat, darin seiner Zeit weit voraus, die Glaubens- und Gewissensfreiheit als Grenze der staatlichen Gewalt und von hier aus die Sicherung menschlicher Grundrechte als Maßstab zur Beurteilung staatlichen Handelns betrachtet. Dieser ungewohnte Schritt ergibt sich aus der Entschiedenheit, mit der Luther das Evangelium als Freiheitsbotschaft und den christlichen Glauben als Weg der Freiheit begriff. Was ich seine politische Theorie der Gewissensfreiheit nennen will, wurde häufig vergessen und verdrängt; doch den Kern der reformatorischen Entdeckung hielt er ohne Zweifel höher als Obrigkeitsgehorsam und Untertanengeist.

Von der Freiheit eines Christenmenschen

Trotz der fatalen Geschichte lutherischer Staatsfrömmigkeit bleibt richtig: Die weltgeschichtliche Bedeutung der Reformation hängt an der Radikalität, mit der die Reformatoren ein einziges Thema ins Zentrum der christlichen Existenz wie des theologischen Nachdenkens rückten. Reformation heißt insgesamt nichts anderes als die Wiederentdeckung der christlichen Freiheit. Dass es sich dabei um eine überraschende Entdeckung handelt, hat Luther durch den provozierenden Widerspruch deutlich gemacht, mit dem er die christliche Freiheit beschrieb. *Von der Freiheit eines Christenmenschen* heißt der Titel der entscheidenden reformatorischen Schrift, mit der er im Jahr 1520 die in der päpstlichen Bannbulle gegen ihn gerichteten Vorwürfe zurückweisen wollte. Den Inhalt dieser Schrift bündelte Luther in zwei Thesen: «Ein Christenmensch ist ein freier Herr über alle Dinge und niemandem untertan. Ein Christenmensch ist ein dienstbarer Knecht aller Dinge und jedermann untertan.»

Die paradox klingende Verknüpfung von Freiheit und Dienst findet man ebenso bei einem anderen großen Theologen der Reformation, bei Johannes Calvin: «Gott zu dienen ist die höchste Freiheit.»

Inwiefern handelt es sich bei diesem Hinweis auf die christliche Freiheit um eine neue Entdeckung, an die anzuknüpfen heute noch lohnt? Dieser Frage will ich etwas genauer nachgehen. Ich will zunächst klären, worin sich denn die christliche Freiheit zeigt. Ich will dann die Behauptung verfechten, dass man das Erbe der Reformation heute als eine «Theologie der Befreiung» entfalten muss. Und ich will schließlich einige Schritte der Befreiung erwägen.

Reformation heißt nichts anderes als die Wiederentdeckung der christlichen Freiheit. An die Reformation anzuknüpfen heißt, Anschluss an diese gefährliche Entdeckung zu suchen. Die Entdeckung der christlichen Freiheit ist deshalb gefährlich, weil sie jeden, der sie für sich in Anspruch nehmen will, dazu nötigt, sie auch kritisch gegen sich selbst gelten zu lassen. Christliche Freiheit im reformatorischen Verständnis hat einen selbstkritischen Sinn.

Darin unterscheidet sie sich von einer verbreiteten Form des Redens von Freiheit und ihres Gebrauchs. Verbreitet ist es, dass man von anderen die Gewährleistung von Freiheiten fordert, um selbst von den Folgen der Freiheit entlastet zu sein. Verbreitet ist etwa das Verständnis des freiheitlichen Rechtsstaats als eines Gemeinwesens, das individuelle Freiheiten schützt – unabhängig davon, ob die Bürger mit ihnen verantwortlich umgehen oder nicht. Freiheit bedeutet in einer solchen Denkweise den Schutz vor der Macht des anderen, mehr nicht.

So über die Freiheit zu denken ist keine moderne Erfindung. Schon lange vor der Reformation waren derartige Denkweisen geläufig. Insbesondere die Freiheit der Kirche selbst war ein vertrautes Thema. Gefordert wurde die Freiheit der Kirche von fremder Macht, nämlich der Macht des Staates. Die Macht- und Prachtentfaltung der Kirche selbst galt dagegen geradezu als Ausdruck ihrer Freiheit.

Doch die Reformation fordert nicht nur die Freiheit der Kirche, sondern versteht die Kirche als Ort der Freiheit. Der Grund ist einfach: Freiheit ist nicht das Resultat menschlichen Handelns. Die Machtentfaltung der Kirche kann so wenig Freiheit verbürgen, wie dies staatlicher Macht möglich ist. Es gibt keine andere Freiheit als die, die aus der freisprechenden Gnade Gottes kommt. Alles andere ist Selbstbetrug oder Heuchelei: die aberwitzige Vorstellung nämlich, der Mensch könne aus eigener Kraft den breiten Graben überspringen, der ihn von Gott trennt. Nur der «fröhliche Wechsel», in dem Gott von sich aus ein Bündnis mit dem sündigen Menschen eingeht, die «fröhliche Wirtschaft», in der Christus als sündloser Bräutigam das «arme, verachtete, böse Hürlein» der menschlichen Seele zur Ehe nimmt – nur dieser dramatische Übergang von der Perspektive des Menschen zur Perspektive Gottes erschließt eine Freiheit, die mehr ist als Selbstbetrug oder Heuchelei.

Für die Reformation ist es kennzeichnend, dass sich in ihr die äußerste Konzentration des Glaubens mit einer so vorher nicht bekannten Weite verband. Die Konzentration vollzog sich darin, dass der christliche Glaube insgesamt ganz streng am gekreuzigten und auferweckten Christus allein und damit an der Rechtfertigung des Menschen vor Gott orientiert wurde. Die Weite zeigt sich darin, dass sowohl der Glaube des Einzelnen als auch das Leben der christlichen Gemeinde, nicht zuletzt aber auch der Bereich des Politischen dem Vorrang der Freiheit unterstellt wurden.

Der «fröhliche Wechsel» bleibt also nicht – wie die Tradition des Obrigkeitsgehorsams nahelegt – auf die Seele des Menschen beschränkt. Der Übergang von der Perspektive des Menschen auf die Perspektive Gottes hat vielmehr weitreichende Folgen. Diese Konsequenzen lassen sich schon bei Luther selbst erkennen.

Im Jahr 1523 veröffentlicht er eine Schrift unter dem Titel *Von weltlicher Obrigkeit, wie weit man ihr Gehorsam schuldig sei*. Liest man diese Schrift mit unseren heutigen Augen und versucht man, ihren Inhalt mit unseren Worten zu wiederholen, so sagt sie: Was den Menschen zum Menschen macht, ist unabhängig davon, was er zu leisten vermag; die Würde der menschlichen Person ist jeder Manipulation durch eigenes Handeln wie jedem Zugriff durch staatliche Instanzen entzogen. An der Personwürde hat alle Machtausübung ihre Grenze – oder in Luthers Sprache: «Über die

Seele kann und will Gott niemand lassen regieren, denn sich selbst alleine.» Deshalb ist es dem Staat verboten, für den Bereich des Glaubens Gesetze aufzustellen. Die staatlichen Autoritäten verstoßen gegen ihr Amt, wenn sie die Staatsangehörigen mit Gewalt auf einen bestimmten Glauben verpflichten wollen. Die Freiheit des Menschen ist eine ihm von Gott gegebene und geschenkte Freiheit. Daraus ergibt sich die Forderung, dass der Staat, aber auch alle anderen gesellschaftlichen Kräfte die Freiheit des Glaubens und des Gewissens zu achten und zu schützen haben. Überschreitet der Staat diese Grenze, so ist für Luther das Recht zu gewaltfreiem Widerstand, ja die Pflicht zu passivem Ungehorsam gegeben.

Nicht die Freiheit, die man durch eigene Leistung erringt, sondern die geschenkte Freiheit, die aller Menschenwürde zugrunde liegt, bildet den Inhalt der Glaubens- und Gewissensfreiheit. Historisch betrachtet wie auch in der Sache haben die *Menschenrechte* in der *Glaubens- und Gewissensfreiheit* ihren Grund.

Der entscheidende Beitrag Europas zur politischen Kultur der Neuzeit ist also unlöslich mit dem reformatorischen Freiheitsverständnis verknüpft. Diese Erinnerung hebt die andere Einsicht nicht auf, dass weit weniger Grund zum Stolz auf die politische Kultur der europäischen Neuzeit besteht, als oft behauptet wird. Beispiellos sind die Grausamkeit und der Erfindungsreichtum bei Gewalt und Gewaltmitteln, die von Europa ausgingen; die europäischen Überlegenheitsgefühle sind weithin haltlos und von überheblicher Arroganz. Doch der neuzeitliche Gedanke der Menschenrechte, von christlichen Gruppen auf dem Weg von Europa nach Amerika formuliert, ist ein wichtiger Beitrag Europas zur politischen Kultur einer gefährdeten Weltgemeinschaft. Ein entscheidender Anstoß dafür liegt in der reformatorischen Entdeckung der christlichen Freiheit.

Die Reformatoren haben diese Entdeckung nicht nur nach außen geltend gemacht, sondern zugleich kritisch gegen die Kirche selbst gewandt. «Es ist unter den Christen kein Oberster, denn nur Christus selber und allein», sagt Luther 1523.

«Und was kann da für Obrigkeit sein, da sie alle gleich sind und einerlei Recht, Macht, Gut und Ehre haben, dazu keiner begehrt, des anderen Oberster zu sein, sondern jeder will des anderen Unterster sein.» Das ist ein umstürzlerischer Gedanke: die christliche Gemeinde als eine Gemeinschaft von Menschen, in der jeder des anderen Unterster sein will, die christliche Gemeinde als ein Ort herrschaftsfreien, geschwisterlichen Umgangs miteinander. Wer diese Vorstellung ernst nimmt, sieht sich zu radikaler Kirchenkritik genötigt: zur Kritik an einer Kirche, die immer wieder Freiheit durch Herrschaftsmechanismen sichern, die Freiheit verwalten will. Und diese Kritik ist umso nötiger, als die Kirche durch die Missachtung der Freiheit im Inneren zugleich ihren entscheidenden politischen Beitrag schuldig bleibt. Denn nach der Vorstellung der Reformation entfaltet die christliche Gemeinde durch ihr eigenes herrschaftsfreies Leben zugleich eine ansteckende und ausstrahlende Wirkung für die Bereiche von Staat und Gesellschaft, von denen sie zugleich sorgfältig unterschieden bleibt.

Diese Behauptung klingt zunächst verwirrend. Denn Luther ist in den letzten Jahrzehnten ja vor allem deshalb immer wieder bemüht worden und wird von Politikern mit Vorliebe deshalb zitiert, weil er angeblich die Unterscheidung der zwei Reiche, des geistlichen und des weltlichen Regiments, erfunden haben soll. Tatsächlich ist ihm diese Unterscheidung, wie schon gezeigt, wichtig. Er begreift eben staatliches Handeln vor allem als strafendes Gewalthandeln gegenüber denen, die die Rechtsgemeinschaft gefährden. Weltliche Obrigkeit – so denkt er – ist vor allem deshalb nötig, weil es in jedem Gemeinwesen «Unchristen» – und sei es auch getaufte – gibt, die nur durch Gewalt von bösen Taten abgehalten werden können. Gewalt aber ist ein Mittel des weltlichen und nicht des geistlichen Regiments. Dort herrscht das Wort, nicht die Gewalt.

Der Gewaltcharakter ist es also, in dem das weltliche Regiment und der Bereich staatlicher Herrschaft deutlich und schroff vom geistlichen Regiment unterschieden sind. Doch neben diese Unterscheidung tritt die Verbindung. Sie zeigt sich zunächst in dem Hinweis auf die Grenzen des Staats: Jedes Eingreifen in die Freiheit des Gewissens und des Glaubens ist ihm untersagt. Sie zeigt sich aber auch in der konstruktiven Beziehung zwischen beiden. Christen werden durch das Wort Gottes dazu beauftragt und herausgefordert, ihre Aufgaben in Staat und Gesellschaft im Dienst des Nächsten wahrzunehmen. Christliche Freiheit zeigt sich in der konstruktiven Phantasie, mit der ein Christ ein «Knecht aller Dinge und jedermann untertan» wird.

Das ist die Grundlage lutherischer Ethik im Ganzen: Im praktischen Handeln fallen die Orientierung am Willen Gottes und die vorbehaltlose Zuwendung zum Mitmenschen zusammen. Auch für die politische Ethik steht keine andere Basis zur Verfügung; der Gedanke, die Politik folge eigenen Gesetzen, deren normativer Anspruch sich gegen jene Basis durchsetzen konnte, ist ausgeschlossen. Vertrauen zum Willen Gottes und Liebe zum Mitmenschen zeigen sich indes gerade in der Freiheit der Vernunft. Deshalb sieht Luther eine entscheidende Voraussetzung für verantwortliche politische Entscheidungen in der Bereitschaft, auf den Rat anderer «mit freier Vernunft und unbefangenem Verstand» zu hören. An solchen Beratungsvorgängen beteiligt er sich selbst mit unermüdlicher Ausdauer. Er hält es für seine Aufgabe als «Doktor der Heiligen Schrift», zu politischen Problemen Stellung zu nehmen und entsprechende Anfragen seiner Landesherren und anderer Fürsten pünktlich zu beantworten. Daraus spricht mehr als bloßes Pflichtbewusstsein. Luther will die Folgen der christlichen Freiheit für die politischen Konflikte seiner Zeit deutlich machen.

Freiheit und Befreiung

Wäre man diesem Ansatz treu geblieben, hätten sich manche politischen Irrwege des deutschen Protestantismus vermeiden lassen. Ausgeschlossen wäre es zumindest gewesen, dass man Glauben und praktisches Handeln einfach auseinanderreißt oder beziehungslos nebeneinanderstellt.

In diesem Sinn hat man freilich den reformatorischen Ansatz häufig missverstanden. Als der Protestantismus sich zu Beginn des 20. Jahrhunderts der rasanten Dynamik der modernen Wissenschaft und Technik sowie der Entfaltung des imperialen Machtstaats ausgesetzt sah, reagierte er darauf mit dem Rückzug in die

Innerlichkeit der Gesinnung. Angesichts der Eigengesetzlichkeit einer Politik, die den Imperativen der Macht gehorcht, und angesichts der Eigendynamik einer Wirtschaft, die den Imperativen von Konkurrenz und technischer Entwicklung folgt, fand der Glaube nur noch im Herzen und Gewissen der Einzelperson einen Ort. Die christliche Freiheit wurde als Innerlichkeit, als Herzensbildung, als Verhältnis des Einzelnen zu seinem Gott verstanden. Die Botschaft von der Rechtfertigung des Sünders wurde nun individualistisch ausgelegt. Die Unterscheidung der beiden Reiche gewann dadurch einen ganz neuen, von Luther selbst weit entfernten Sinn. Die politische Bedeutung der christlichen Freiheit wurde vergessen; damit aber wurde ihr Sinn halbiert.

Für den Protestantismus mussten schon die Erfahrungen mit dem nationalsozialistischen Regime und der eigenen Anfälligkeit für die völkische Ideologie ein Grund sein, diese Verkürzung der christlichen Freiheit auf reine Innerlichkeit zu überprüfen. Dem entspricht eine verbreitete Kritik aus Kirchen der Dritten Welt. Dort wird gesagt: Die christliche Freiheit muss politische Konsequenzen haben; sonst wird sie zum egoistischen Trost des Einzelnen. Diese Anfrage nehme ich auf, wenn ich die reformatorische Theologie in bewusster Konzentration als Theologie der Befreiung verstehe. Der Anklang an die lateinamerikanische Theologie der Befreiung ist dabei durchaus beabsichtigt.

Erläutern will ich meine Behauptung genau an dem Thema, das man für den Individualismus des evangelischen Freiheitsverständnisses immer in Anspruch genommen hat, nämlich am Gedanken der Gewissensfreiheit.

In jedem einschlägigen Schulbuch begegnet das Ereignis, mit dem Luthers Vorstellung von der Freiheit des Gewissens identifiziert wird. Als der Wittenberger Mönch im Jahr 1521 vor Kaiser und Reichsständen in Worms alle seine bisherigen Schriften widerrufen sollte, antwortete er in der Öffentlichkeit des Reichs mit jenen berühmten Sätzen, die bis heute als Grundaussage der protestantischen Gewissensfreiheit gelten:

Wenn ich nicht durch das Zeugnis der Heiligen Schrift oder Gründe der Vernunft überwunden werde, denn weder dem Papst noch den Konzilien allein vermag ich zu glauben, da es feststeht, dass sie wiederholt geirrt und sich selbst widersprochen haben, so halte ich mich überwunden durch die Schrift, auf die ich mich gestützt habe, so ist mein Gewissen in Gottes Wort gefangen, und darum kann und will ich nichts widerrufen, weil gegen das Gewissen zu handeln weder sicher noch lauter ist. Gott helfe mir!

Hier hat die Freiheit des Gewissens eine unmittelbar öffentliche Wirkung. Weil er sich im Gewissen unmittelbar angesprochen weiß, folgt Luther dem Grundsatz, in einem solchen Konflikt Gott mehr zu gehorchen als den Menschen. Das Gewissen begegnet uns hier als die Instanz, die zur Auflehnung gegen herrschende Autoritäten berechtigt. Wenn man den Protestantismus als die Religion der Gewissensfreiheit versteht, dann beruft man sich auf sein kritisches Potential, auf die in ihm aufbewahrte Bereitschaft zu Auflehnung und Protest. Zum Protestantismus gehört der Widerspruch gegen alle Anmaßungen in Kirche und Staat, stellvertretend für den Einzelnen zu entscheiden und ihn von seiner unvertretbaren Verantwortung zu entbinden. Deshalb ist die Erinnerung an das reformatorische Verständnis christlicher Freiheit gefährlich. Verpflichtet sie doch jeden, sich seiner freien Vernunft und seines unbefangenen Verstandes zu bedienen.

Was geht uns der Kurfürst in Fragen des Glaubens an, kann Luther ganz respektlos fragen. Das Gewissen ist für ihn nicht ein Instrument der Anpassung, sondern der Kritik. Es ist nicht nur – wie heute viele Psychologen oder Soziologen erklären – eine Instanz, mit deren Hilfe der heranwachsende Mensch an die herrschenden Normen einer Gesellschaft angepasst und zum funktionierenden Glied dieser Gesellschaft sozialisiert wird. Vielmehr beruft Luther sich auf das Gewissen, wo er alle Anpassung verweigern muss. Um des Gewissens willen kann er sich weder dem Papst noch dem Kaiser unterwerfen, sondern muss seine scharfe Kritik an der kirchlichen Lehre und den kirchlichen Zuständen seiner Zeit aufrechterhalten.

Luther hat sich also in seiner Zeit durch die Übermacht der Institution nicht davon abbringen lassen, seinem Gewissen zu folgen. Denn er sah darin nicht nur eine persönliche Regung, sondern eine Verpflichtung gegenüber der Anrede durch das Wort Gottes. In dieser Tatsache als solcher begegnet uns die Revolution, die die reformatorische Wende noch heute für das Verständnis der Freiheit darstellt. Freiheit des Gewissens kann ihr zufolge nämlich nicht verstanden werden als eine Rückzugsposition, in die man vor öffentlicher Inanspruchnahme fliehen kann, als eine Fluchtburg des Individuums, in der es vor staatlichen Eingriffen sicher ist, als ein Bereich persönlicher Entscheidung, über deren Gründe keine Rechenschaft abzugeben ist. Bei Luther hat die Gewissensfreiheit öffentliche Relevanz; über die Gründe der im Gewissen getroffenen Entscheidungen kann und muss Rechenschaft gegeben werden. Gewissensentscheidungen bilden sich nicht einfach in der Einsamkeit des Individuums, sondern in der Kommunikation mit anderen. Sehr viel realistischer erscheint mir Luthers Gewissensbegriff als seine modern-individualistische Variante – und theologisch sehr viel ernsthafter dazu. Für Luther bedeutet Gewissensfreiheit nämlich vor allem: Man kann den Konsequenzen nicht ausweichen, die sich aus dem Gehorsam gegenüber dem Wort Gottes ergeben. Die Einheit von Freiheit und Bindung begegnet auch hier wieder als charakteristischer Grundzug reformatorischen Christentums.

Woher aber speist sich bei Luther die Entschiedenheit, in der er vom Gewissen spricht und seinem Gewissen folgt? Dazu noch einmal ein Satz des Reformators: «Die Gewissen aufzurichten und zu ermuntern, ist nichts anderes als Tote auferwecken.» Der alte Mensch stirbt, der neue ersteht zum Leben. Dieser Umschwung ist das Thema des reformatorischen Bekenntnisses. Der Mensch ist nach Luthers Vorstellung hin- und hergeschleudert in den Strudeln des Kampfs zwischen Gott und dem Bösen. Er ist wie ein Reittier, das immer den Befehlen desjenigen folgt, der auf ihm sitzt. So hat auch das Gewissen eine ganz gegensätzliche Funktion – je nachdem, welcher Reiter es mit Beschlag belegt. Ist es vom Bösen, vom Satan, bestimmt, so wird es zu einer bösen Bestie, die den Menschen zwingt, gegen sich selbst zu stehen. Nur wenn Christus in ihm regiert, kann von einem guten Gewissen die Rede sein.

Das ist eine überraschende Auswirkung von Luthers Ansatz: Das gute Gewissen ist nicht der Zustand, in den ich gerate, wenn ich selbst etwas Gutes getan habe, dessentwegen ich beruhigt schlafen kann. Das gute Gewissen ist das von Gott freigesprochene Gewissen, das durch die Anrede Gottes in die Freiheit versetzte Gewissen. Freiheit erlangt der Mensch nicht durch eigenes Handeln; sie ist nicht das Ergebnis seiner Leistungen. Von Freiheit zu reden heißt vielmehr: von erfahrener Befreiung zu sprechen. Diese Befreiung ist «nichts anderes als Tote auferwecken». In diesem genauen Sinn ist reformatorische Theologie immer Theologie der Befreiung. Die Freiheit von Gesetz, Sünde und Tod, von der Macht des Teufels, vom Zorn Gottes, vom Jüngsten Gericht erfährt der Christ im Gewissen, weil Christus ihm als Befreier begegnet.

Jede Generation macht ihre eigenen Erfahrungen mit der Aktualität der Einsicht, dass Befreiung den Grund aller Freiheit bildet. Für viele ist das Reaktorunglück in Tschernobyl zum Symbol dafür geworden, wie schrecklich der Versuch scheitern kann, das menschliche Leben auf die eigenen Taten, auf die eigenen Leistungen aufzubauen und umfassend durch eigenes Tun abzusichern. Die Bedeutung des Symbols reicht aber über das jeweils aktuelle Ereignis weit hinaus, so einschneidend es war. Es verweist auf den neuzeitlichen Streit um den Sinn menschlicher Freiheit.

In der Neuzeit streitet die reformatorische Theologie der Befreiung mit einem anderen Freiheitsprojekt, das die menschliche Freiheit als selbstgemachte, selbst hergestellte Freiheit begreift. Die Technik wird zum entscheidenden Mittel dieser Freiheit; deshalb erfährt jeder technische Fortschritt eine positive Wertung. Das gigantische Experiment, die Natur mit technischen Mitteln der Herrschaft des Menschen zu unterjochen, ist von der Sehnsucht angetrieben, in dieser Herrschaft über die Erde den Sinn des menschlichen Lebens insgesamt zu verwirklichen.

Einem Freiheitsverständnis, das an Selbstverwirklichung und Selbstdurchsetzung gebunden ist, tritt im christlichen Glauben die Erinnerung an eine Befreiung entgegen, kraft deren Menschen sich als begrenzt wahrnehmen und auf Allmachtsphantasien verzichten können. Diese Erinnerung ist den verschiedenen konfessionellen Traditionen gemeinsam. In Assisi ist sie ebenso präsent wie in Wittenberg; der heilige Franz ist ebenso ihr Zeuge wie Martin Luther.

Luther hat die christliche Freiheit nicht individualisiert. Zu seinen Grundüberzeugungen gehörte vielmehr die Einsicht, dass keiner seine Freiheit für sich behalten kann. Sie ist kein persönlicher Besitz, sondern drängt auf Auswirkungen im Verhältnis zu anderen. In der Zuwendung zum Fremden, im Mitleiden, in praktischer Solidarität gewinnt die Freiheit konkrete Gestalt. Der erfahrenen Befreiung folgen Taten der Befreiung. An diese reformatorische Einsicht müssen sich Christen und Theologen im alt gewordenen Europa immer wieder von Christen und Theologen, katholischen zumal, aus der Dritten Welt erinnern lassen. Sie müssen sich daran erinnern lassen, dass auch für Luther die guten Werke zwar keine Bedingung des Heils, wohl aber eine notwendige Folge des Glaubens waren. Unter ihnen aber steht vornan, für die Freiheit des anderen einzutreten. Die Befreiung der Gewissen kann man also nicht dafür in Anspruch nehmen, dass man sich vom anderen absondert, ihn seinem Schicksal überlässt oder ihn gar im eigenen Interesse übervorteilt. Es gibt eine breite Tradition des protestantischen Individualismus, die durch Luthers Freiheitsvorstellung gerade nicht gedeckt ist. Denn für ihn hingen christliche Freiheit und Solidarität unlöslich zusammen.

Schritte der Befreiung

Deshalb gehört zu einer Theologie der Befreiung die Suche nach Schritten der Befreiung. Wer von der christlichen Freiheit herkommt, kommt um Schritte der Befreiung nicht herum. Worin können sie bestehen? In aller Zuspitzung gebe ich drei Hinweise.

Zunächst: Christliche Freiheit ist Befreiung vom Zwang zur Selbstrechtfertigung. Was ist deren praktischer Sinn? Welche Folgen hat es, wenn wir uns von der zwanghaften Vorstellung lösen, dass wir den Sinn unseres Lebens durch unser Handeln und durch unser Haben selbst herstellen? Was verändert sich, wenn wir uns von der zwanghaften Vorstellung lossagen, dass wir durch unsere Vorkehrungen absolute Sicherheit erreichen könnten? Schritte der Befreiung gehen von dem Vorrang eines geschenkten Seins vor einem hervorgebrachten Haben aus. Eine Theologie der Befreiung schließt deshalb heute eine Ethik der Selbstbegrenzung ein. Deren dringlichste Themen liegen auf der Hand: die Bewahrung der Umwelt, die Beendigung jenes Umgangs mit den Ressourcen der Erde, in dem die Industrie- und Schwellenländer sie auf Kosten der Zweidrittelwelt und der künftigen Generationen verschleudern. Zur Theologie der Befreiung gehört der Abschied vom Imperativ des technischen Zeitalters, nach dem der Mensch alles tun soll, was er tun kann. Zu ihr gehört auch der Abschied von der Vorstellung, man könne absolute Sicherheit errüsten – und wenn nicht auf der Erde, so doch wenigstens im Weltraum. Die evangelischen Kirchen in der DDR haben diesen Abschied einst als die Absage an Geist, Logik und Praxis der Abschreckung bezeichnet.

Eine zweite Perspektive schließt sich an. Für reformatorisches Verständnis sind Freiheit und Unterdrückung unvereinbar. Luther hat das für das Zusammenleben in den christlichen Gemeinden selbst durch die einprägsame Forderung verdeutlicht, in ihnen solle jeder Christ dem anderen der Unterste sein. Heute hat der kirchliche wie politische Sinn dieser Forderung globale Ausmaße angenommen. Die Frage, ob die christliche Kirche eine Gemeinschaft radikaler Gleichheit zwischen Schwestern und Brüdern bildet, stellt sich heute im weltweiten Maßstab: im Verhältnis nämlich zwischen reichen und armen Kirchen in der einen ökumenischen Christenheit.

Doch vielleicht verstellen uns eigene, sicher wohlerwogene politische und wirtschaftliche Interessen den Blick für die Unterdrückung im Namen der Freiheit. Dadurch aber gewinnt eine Theologie der Befreiung für Christen in einer reichen Industrienation ein neues, ein besonders heikles und dramatisches Thema: die Aufklärung über diejenigen Interessen bei uns selbst, die der Erkenntnis im Weg stehen, wie unsere besondere Form der Freiheit durch die Armut und Unterdrückung anderer erkauft wird.

Das führt mich zu einer letzten Perspektive. Für den christlichen Glauben gehören Freiheit und Liebe zusammen. Freiheit verwirklicht sich am reinsten in selbstloser Solidarität. Schärfer als durch diesen Hinweis lässt sich freilich der Widerspruch zwischen christlichem Freiheitsverständnis und der Freiheitsauffassung des neuzeitlichen Besitzindividualismus gar nicht fassen. Nach der besitzindividualistischen Konzeption nämlich realisiert sich Freiheit in der Konkurrenz, in der Selbstdurchsetzung, im eigenen Fortkommen. Der Satz «Leistung soll sich wieder lohnen» ist ein unverstandener und unverständiger Nachklang dieser besitzindividualistischen Konzeption. Dem tritt eine andere Vision entgegen, nach der Freiheit und Liebe zusammengehören. Freiheit verwirklicht sich im Miteinander mit dem anderen Menschen, nicht im Gegeneinander. *Freiheit verwirklicht sich in der Solidarität, nicht in der Konkurrenz.*

Die Spannung zwischen diesen beiden Visionen der Freiheit wurde lange verdrängt – besonders gründlich in der Bundesrepublik, die auf die Frage nach dem Sinn der Freiheit mit wirtschaftlichen Wachstumsraten antwortete. Diese Spannung wieder ernst zu nehmen, ist an der Zeit. Dann freilich muss man auch die Bewegungen in unserem Land ernster nehmen, die in einer Welt der Konkurrenz die Freiheit der Solidarität in kleinen Schritten auszubreiten suchen.

Solche Entwicklungen und Bewegungen fordern eine Vorordnung der Solidarität vor die Konkurrenz, der Würde des anderen vor die eigenen Rechte, des gemeinsamen Friedens vor die rücksichtslose Selbstdurchsetzung. Es könnte an der Zeit sein, in solchen Versuchen Folgen christlicher Freiheit zu sehen, Schritte der Befreiung, auch: Anstöße der Reformation.

Die Bedeutung der Reformation – 500 Jahre danach

«Wittenberg, ruhmreiche Stadt Gottes, Sitz und Burg der wahren katholischen Lehre, Hauptstadt des sächsischen Kurfürstentums, die berühmteste Universität in Europa und der bei weitem heiligste Ort des letzten Jahrtausends», so lautet die Überschrift über einer Wittenberger Stadtansicht um 1560. Es ist ein kolorierter Holzschnitt Lucas Cranachs des Jüngeren und seiner Werkstatt.

Nur etwa fünfzig Jahre früher sprach man über Wittenberg noch nicht in so hohen Tönen. Man befürchtete vielmehr, es liege «in termino civilitatis», am Rande der Zivilisation. Dennoch folgte der Erfurter Augustinermönch Martin Luther 1508 dem Ruf Friedrich des Weisen, an der jungen Wittenberger Universität Philosophie zu lehren.

Heute trägt diese Stadt den Namen «Lutherstadt Wittenberg». Den Namen des Mannes, der ihr zu weltweitem Ruf verholfen hat, hat sie sich zu eigen gemacht. In der Schlosskirche fanden Martin Luther und Philipp Melanchthon ihre letzte Ruhe; das preußische Herrscherhaus ließ sie zu einer Reformationsgedächtniskirche umbauen.

Der Erfurter Augustinermönch Martin Luther war bei seinen Freunden und Kommilitonen als Musikliebhaber und geselliger Student bekannt. Doch in seinem Innern durchgrübelte er zugleich Tag und Nacht die Frage nach dem gnädigen Gott. Ihn beschäftigte die Frage: «Wie bekomme ich einen gnädigen Gott?»

Heute heißt die Frage: Wofür bin ich da? Was ist meine Aufgabe im Leben? Wie finde ich zu einem sinnerfüllten Leben? Wenn es denn Gott gibt – kann ich etwas tun, was bei ihm Anerkennung findet?

Luther entdeckte damals in der Bibel eine Antwort, die trägt. Er lernte durch sein Studium der Heiligen Schrift Neues über Gott. Im Römerbrief des Apostels Paulus, den er in den frühen Wittenberger Jahren unermüdlich studierte, stieß er auf Gerechtigkeit, die vor Gott gilt – nämlich eine Gerechtigkeit, die Gott selbst schafft. Welche andere sollte denn vor Gott gelten können? Klar trat ihm vor Augen, was es bedeutet, wenn es im Römerbrief heißt: «Der Gerechte wird aus Glauben leben» (Röm 1,16 f.).

Die existentielle Kraft, die nach Luthers eigenem Zeugnis dieser Glaubenseinsicht zukam, lässt sich auch heute erschließen. Niemand muss sich einen gnädigen und barmherzigen Gott verdienen, weil Gott immer schon gnädig und barmherzig ist. Niemand muss sich einen Lebenssinn erarbeiten, es gilt ihn im Glauben zu finden. Kein Mensch muss Gott gütig stimmen, sondern Gott bestimmt uns durch seine Güte. Gott erweist sich als gnädig, deshalb brauchen wir ihm nichts zu beweisen. Wer das glaubt, der ist gerettet. «Der Gerechte wird aus Glauben leben.»

Diese Erkenntnis brachte einen Wind der Freiheit in die fest gefügte mittelalterliche Welt. Die Angst vor einem richtenden, strafenden Gott, die Sorge um das zukünftige Seelenheil, der Zweifel im Blick auf die eigene Würdigkeit und Rechtschaffenheit – die Sorgen einer ganzen Weltsicht fielen in sich zusammen. Die Entdeckung der Gnade Gottes weckte eine neue Lust an der Freiheit. Frei von den Albträumen der Sorge. Frei für die Liebe zu Gott. Frei für den Dienst am Nächsten. Eine solche Erfahrung änderte alles, sogar den Namen: Aus Martin Luder wird Martin Luther, damit das griechische Wort für Freiheit, *eleutheria*, im Namen des Reformators anklingt.

Dieser Schritt ins Freie bestimmt das Gedenken an Luther bis auf den heutigen Tag. Damit ist ein Thema vorgegeben, das heute von einer unüberbietbaren Aktualität ist. In unserem Leben als Einzelne wie in der Gemeinschaft mit anderen nehmen wir wahr, dass unsere Seele, wie Luther sagte, eine «Harrerin» ist; sie streckt sich aus nach einem Anker, ohne den Freiheit nicht gelingt. Zugleich zeigt sich aufs Neue, wie sehr Menschen in aller Welt sich nach der Freiheit von Not wie von Furcht sehnen. In einer Zeit, in der eine globale wirtschaftliche Dynamik die Verarmung großer Bevölkerungsschichten nicht etwa aufhält, sondern beschleunigt, bekommt die Frage nach der Freiheit von Armut und Not erneute Dringlichkeit. In einer Zeit, in der ein weltweit agierender Terrorismus Furcht auslöst und Kriege in neuer Gestalt um sich greifen, wird die Freiheit von Furcht zu einem Alltagsthema. Zugleich fragen sich Menschen, wozu sie frei sein wollen. Sie spüren, dass materielle Sicherungen allein weder Frieden noch wirklichen Wohlstand bringen.

Viele allzu glatte Hinweise auf solches Suchen sind heute zu hören. Die Wiederkehr des Interesses an Religion führt nicht allein zu einer neuen Aufmerksamkeit für die Botschaft des Evangeliums. Sie beschert uns auch viele Varianten einer eingängigen, ja «marktgängigen» Religiosität. Ein Gott, der alle Probleme löst, ist bequemer als der Gott, um den Martin Luther gerungen hat. Mit einfachen, fundamentalen Antworten soll der Sinn des menschlichen Lebens beschrieben und die Furcht bewältigt werden. Aber Schwarz-Weiß-Bilder werden dem Leben nicht gerecht.

Zu den Besonderheiten der Theologie Martin Luthers gehört es, dass er sich nicht über die Rätsel und die Ausweglosigkeiten des Lebens hinwegsetzte. Zu der Freiheit, die er lehrte, gehörte auch die Bereitschaft, der Anfechtung standzuhalten und die Verborgenheit Gottes nicht zu übertünchen oder zu übertönen. Dass alle gute christliche Theologie eine Theologie des Kreuzes sei, war eine seiner tiefsten und bleibenden Erkenntnisse.

Gegenüber dem Fortschrittsoptimismus der Moderne liegt darin ein wichtiges Gegengewicht. Die Siegeszüge neuzeitlicher Weltbeherrschung haben das nüchterne Bild vom Menschen nicht außer Kraft gesetzt, für das Luther eintrat. Er pries die im Glauben geschenkte Freiheit deshalb so hoch, weil er davon überzeugt war, dass der Mensch von sich aus unfrei ist, ein Gefangener der Sünde, auf sich selbst fixiert, ein in sich verkrümmtes Wesen. Zum aufrechten Gang rief er deshalb auf, weil er wusste, dass die Freiheit sich nicht von selbst versteht.

Genau aus diesem Grund ist die Stimme reformatorischer Kirchen in unserer Zeit unentbehrlich. Sie versteht die Freiheit eines Christenmenschen zuallererst als Abschied von den Verkehrungen der menschlichen Existenz, als Rettung aus den Desorientierungen des menschlichen Daseins, als Befreiung aus den Ketten der Sünde und des Todes.

«Wir sind Bettler, das ist wahr.» So heißen die Worte, die Luther auf seinem Sterbebett zurückließ. Auch sich selbst gegenüber war er von äußerster Nüchternheit.

Gerade wer den reformatorischen Aufbruch als einen Aufbruch zur Freiheit versteht, wird Schatten und Grenzen der Person Martin Luthers wie der Reformation insgesamt nicht aussparen. Wie tief Luthers Empfindungen mit der mittelalterlichen Welt verbunden blieben, braucht nicht verschwiegen zu werden. Dass es Phasen in seinem Leben gab, in denen er hinter jedem Busch einen Teufel witterte, wirkt auf uns Heutige befremdlich – auch wenn unser manchmal reichlich harmloses und oft genug nur vermeintlich aufgeklärtes Weltbild zu Rückfragen Anlass gibt.

Luthers mitunter polemischer Charakter, seine ambivalente Rolle in den Bauernkriegen, seine beschämenden Aussagen zu den Juden und sein Kommentar zu den Expansionsbestrebungen des Osmanischen Reichs – all dies gehört in das Bild seiner Person hinein. Gesundheitliche Belastungen trugen zu seinem manchmal aufbrausenden Wesen bei. Wir reden von einem Menschen mit seinem Widerspruch. Vergangene Jubiläumsfeiern für Martin Luther wie für die Reformation haben diese Ambivalenz mitunter verdrängt.

Zurückliegende Jubiläen können auch als Lehrstunden dafür dienen, wie Luther für das «nationale Erbe» vereinnahmt wurde. Sosehr wir Luthers Beitrag zur deutschen Kultur, insbesondere die Prägekraft, mit der er die deutsche Sprache gestaltete, würdigen, so wenig Anlass haben wir, die Überlegenheitsgesten zu wiederholen, mit denen Martin Luther und ein vermeintliches «deutsches Wesen» zusammengebracht wurden. Deutsche im Inland wie auch im Ausland wurden unter Berufung auf Luther lange Zeit dazu verführt, Patriotismus und Nationalismus miteinander zu verwechseln.

Ebenso wichtig wie die Frage, wovon der christliche Glaube befreit, ist auch die andere Frage, wozu er in die Freiheit ruft. Denn die Zusage der Freiheit setzt Menschen in Bewegung und bewahrt sie davor, in egoistischer Verkrümmung zu verharren. Reformatorischer Glaube zielt auf den rechten Gebrauch der Freiheit. Ohne Umschweife sage ich: Wohlverstandene Freiheit braucht den Bezug zu Gott. Die darin gründende Einheit zwischen einer «Freiheit von» und einer «Freiheit für» fasst Luther in der berühmten Doppelthese zusammen: «Ein Christenmensch ist ein freier Herr über alle Dinge und niemandem untertan. Ein Christenmensch ist ein dienstbarer Knecht aller Dinge und jedermann untertan.»

Wer die Unfreiheit in sich selbst zurücklassen kann, wird frei zum Lob Gottes wie zum Einsatz für den Nächsten. Dass Christen allen Dingen frei gegenübertreten können, bewährt sich gerade darin, dass sie aus freien Stücken Diener sein können. Gerade weil Gott jedem Menschen den aufrechten Gang schenkt, kann jeder Mensch die Knie beugen: zum Gebet zu Gott wie zum Einsatz für den Nächsten. Darin finden wir bis heute die reformatorische Grundlegung für die Verantwortung aus Freiheit und für die Freiheit, sie schließt das Bemühen um die Bewahrung und Entfaltung der Freiheit ein – und zwar der eigenen ebenso wie der fremden Freiheit.

Luther benutzte dafür ein schlichtes Bild. Er verglich das christliche Leben mit einem guten Baum, der gute Früchte bringt. Dieser Baum kann gar nicht ohne gute Früchte sein; aber die guten Früchte bewirken nicht, dass der Baum gut ist. In diesem Sinn gehören die guten Werke – Luther scheute vor diesem Ausdruck keineswegs zurück – unlöslich zum christlichen Leben. Drastisch heißt es bei ihm: «Folgt die Liebe nicht, so ist der Glaube gewisslich nicht da.»

Damit verbindet sich ein weiterer Gedanke. Wenn es allein Gott ist, der jedem Menschen durch den Glauben an Christus Freiheit und Würde zuspricht, dann ist jeder Mensch gleich unmittelbar zu Gott. Jeder soll deshalb auch einen eigenen Zugang zu dem haben, was Gott ihm schenkt. Dieses Geschenk begegnet ihm zuallererst in der Bibel. Denn – so Luther – «Gott hat uns keine andere Treppe gegeben noch einen anderen Weg gewiesen, darauf wir in den Himmel gehen können, denn sein liebes Wort».

Um diesem lebendigen Wort zu begegnen, muss man sich in die Heilige Schrift vertiefen. Deshalb hat die Reformation die Bibel in der Muttersprache zugänglich gemacht und so viel Wert darauf gelegt, dass alle Menschen Lesen und Schreiben lernen. In der reformatorischen Tradition ist Bildung eine der Folgen der christlichen Freiheit. Philipp Melanchthon gab für diese Bildung eine klare Parole aus: «Wähle dir vom Besten das Beste aus, und zwar, was zur Kenntnis der Natur und zur Bildung des Charakters beiträgt. Vor allem ist hierbei die griechische Bildung vonnöten, die die gesamte Naturwissenschaft umfasst, um über die Ethik sachkundig und gewandt sprechen zu können.»

Ich zitiere diese Worte, weil sie zeigen, wie sich die Reformation in die europäische Bildungsgeschichte eingezeichnet hat. Europa in seiner durch Antike und Christentum geprägten Gestalt und eine Bildung, die diese Gestalt erschließt, gehören zusammen. «Beste Bildung ist für alle», ob Migrant oder Einzelkind, ob mit Behinderung oder hochbegabt – das ist die Herausforderung unserer Zeit. Mündige Christen treten für die Bildung mündiger Bürger ein. Bildungschancen können deshalb nicht nach der sozialen Herkunft verteilt werden, überkommene Strukturen dürfen den freien Zugang zur «besten Bildung für alle» nicht behindern. Hier in Wittenberg wurde eine Vorstellung von Bildung entwickelt, die über spätere Verengungen des Bildungsbegriffs weit hinausreicht.

Wenn alle Menschen gleich unmittelbar zu Gott sind und einander aus der Freiheit eines Christenmenschen zu Dienern werden, dann steht zwischen ihnen selbst genauso wie zwischen den einzelnen Menschen und Gott keine Institution, keine Hierarchie, keine Zwischeninstanz. Hier wird die Radikalität wieder spürbar, mit der zuerst der Apostel Paulus den christlichen Glauben verstanden hat: «Hier ist nicht Jude noch Grieche, hier ist nicht Sklave noch Freier, hier ist nicht Mann noch Frau; denn ihr seid allesamt einer in Christus Jesus» (Gal 3,28). Es ist kein Wunder, dass sich aus dieser Gleichheit vor Gott ein «Priestertum aller Glaubenden» ableitete. Das Bild einer christlichen Gemeinschaft wurde entworfen, deren Mitglieder sich ohne geistliche Standesunterschiede Gott zuwenden und priesterlich füreinander eintreten wollten, weil jeder Getaufte zum Glaubenszeugnis in Wort und Tat berufen ist. Keine derartige Berufung zeichnet sich vor der anderen durch eine besondere Weihe oder ein besonderes Gelübde aus; deshalb ist die Übernahme jeder ethisch zu verantwortenden weltlichen Aufgabe zugleich eine «Berufung» im geistlichen Sinn.

Hier liegt der Ursprung der neuzeitlichen Vorstellung vom Beruf. Auch die Prägung dieses Worts geht auf Luther zurück. Mit ihm vollzieht sich eine unerhörte Aufwertung des Diesseits; denn der weltliche Beruf gilt nun als der vornehmste Bewährungsraum des Glaubens. Diese Auffassung vom Beruf hat die moderne Welt, gerade auch das Feld wirtschaftlicher Verantwortung geprägt. Nicht nur auf Calvin, sondern auch auf Luther muss man achten, wenn man den reformatorischen Wurzeln der modernen kapitalistischen Wirtschaftsweise nachgehen will.

Von dem Verständnis der Kirche als einer Gemeinschaft der Gleichen gehen auch gesellschaftspolitische Impulse aus. Doch der verschlungenen Vorgeschichte der modernen Demokratie will ich an dieser Stelle nicht nachspüren. Der Beitrag der Reformatoren zu ihrer Entwicklung wurde für viele dadurch verdunkelt, dass sie den Auswüchsen eines schwärmerischen Freiheitsbewusstseins so energisch entgegentraten. Dennoch bleibt wahr: Der Gedanke der geistlichen Gleichheit vor Gott wurde zu einer entscheidenden Triebkraft auf dem Weg zur Demokratie, die sich in protestantisch geprägten Staaten wie den Niederlanden und der Schweiz, aber auch in Großbritannien und den USA Bahn brach.

Die kulturellen Wirkungen der Reformation, des Aufbruchs zur Freiheit, reichen tief hinein in die politische Kultur unserer Zeit. Deshalb ist es eine wichtige Aufgabe, das kulturelle Gedächtnis zu stärken und unserem kulturellen Bewusstsein das nötige Maß an historischer Tiefenschärfe zu verleihen.

Ein Letztes: Es war nicht Luthers Absicht, eine neue Kirche zu gründen. Vielmehr ging es ihm darum, die Kirche, in der er lebte und der er dienen wollte, aus ihrer «babylonischen Gefangenschaft» zu befreien. Er sah in der einen Kirche Jesu Christi eine Kirche der Freiheit. Luther wollte eine Reform seiner katholischen Kirche an Haupt und Gliedern, keine neue Kirche. Zur Trennung der Konfessionen haben mehrere, darunter auch ganz weltliche Faktoren beigetragen. Sie ist aus dem Handeln und Unterlassen aller Beteiligten entstanden. Ob wir von den Ursachen und Wirkungen der Reformation heute ein gemeinsames Bild haben und dieses Bild auch gemeinsam formulieren können, ist deshalb ein wichtiger Prüfstein dafür, wie weit wir mit der ökumenischen Gemeinschaft der Kirchen gekommen sind. Der Versuch, ein gemeinsames Verständnis der Rechtfertigungslehre zu formulieren, war – mitsamt den Begrenztheiten dieses Versuchs – ein Schritt in dieser Richtung, dem weitere folgen müssen. Dann besteht die Aussicht, dass das Reformationsjubiläum 2017 wirklich zu einem ökumenischen Ereignis wird. Wir wollen diesen Weg ebenso mit der römisch-katholischen Kirche wie mit anderen christlichen Kirchen gemeinsam gehen. Dabei sind die aus der Reformation hervorgegangenen Kirchen, mit denen wir in kirchlicher Gemeinschaft stehen, ebenso von Bedeutung wie die weltweite Gemeinschaft lutherischer Kirchen.

Luther ist eine europäische, ja eine weltgeschichtliche Figur. Die Reformation hat nicht nur Wittenberg und Torgau verändert, auch nicht nur Speyer oder Heidelberg. Für zahlreiche Städte in Europa und in der ganzen Welt gilt, dass sich ihre Geschichte nicht ohne den Bezug auf die Reformation erzählen lässt. Luther gehört nicht allein den Deutschen. Die aus der Reformation hervorgegangenen Kirchen sehen sich in Kontinuität mit der alten Kirche. Grundlegend sind für sie alle zusammen mit der Heiligen Schrift die Glaubensbekenntnisse der Alten Kirche. Miteinander sind sie durch eine zweitausendjährige Geschichte geprägt, zu der Augustin ebenso gehört wie Martin Luther, Wilhelm von Ockham ebenso wie John Wesley, Thomas von Aquin ebenso wie Friedrich Schleiermacher. Aber nicht nur an die Autoren großer und großartiger Theologie sollten wir denken, sondern ebenso an die Beispiele besungener und gelebter Frömmigkeit.

Der Name Martin Luthers steht auch dafür, dass der christliche Glaube besungen, dass in der christlichen Gemeinde gesungen und musiziert wird. Als Autor von Texten und Melodien hat Luther in unserem Evangelischen Gesangbuch zusammen mit dem nahe bei Wittenberg, nämlich in Gräfenhainichen geborenen Paul Gerhardt eine Spitzenstellung inne. Und ebenso steht Martin Luthers Name dafür, dass jede christliche Gemeinde sich in der gemeinsam wahrgenommenen Nächstenliebe bewährt. Seine «Ordnung des gemeinen Kastens» schlägt die Brücke zu den Impulsen, die sich mit dem Namen von Johann Hinrich Wichern verbinden, der das Programm der Inneren Mission 1848 an keinem anderen Ort verkündete als in Wittenberg. Deshalb hängt sein Bild in dieser Kirche.

Vom christlichen Leben sagte Luther: Es «ist nicht ein Frommsein, sondern ein Frommwerden, nicht ein Gesundsein, sondern ein Gesundwerden, nicht ein Sein, sondern ein Werden, nicht eine Ruhe, sondern eine Übung. Wir sind's noch nicht, wir werden's aber. Es ist noch nicht getan und geschehen, es ist aber in Gang und im Schwung. Es ist nicht das Ende, es ist aber der Weg.» Nun gilt es, aus diesen Wurzeln Kraft und Ideen zu schöpfen für eine

Kirche, die auch heute und morgen, Luther folgend, von dem Gott der Freiheit und der Gnade begeistert und einladend erzählt, und für eine Gesellschaft, die solchen Impulsen Raum gibt und sie aufnimmt.

Evangelisch im 21. Jahrhundert

«Die Zeit des Schweigens ist vergangen, und die Zeit des Redens ist gekommen.» In Wittenberg wurde dieser Satz geprägt. Martin Luther richtete ihn im Jahr 1520 «an den christlichen Adel deutscher Nation» und forderte diesen dazu auf, das Seine für «des christlichen Standes Besserung» zu tun.

Nun ist die Zeit christlicher Adelsherrschaft vorbei. Zum «christlichen Adel» gehören alle Getauften; sie alle sind aufgefordert, das Ihre zu «des christlichen Standes Besserung» zu tun. Sie alle sind zur Antwort auf den Ruf des Evangeliums berufen.

Als Gemeinschaft der durch die Taufe «Geadelten» fragt die evangelische Kirche nach dem Weg unserer Kirche. Sie fragt danach, wie sie das Evangelium von der Rettung des gottlosen Menschen durch Gottes Gnade so zu Gehör bringen kann, dass es die Menschen erreicht. Sie fragt deshalb nach der evangelischen Gestalt des christlichen Glaubens im 21. Jahrhundert – «Evangelisch im 21. Jahrhundert». Christliche Freiheit ist dafür das Losungswort. Als Kirche der Freiheit wollen wir wirken und wahrgenommen werden. «Unsre Seele ist entronnen wie ein Vogel dem Netze des Vogelfängers; das Netz ist zerrissen, und wir sind frei.» Dieser Vers aus dem 124. Psalm bildet das biblische Motto für solche Überlegungen.

Ich werde zunächst danach fragen, um welche Freiheit es denn geht, wenn wir von der christlichen Freiheit sprechen. Sodann soll unsere Aufmerksamkeit der Neuentdeckung dieser Freiheit in der Reformation gelten. Wie diese Neuentdeckung im 21. Jahrhundert wahrgenommen und bewahrt werden kann, ist anschließend zu bedenken. Schließlich wende ich mich der Frage zu, was sich aus dieser Konzentration auf die christliche Freiheit für das Verständnis der Kirche ergibt. Dabei will ich ausdrücklich auf die aktuelle Bedeutung eingehen, die in der Forderung nach einer «Kirche für andere» enthalten ist. Das alles soll in einer Weise bedacht werden, die zwischen dem Handeln Gottes und dem Handeln der Menschen, zwischen der Zukunft Gottes und der von uns zu gestaltenden Zukunft unterscheidet.

Unter den drei Leitbegriffen der neuzeitlichen Revolutionen – Freiheit, Gleichheit, Brüderlichkeit – ist vor allem die Freiheit zu einem Schlüsselwort für das Selbstverständnis des modernen Menschen geworden. Seine Berufung zum aufrechten Gang, die ihm anvertraute Fähigkeit, Subjekt des eigenen Handelns, ja der eigenen Lebensgeschichte zu sein, der ihm zugetraute Mut, sich des eigenen Verstandes zu bedienen, die Erfahrung mit sich selbst in der Erschließung der Welt: all das gibt dem Begriff der Freiheit einen unvergleichlichen Klang. Er ist voller Verheißungen.

Immer wieder jedoch wurde die Freiheitseuphorie mit Enttäuschungen konfrontiert. Aber endgültig beugen ließ sich das Freiheitsbewusstsein dadurch nicht. Empirisch lässt es sich nicht beweisen; vielmehr ist es dem Menschen mit seinem Menschsein zugesprochen, zu dem die Möglichkeit gehört, Handlungen von sich aus anzufangen. Doch woher wissen wir, dass unsere Handlungen aus Freiheit geschehen, dass wir selbst ihre Urheber sind? Wir wissen es jedenfalls nicht einfach durch die Beobachtung des Menschen selbst. Aber wir wissen, dass wir den Begriff des Menschen selbst preisgeben würden, rechneten wir ihm seine Handlungen nicht mehr zu.

Der Grund christlicher Freiheit

Freiheit ist ein Schlüsselbegriff schon des biblischen Zeugnisses. Diesem Zeugnis gemäß ist Freiheit die große Gabe Gottes an die Menschen. Ihr wohnt die Verheißung des Gelingens ebenso inne wie die Verführung zum Misslingen. Die ihm als Geschenk anvertraute Freiheit zu bewahren, die in der Befreiung aus der Sünde erneuerte Freiheit verantwortlich zu gebrauchen, ist Gottes Auftrag an den Menschen. In allen großen Traditionsströmen des christlichen Glaubens hat diese Freiheitszusage ihren Ort, weitergegeben von Generation zu Generation.

Dabei waren die christlichen Kirchen keineswegs immer Vertreter und Förderer der Freiheit. Sie haben immer wieder vor den Folgen der Freiheit gewarnt und den Missbrauch der Freiheit beklagt; sie haben die vom christlichen Glauben selbst ausgelösten Freiheitsprozesse auch negiert und problematisiert. Es geht also nicht einfach darum, eine Erfolgsgeschichte zu erzählen. Wohl aber gilt es zu würdigen, dass in allen diesen verschiedenen Haltungen der Mütter und Väter im Glauben immer wieder der Versuch zu erkennen war, das besondere Freiheitsverständnis des christlichen Glaubens zu dem jeweils dominanten weltlichen Freiheitsverständnis als Quelle und kritisches Gegenüber ins Verhältnis zu setzen; es hat dadurch immer wieder zur Präzisierung und zum tieferen Verständnis der Freiheit beigetragen.

Die christliche Theologie hat um das rechte Verständnis der Freiheit gerungen. Sie hat in allen ihren Phasen, Ausgestaltungen, Richtungen und Verästelungen festgehalten, dass das christliche Freiheitsverständnis einen unaufgebbaren Beitrag zum Verständnis und zur Gestaltung der Freiheit leistet. Diese christliche Freiheit wird auch die alleinige und entscheidende Basis sein, die uns als Kirche der Freiheit evangelisch im 21. Jahrhundert sein lässt. Bei aller Ungewissheit über die Wege, die vor uns liegen, werden wir den nötigen Mentalitätswandel nur in der Orientierung an der Freiheit finden, die Gott uns in Jesus Christus schenkt und die wir im Glauben für uns gelten lassen. Orientierung finden wir in der Freiheit durch Gott, zu uns selbst und für unsere Nächsten.

Der Erfurter Professor und Mühlhausener Pfarrer Ludwig Helmbold hat eines der schönsten Danklieder unserer evangelischen Tradition gedichtet; Johann Crüger hat ihm wie auch vielen Liedern Paul Gerhardts eine musikalische Gestalt gegeben, durch die es über die Jahrhunderte hin vertraut blieb. Ich meine das Lied «Nun lasst uns Gott dem Herren Dank sagen und ihn ehren». Das Lied endet mit einem großen Ausblick; als Gebet singen evangelische Gemeinden seit Jahrhunderten diesen Vers: «Erhalt uns in der Wahrheit, gib ewigliche Freiheit, zu preisen deinen Namen durch Jesus Christus. Amen» (EG 320, 8).

In wenigen Worten wird sie vor uns gestellt: die in der Wahrheit gründende «ewigliche Freiheit» eines Christenmenschen. Diese Freiheit erhält ihre Bestimmtheit durch den Namen Jesu Christi. Und sie kommt zu ihrer höchsten Erfüllung, wenn sie sich aufschwingt zum Lob Gottes, der in Jesus Christus uns zugute menschliche Gestalt annimmt. Eine in Gottes Menschwerdung begründete Freiheit, die im Lob Gottes ihre Erfüllung findet – das ist in der Tat eine Freiheit, die der Mensch sich nicht dadurch plausibel machen muss, dass er sie an sich selbst und seinen Taten aufweist. Dies ist keine Freiheit, die dadurch geprägt ist, dass sie alles Mögliche für gleich gültig erklärt. Sondern es ist eine Freiheit, die sich ein Mensch von Gott schenken lässt, um sie im Verhältnis zu sich selbst wie im Eintreten für seinen Nächsten zu bewähren. Sie erhebt sich aus der Gefangenschaft allen Machens und Schaffens. Sie lässt sich nicht durch uns selbst verbürgen, durch unsere Fähigkeiten, Finanzen oder Freunde; sondern sie verdankt sich der Güte Gottes. «Erhalt uns in der Wahrheit, gib ewigliche Freiheit, zu preisen deinen Namen durch Jesus Christus. Amen.»

«Evangelisch im 21. Jahrhundert» wird diese Erkennungsmelodie auf den Lippen tragen. Diese Melodie wird zum Mitsingen einladen; denn nur in diesem Gesang der Befreiten ist unsere Kirche auch in Zukunft eine Kirche der Freiheit. Über die Zukunft der Kirche nachzudenken, heißt, mit den Vätern und Müttern der Reformation in die Zukunft und erneut in die Schule der Anfänge zu gehen. Martin Luther predigte in der Stadtkirche zu Wittenberg über die Freiheit eines Christenmenschen und legte ihren Grund frei, indem er, die eine Hand auf dem Bibelbuch, mit der anderen von sich weg auf den Gekreuzigten wies. Worum es in der ewiglichen Freiheit geht, die in der Wahrheit gründet, stand damals auch jedem Einwohner Wittenbergs sehr konkret vor Augen.

Das Jenseits des Diesseits, das Leben vor und bei Gott, war sehr real, ja erschreckend nah. Jeder Mensch, so hieß die Vorstellung – ob jung oder alt, ob Mann oder Frau, ob arm oder reich –, wird sich vor Gott zu verantworten haben für sein Tun und Lassen, für sein Dichten und Trachten, minutiös aufgezeichnet im Buch des Lebens. Auch die Innenwelt der Seele wird notiert, jeder Traum, jede Begierde, jeder dunkle Gedanke wird festgehalten, es gibt kein Täuschen oder Verstecken, das ganze Leben – innen und außen – ist transparent für diese letzte Urteilsinstanz.

«Herr, du erforschest mich und kennest mich. Ich sitze oder stehe auf, so weißt du es; du verstehst meine Gedanken von ferne», heißt es im 139. Psalm, der keineswegs immer als Ausdruck des Vertrauens auf Gott, sondern oft auch als Anleitung zur Selbsterforschung und Selbstprüfung verstanden worden ist. «Was ihr getan habt» – oder eben: «nicht getan habt» – «einem von diesen Geringsten, das habt ihr mir getan» – oder eben: «nicht getan.» So heißt es im Gleichnis vom Weltgericht (Mt 25,40.45). Es lässt keinen Zweifel daran, dass dem endzeitlichen Richter all unser Tun in einer vollständigen Transparenz vor Augen steht. «Wir müssen alle offenbar werden vor dem Richterstuhl Christi, damit jeder seinen Lohn empfange für das, was er getan hat bei Lebzeiten, es sei gut oder böse» – so fasst der Apostel Paulus (2 Kor 5,10) das Motiv in Worte, das in vielen christlichen Kirchen an den prominentesten Stellen ins Bild gefasst wurde, die dafür überhaupt nur gewählt werden konnten: im nach Osten ausgerichteten Chor, wo der Blick des Beters auf die *Maiestas Domini*, die Majestät des Weltenherrschers und Weltenrichters Christus fiel, oder an der gegenüberliegenden Westwand, wo in detailfreudigen Gerichtsszenen geschildert wurde, wie alle mit ihren Taten vor dem Richter stehen und ihr Urteil entgegennehmen müssen.

Luther stellte sich – wie die meisten Menschen damals – jene himmlische Beurteilung wie eine weltliche Gerichtsverhandlung vor: mit einem gestrengen Richter, der sich nur an Recht und Gesetz hält; mit einem Ankläger, der alle Taten vorträgt; und mit einem Delinquenten, der schon bald nichts mehr zu seiner Verteidigung vorzubringen vermag. Denn seine guten Taten wirken nur kläglich gegen alle Schuld und Sünde, die der Ankläger vorzubringen weiß; der Weg in die ewige Hölle ist unabwendbar. Aber gerade da, als alles verloren scheint, tritt dieser Eine auf, Jesus Christus. Er stellt sich zwischen den Delinquenten und den Richter, er nimmt dem Richter gleichsam die Sicht auf die arme Kreatur und sagt: «Vater, schau nicht auf ihn, schau auf mich, und dann urteile.» Angesichts dieses einen Sohnes wird der Mensch «ewiglich frei» gesprochen, er ist dem Tod entkommen und kann – um Paul

Gerhardt zu Ehren kommen zu lassen – fröhlich singen: «Die Höll und ihre Rotten, die krümmen mir kein Haar; der Sünden kann ich spotten, bleib allzeit ohn Gefahr» (EG 112, 4).

Durch diesen einen Mittler ist der Mensch von der Sünde kraft der Gerechtigkeit Gottes selbst freigesprochen. Er ist befreit für ein Leben aus Glauben, in dem er dem Nächsten gute Werke tun kann, ohne der Frage ausgesetzt zu sein, ob diese dazu reichen, vor Gott bestehen zu können. Der Mensch ist frei, ewiglich frei, ganz ohne sein Verdienst, ganz ohne seine Werke, *allein durch Christus, allein aus Gnade.* Und Christus hilft diesem wunderbar Befreiten auf die Beine und führt ihn dorthin, wo er mit allen anderen gemeinsam in «ewiglicher Freiheit» Gott loben und preisen kann. Weil der Mensch diesen wunderbaren Ausgang im lebendigen Wort Gottes zugesagt erhält und mit ganzem Herzen, ganzer Seele und all seiner Kraft glaubt, mit einem Glauben, «der durch die Liebe tätig ist» (Gal 5,6), hat er schon in seinem diesseitigen Leben Teil an jener «ewiglichen Freiheit», *allein aus Glauben, allein durch das Wort.* Er kann nun schon in dieser Welt singen und sagen: «Meine Seele ist entronnen wie ein Vogel dem Netze des Vogelfängers; das Netz ist zerrissen, und ich bin frei.»

Dies ist der Kern aller christlichen Glaubensfreiheit: Sie ist Freiheit von der Sünde und Freiheit zum Gotteslob; sie ist in Gottes Gnade und Barmherzigkeit gegründet, in Christi Sterben und Auferstehen offenbar, in der Heiligen Schrift bezeugt und im Glauben ergriffen. Diese Befreiung von Furcht und Zittern enthält eine existentielle Kraft in sich. Durch sie wird der christliche Glaube zu einer Lebenshaltung, die von Gottvertrauen und Zuversicht geprägt ist und sich deshalb an die Aufforderung des Apostels hält: «Zur Freiheit hat uns Christus befreit! So steht nun fest und lasst euch nicht wieder das Joch der Knechtschaft auflegen!» (Gal 5,1)

Aus dieser existentiellen Kraft erklärt sich auch die Wirkungsgeschichte der von Wittenberg ausgehenden Reformation. Wie eine Druckwelle breitet sich die wieder entdeckte «Freiheit eines Christenmenschen» in Europa aus, sie wird weitererzählt, weitergepredigt, weiterbeschrieben in immer neuen Bildern, in immer neuen Anläufen. Sie wird aufgenommen und abgewandelt, auch missdeutet und missbraucht, sie wird veredelt und verdichtet, auch verhärtet und dogmatisiert, aber sie bleibt der Gründungsakt und die Verfassungsurkunde aller reformatorischen Kirchen. Der in Gottes Barmherzigkeit und ihrer Offenbarung in Christus gegründete freie Blick des Menschen auf Gott und der aufrechte Gang im Glauben machen aus den Kirchen der Reformation «Kirchen der Freiheit». Aus diesem Impuls entsteht das Beharren auf einer Gewissensfreiheit, die gegenüber den Ansprüchen der Mächtigen eine unantastbare Instanz der Verantwortung vor Gott und der aus ihr folgenden Selbstbestimmung bildet.

Aus diesem Impuls entsteht die Kraft zu einer kulturellen Gestaltung, für die sich die Bezeichnung des Protestantismus eingebürgert hat. Bis zum heutigen Tag ist deutlich, dass der reformatorische Impuls mit diesen kulturellen Wirkungen zusammengehört. Deshalb achten wir auch wieder neu auf lebendige, sich immer wieder erneuernde kulturelle Gestaltungsformen evangelisch geprägter Kultur. Es ist bekannt, in welch vielfältigen Formen sich die reformatorische Tradition, auch in Gestalt des evangelischen Pfarrhauses, insbesondere auf Literatur und Musik ausgewirkt hat. Die Erneuerung dieses konstruktiven Verhältnisses zwischen Glaube und Kultur gehört zu den Hoffnungszeichen unserer Gegenwart.

Zugleich kann der reformatorische Impuls so wenig auf einen Kulturprotestantismus reduziert werden, wie es angeht, das Christentum auf ein bloßes Kulturchristentum zu verengen. Ein Kulturchristentum bezieht sich auf die Prägungen, die unsere Lebenswelt bestimmen. Der christliche Glaube aber ist eine Haltung, die unser Leben bestimmt. Ein Kulturprotestantismus beruft sich auf die gesellschaftlichen Folgen, die aus der Wiederentdeckung der christlichen Freiheit erwachsen sind. Evangelischer Glaube aber bekennt sich zu ihrer Quelle: zu der Freiheit, zu der uns Christus befreit. Kulturelle Bedeutung und gesellschaftliche Folgen sind gewiss von großem Gewicht; aber sie sind nicht alles. Wer das Christentum nur als Kultur versteht, sieht seine Aufgabe vor allem darin, eine «Tradition» zu bewahren und ein «Erbe» zu verwalten. Wer sich auf die Quelle dieser kulturellen Wirkungen besinnt, fragt nach der lebendigen Kraft, die das eigene Leben ergreift und deren kulturelle Folgen sich deshalb auch zu erneuern vermögen.

Es ist dieses weithin leuchtende Feuer der «ewiglichen Freiheit», diese Freiheitsglut des christlichen Glaubens, die uns auch im 21. Jahrhundert zu tragen vermag. Alle Veränderungen und Neugestaltungen, die wir uns vornehmen, alle Zielverabredungen und Qualitätssteigerungen, alle Strukturverbesserungen und Fortbildungsanstrengungen müssen sich als Dienst an dieser Freiheit verstehen lassen, sonst taugen sie nicht. Soweit die evangelische Kirche die von Gott geschenkte Freiheit des Glaubens als ihre Quelle bekennt, aus ihr lebt und sie durch Wort und Tat weitervermittelt, so weit kann und darf sie sich auch in Zukunft eine «Kirche der Freiheit» nennen.

Natürlich haben sich die Konstitutionsbedingungen der Freiheit so dramatisch verändert, dass wir heute neu und anders von der Freiheit erzählen müssen, als es Luther vor bald fünfhundert Jahren tat. «Der Horizont ist weggewischt», lässt Nietzsche seinen Zarathustra sagen. Richtig ist daran, dass mit der Aufklärung und der Neuzeit das Jenseits jenseitiger und das Diesseits diesseitiger geworden sind. Eine Zeit lang verbreitete sich die Meinung, es könnten rein diesseitige Verheißungen der Freiheit als endgültige Zukunft ausgegeben werden. Daraus gespeiste Utopien haben manche Aufbrüche ausgelöst, aber zugleich Zerrüttungen und Zerstörungen bewirkt.

Heute spüren wir, dass reine Diesseitigkeit ein Verhängnis ohne Ausweg ist. Wer sich ihr unterwirft, lebt unter dem Verhängnis einer doppelten Verschattung. Der Aufblick zu Gott ist ebenso verdunkelt wie der Ausblick auf die Zukunft. Blickt der Mensch über sich selbst hinaus, so stößt er doch nur auf sich selbst; er trifft beim Überschreiten der eigenen Gegenwart nur noch auf die Zukunft, die er selbst machen kann. Weil es dabei nicht bleiben kann, ist ein neues Nachdenken über die christliche Freiheit nötig; weil es dabei aber so oft bleibt, muss dieses Nachdenken über die christliche Freiheit wieder (um mit Karl Barth zu sprechen) mit dem Anfang anfangen.

Für das reformatorische Denken ist der entscheidende Grundsatz für die «ewigliche Freiheit» in einem Satz eingefangen, den

Martin Luther 1530 an seinen Freund und Mitstreiter Georg Spalatin schrieb: «Wir sollen Menschen und nicht Gott sein. Das ist die Summa!» In die Wahrheit gelangt der Mensch, wenn er nicht sich selbst definiert, sondern sich von Gott definieren lässt – als der Mensch nämlich, der durch Gottes Gnade und durch sie allein zu sich selbst kommt.

Es wäre ein Missverständnis, diese klare Unterscheidung von Mensch und Gott dahingehend aufzulösen, als sei der Mensch von Gott frei geworden und bräuchte ihn nicht mehr. Im Gegenteil: Die Unterscheidung macht bewusst, dass ein Mensch zu sich selbst in ein Verhältnis treten kann, weil ihm dies durch Gott möglich wird. Die Reformation beschrieb das in dem Bild, dass innerer und äußerer Mensch einander gegenüberstehen. Das Selbstsein des Menschen wird unterscheidbar von der Summe seiner Tätigkeiten. Der Mensch, der vor Gott gerecht gesprochen ist, wird dadurch frei von der Knechtschaft des Äußerlichen. Indem er sich durch Gottes Gnade neu wahrnimmt, findet er zu sich selbst. Er hat nun den Rücken frei vom Ballast der Selbstbestätigung. Das selbstgesponnene «Netz ist zerrissen, und wir sind frei». Der Mensch kann frei und aufrecht gehen. Er macht die Erfahrung, dass die verheißene «ewigliche Freiheit» etwas anderes ist als die äußere Freiheit. Ohne diese Erfahrung hätten all die Zufälligkeiten unserer äußeren Freiheit geradezustehen für die ungeheure Behauptung, dass sich in ihnen bereits erfüllt, wozu uns Gott berufen hat – nämlich zur Freiheit. Das aber wäre ohne Zweifel eine «maßlose Behauptung und hypertrophe Versicherung» (Eberhard Jüngel).

Gewiss hat man bisweilen die Zuwendung zum inwendigen Menschen als Lob einer gemütvollen, ja gemütlichen Innerlichkeit missverstanden, die sich gegebenenfalls sogar mit äußerer Unfreiheit zu arrangieren weiß, weil sie sich auf einen behaglichen Seelenfrieden zurückzieht. Doch es geht bei dieser Unterscheidung um etwas ganz anderes. Es geht darum, wie sich ein Mensch auf das eine, befreiende Wort Gottes stützen kann, das in Jesus Christus Person ist. Das kann nur in einem radikalen Freiheitsbewusstsein geschehen, das sich von allen selbst gemachten Bedingungen und Folgen ebenso unabhängig weiß wie von allen äußeren Bedingtheiten und Bestimmtheiten.

Doch die Unterscheidung zwischen innerem und äußerem Menschen nötigt zugleich dazu, deren Zusammengehörigkeit zu bedenken. Wer sich einer Freiheit verdankt, die unverfügbar ist, weiß sich für die Gestaltung von Räumen verantwortlich, in denen diese Freiheit zur Erfahrung kommt. Deshalb interessiert sich der christliche Glaube für die Bedingungen, Voraussetzungen und Folgen im eigenen Handeln ebenso wie für die Bedingtheiten und Bestimmtheiten des gesellschaftlichen Zusammenlebens. Er setzt sich leidenschaftlich für Lebensverhältnisse ein, in denen Freiheit erfahrbar wird. Deshalb ist er als Religion der Freiheit eine Religion der Aufklärung und der Vernunft, des freien Dienstes am Nächsten und der politischen Mitverantwortung.

Aus der Erfahrung des inwendigen, also im Inneren durch den Glauben vergewisserten Menschen heraus sprechen die Lieder Martin Luthers wie Paul Gerhardts, erklingen die Melodien Johann Crügers wie Johann Sebastian Bachs, speisen sich die Aufbrüche vom Pietismus bis zur Bekennenden Kirche, leben neue geistliche Impulse vom Gemeinsamen Leben Dietrich Bonhoeffers bis zur fröhlichen Auftragsgewissheit von Klaus Peter Hertzsch, nähren sich die Formen geistlichen Lebens von den Bruder- und Schwesternschaften der Diakonie bis zu den evangelischen und ökumenischen Kommunitäten.

Wenn wir heute mit neuem Nachdruck vom inneren Menschen und davon sprechen, dass die Freiheit des Glaubens den Einzelnen ergreift und verwandelt, wenn wir von daher in der so begründeten Freiheit der Person und ihres Gewissens den entscheidenden Beitrag der evangelischen Christenheit zum christlichen Zeugnis in unserer Zeit sehen, dann geschieht das keineswegs, wie auch von katholischen Gesprächspartnern vermutet wird, in einer schlichten Anknüpfung an einen neuprotestantischen Kulturprotestantismus. Vielmehr muss man auch Friedrich Schleiermacher und Adolf von Harnack, die in solchen Zusammenhängen immer wieder genannt werden, zutrauen, dass sie genau an dieser Stelle einen urreformatorischen Impuls aufgenommen haben – einen Impuls also, der nicht erst im Berlin des 19., sondern schon im Wittenberg des 16. Jahrhunderts laut geworden ist. Dieser Impuls liegt eben in der Unterscheidung zwischen dem inneren und dem äußeren Menschen. An ihr wird anschaulich, was es bedeutet, dass der Mensch durch das Geschenk des Glaubens zu sich selbst kommt.

Wo diese Dimension evangelischer Freiheit verkümmert, hat der Baum unserer Kirche zu flache Wurzeln. Tiefe Wurzeln aber braucht dieser Baum auch für alle gesellschaftliche Verantwortung und diakonische Aktivität, für alle Verpflichtung zur weltweiten Ökumene und zum missionarischen Aufbruch.

Gemeinschaft um Wort und Sakrament

Die Reformation hat deshalb bei aller Weite der christlichen Freiheit den Begriff der Kirche ganz konsequent vom Gottesdienst her bestimmt. Denn im gefeierten Gottesdienst vergewissert sich die christliche Gemeinde ihres Grundes: der Erlösung in Jesus Christus. Und im gefeierten Gottesdienst kommt sie ihrer allererrsten Pflicht nach: dem Lob Gottes.

Deshalb ist die christliche Kirche nach der Aussage des Augsburgischen Bekenntnisses von 1530 die «Versammlung aller Gläubigen …, bei denen das Evangelium rein gepredigt und die Sakramente dem göttlichen Wort gemäß gereicht werden». Weil der Gottesdienst Grund und Gestalt der Kirche miteinander verbindet, bezeichnet die Barmer Theologische Erklärung von 1934 die christliche Kirche als eine geschwisterliche Gemeinschaft, «in der Jesus Christus in Wort und Sakrament durch den Heiligen Geist als der Herr gegenwärtig handelt», nämlich als der *eine* Herr dieser Gemeinschaft von Gleichen. Weil die Feier des Gottesdienstes die Kirche Jesu Christi konstituiert, bindet die Leuenberger Konkordie von 1973 die Möglichkeit der Kirchengemeinschaft an die «gewonnene Übereinstimmung im Verständnis des Evangeliums»; sie ermöglicht es, «einander Gemeinschaft an Wort und Sakrament (zu) gewähren und eine möglichst große Gemeinsamkeit in Zeugnis und Dienst an der Welt (zu) erstreben». Aber weder die schon erreichte Einheit in Zeugnis und Dienst noch die bereits verwirklichte Einheit in der Gestalt der kirchlichen Ämter wird zur Voraussetzung dafür erklärt, einander Gemeinschaft an Wort und Sakrament zu gewähren. Denn diese Gemeinschaft gründet allein im übereinstimmenden Verständnis des Evangeliums.

Diese Konzentration auf das Evangelium, das im Gottesdienst in Wort und Sakrament begegnet, ist das entscheidende Charakteristikum des evangelischen Kirchenbegriffs. Darin liegt zugleich seine ökumenische Weite begründet. Er achtet das Amt in der Kirche hoch; aber er bindet die Möglichkeit der Kirchengemeinschaft nicht exklusiv an eine bestimmte Gestalt dieses Amtes. Er weiß um die Aufgaben geistlicher Leitung und Aufsicht in der Kirche; aber er beschränkt die *Episkope* nicht auf die eine Form des historischen und hierarchischen Bischofsamtes. Er ist keineswegs gleichgültig gegenüber den Fragen der sichtbaren Gestalt der Kirche; denn ihn prägt die Überzeugung, dass die Kirche auch mit ihrer Gestalt und der sie prägenden Ordnung zu bezeugen hat, dass sie zu Christus gehört und in seinem Dienst steht. Aber dieses evangelische Kirchenverständnis sieht in Ordnung und Gestalt der Kirche menschliche Antworten auf das Evangelium, also Ausdrucksformen verantwortlichen menschlichen Handelns. Es ist gerade diese Unterscheidung und Verbindung zwischen Grund und Gestalt der Kirche, zwischen Konzentration und Weite, zwischen göttlichem Wirken und menschlicher Verantwortung, welche die evangelische Kirche in einem spezifischen Sinn zu einer Kirche der Freiheit macht.

Denn auch im Blick auf die Kirche kann der Glaube an Gott vor der Versuchung bewahren, die Dinge des Diesseits jenseitig aufzuladen. Die Achtung des Ersten Gebots hat unmittelbare Folgen für das Verständnis der Kirche. Als Gemeinschaft der Glaubenden hat sie allein Gott die Ehre zu geben. Sie hat in gemeinsamer Verantwortung Sorge dafür zu tragen, dass sie «mit ihrem Glauben wie mit ihrem Gehorsam, mit ihrer Botschaft wie mit ihrer Ordnung mitten in der Welt der Sünde als die Kirche der begnadigten Sünder» Kirche Jesu Christi ist, wie dies die Barmer Theologische Erklärung formuliert.

Eine in solcher Nüchternheit verstandene Kirche der Freiheit hat sich gemäß ihrem Auftrag und gemäß verantwortlicher Einsicht über ihre Gestalt Rechenschaft abzulegen und diese wo nötig

umzugestalten. Sie befindet sich ständig im Prozess der Erneuerung. Damit sind nicht eine pauschale Kritik am Überkommenen
und ein Zwang zur Veränderung um ihrer selbst willen gemeint.
Gemeint ist die dieser Kirche von ihrem Grund her innewoh-
nende Freiheit dazu, ihre Strukturen immer wieder neu auf ihre
Auftragsgemäßheit hin zu prüfen, dasjenige zu bewahren, was der
Verkündigung des Evangeliums in Wort und Tat dient, und zugleich neue Wege dafür zu suchen. Auch in Zukunft wird dies
nicht einfach *ein* Weg sein. Die Vielfalt protestantischer Gestaltungsformen bleibt auch im 21. Jahrhundert ein mit dem evangelischen Kirchenverständnis gegebener und geschenkter Reichtum
und ein Ausdruck evangelischer Freiheit. Die Ermutigung zu
unterschiedlichen Formen und Profilen von Gemeinden ist ein
konkretes Beispiel dafür.

In der Konzentration des evangelischen Kirchenverständnisses
auf den Gottesdienst als das Geschehen, in dem die Kirche ihres
Grundes wie ihres Auftrags gewiss wird, liegt der entscheidende
Grund dafür, dass alle Reformprozesse in unserer Kirche sich zuallererst auf die kirchlichen Kernaufgaben und auf eine Profilierung der geistlichen Grundlagen und Grundvollzüge kirchlichen
Lebens richten und richten müssen. Aus dieser Konzentration ergibt sich auch die besondere Wertschätzung all der beruflichen
und ehrenamtlichen Tätigkeiten, die der um Wort und Sakrament
versammelten Gemeinde zugute kommen. Das gemeinsame Ziel
sollte es sein, dass dieser Einsatz wachsende Resonanz findet,
ja dass von ihm eine missionarische Ausstrahlung ausgeht. Der
öffentliche, nach außen gewandte Charakter des Gottesdienstes
soll neu zur Geltung kommen. Dafür wird immer weiter an seiner
inneren Kraft und Qualität, an der Anmut und dem Glanz unserer
Gottesdienste gearbeitet werden. Dass Gottesdienste zum Lob
Gottes gefeiert werden, dass sie Glauben wecken und im Glauben
stärken, soll neu zum Bewusstsein kommen.

Deshalb spreche ich von einem geistlichen Mentalitätswandel.
Alle Rede von der Konzentration auf Kernaufgaben, von der
Profilierung des Evangelischen, von der qualitätvollen Arbeit in
der Vielfalt kirchlicher Handlungsfelder verweist auf diesen
Grundgedanken. Zukunft hat die evangelische Kirche durch ihre

geistliche Kraft. Alle äußeren Gestaltungen und Umgestaltungen unserer Kirche müssen hiervon ausgehen und darauf hinwirken.

Wenn in solchen Zusammenhängen von der Stärkung des evangelischen Profils die Rede ist, dann geht es zentral darum, sich der eigenen Wurzeln neu bewusst zu werden und den spezifischen Glaubensschatz der evangelischen Kirchen aufs Neue zu heben. Es geht in diesem Sinn, wie Kardinal Walter Kasper zu Recht hervorgehoben hat, um die Frage nach der eigenen Identität. Die reformatorische Orientierung an Gottes lebendigem Wort, die evangelische Treue zum Reichtum der biblischen Botschaft, die Konzentration auf eine gute Predigt in einem liturgisch bewusst und qualitätvoll gestalteten Gottesdienst, die Hochschätzung der Bildung und des persönlich angeeigneten Glaubens, die Betonung von kultureller Kraft und gesellschaftlicher Verantwortung – all das sind zugleich Konsequenzen reformatorischer Einsichten und Erkennungszeichen evangelischer Kirchen.

Die Erinnerung an dieses besondere reformatorische Profil der evangelischen Kirche ist die wichtigste Begründung für den mit ihrem Selbstverständnis unmittelbar verknüpften ökumenischen Geist. Gerade weil sie weiß, dass sie die Fülle der christlichen Wahrheit und den Kosmos der christlichen Einsichten nicht allein vertreten kann, ist sie von Haus aus ökumenisch ausgerichtet. Die besonderen reformatorischen Entdeckungen weiten den evangelischen Blick für die Wahrheit, die sich in anderen christlichen Konfessionen und Kirchen findet. Deswegen meint die Rede von einer «Ökumene der Profile» nicht nur die Stärkung der eigenen Identität. Sie richtet sich vielmehr zugleich auf die Stärkung der christlichen Gemeinschaft. Gemeinsam sollte uns die ökumenische Hoffnung bestimmen, dass alle christlichen Kirchen sich berufen wissen, die Wahrheit des christlichen Geheimnisses zu bezeugen, die größer ist als die immer nur unvollkommene und fragmentarische Wahrheitserkenntnis jeder einzelnen Kirche, und den Frieden zu bezeugen, der höher ist als alles, was eine einzelne Kirche vermag, und zu dem wir doch unermüdlich beitragen wollen, auf dass die Welt glaube.

Kirche für andere

Eine Kirche, die im Gottesdienst ihres Grundes gewiss wird, ist deshalb in einem präzisen Sinn eine Kirche für andere. Dietrich Bonhoeffers Ortsbestimmung der Kirche Jesu Christi als eine «Kirche für andere» ist für evangelisches Kirchenverständnis von unaufgebbarer Bedeutung. «Christus befreit – darum Kirche für andere» – diese 1972 von Heino Falcke geprägte Formel behält auch unter den Bedingungen des 21. Jahrhunderts ihre Gültigkeit. Die Freiheit eines Christenmenschen kommt erst dann zu sich selbst, wenn sie in der Verantwortung für andere konkret wird. Dass der Christenmensch ein freier Herr aller Dinge ist, bewährt sich gerade darin, dass er aus freien Stücken allen ein Diener sein kann.

Wenn der christliche Glaube auch darin der Freiheit die Treue hält, dass er aufmerksam ist für die Bedingungen, unter denen diese Freiheit erfahren werden kann, und wachsam ist gegenüber Umständen, die dieser Freiheit den Entfaltungsraum verweigern, dann gilt dies keineswegs nur für die jeweils eigene Freiheit, sondern gerade auch für die Freiheit des anderen. Dass die Freiheit eines Christenmenschen den vor Gott stehenden und durch ihn aufgerichteten Menschen meint, relativiert also die gesellschaftliche, politische und kirchliche Verantwortung der Christen nicht, sondern präzisiert sie.

Ich halte es deshalb nicht für zutreffend, wenn die These, die Kernkompetenz der Kirche liege in ihrem gottesdienstlichen Handeln und geistlichen Leben, so verstanden wird, als werde diese Kernkompetenz damit «unpolitisch» ausgelegt. Vielmehr ergibt sich doch die Verantwortung für Gerechtigkeit und Frieden, für die Würde des Menschen und die Bewahrung der Natur aus dem gottesdienstlichen Handeln und geistlichen Leben der Kirche selbst: aus dem Lob Gottes, der es gut mit seiner Welt meint und ihren Frieden will; aus der Perspektive Jesu, der auf die Seite der Leidenden tritt; aus der Hoffnung auf das Reich Gottes, in dem Friede und Gerechtigkeit sich küssen. Das Eintreten für eine Reform unserer Kirche von innen heraus und unser Eintreten für gerechte Teilhabe in unserer Gesellschaft wie in der einen Welt gehören unmittelbar zusammen. Eine «selbstgenügsame Kirche» wäre ein Widerspruch in sich selbst.

Auch für das Evangelischsein im 21. Jahrhundert gilt, dass das Evangelium in Wort und Tat, in Verkündigung und Diakonie bezeugt wird. Die evangelische Kirche sieht in der Solidarität mit dem hilfsbedürftigen Nächsten eine zentrale Lebensäußerung der Kirche. Sie macht sich die Klage über Unfrieden und Ungerechtigkeit zu eigen und sucht nach Wegen dazu, wie die vorrangige Option für die Armen und die vorrangige Option für gewaltfreies Handeln Gestalt gewinnen können. Deshalb bleibt es ihr wichtig, dass das Christentum nicht nur eine kirchliche und eine persönliche, sondern auch eine öffentliche Gestalt annimmt. Wenn vom «öffentlichen Christentum» die Rede ist, dann ist dabei nicht nur das Verhältnis von Kirche und Staat im Blick; gemeint ist damit vielmehr vor allem die Bedeutung von Glauben und Kirche für die Zivilgesellschaft. Der christliche Glaube, das Zeugnis der Freiheit, lässt sich nicht in die Mauern der Kirche einsperren. Dass sie in ihrer kritischen und orientierenden Bedeutung für die Gesellschaft zur Geltung kommen, ist für Zeugnis und Dienst der Kirche unentbehrlich. Die evangelische Stimme muss im kritischen Diskurs unserer Gesellschaft gehört werden.

Die evangelische Kirche will auch im 21. Jahrhundert eine gesellschaftlich engagierte und wache Kirche sein. Es bleibt ihre Aufgabe, die Freiheit zu stärken und Abhängigkeiten anzuklagen. Sie erhofft die nötige Kraft dafür, für die unantastbare Würde eines jeden Menschen einzutreten und die Gerechtigkeit zu fördern, die allen Menschen faire Beteiligungschancen eröffnet. Wir bitten Gott darum, dass er uns vor Trägheit bewahrt und uns dabei hilft, unsere gesellschaftliche Verantwortung auch künftig nachdrücklich und überzeugt wahrzunehmen.

«Kirche für andere»: Diese Grundformel evangelischen Kirchenverständnisses ist mit dem gleichen Nachdruck auf unsere missionarische Situation anzuwenden. Der Auftrag, «die Botschaft von Gottes Gnade auszurichten an alles Volk», von dem die sechste These der Barmer Theologischen Erklärung spricht, verlangt heute eine neue Orientierung hin zu den Menschen, denen diese Botschaft fremd und unbekannt ist. Sie erwarten ein klares Zeugnis des christlichen Glaubens in Wort und Tat. Für sie kann der christliche Glaube dann überzeugende Kraft gewinnen, wenn sie im Alltag ihres Lebens Menschen begegnen, die aus Glauben leben. Für sie ist es entscheidend, dass Christen darüber Auskunft geben können, was ihnen an ihrem Glauben wichtig ist. Außenorientierung des kirchlichen Handelns und Auskunftsfähigkeit der Christen im Alltag sind die beiden wichtigsten Grundelemente der missionarischen Ausrichtung, die heute an der Zeit ist. Auch in dieser Hinsicht gilt: Eine «selbstgenügsame Kirche» wäre ein Widerspruch in sich selbst.

Sorglose Kirche

Eine Kirche der Freiheit ist im Blick auf ihre eigene Zukunft in einem präzisen Sinn eine sorglose Kirche; sie macht sich nicht Sorgen um sich selbst. Denn eine Kirche, die sich in Gottes Wort gegründet und von der Barmherzigkeit Gottes gehalten weiß, muss sich nicht um ihre Existenz und ihre Zukunft sorgen.

Die Freiheit des Glaubens bestimmt auch den Umgang mit der Sorge um unsere Kirche. Für uns gilt heute ebenso wie für alle anderen Generationen vor uns und nach uns die Feststellung Martin Luthers: «Wir sind es doch nicht, die da die Kirche erhalten könnten, unsere Vorfahren sind es auch nicht gewesen, unsere Nachkommen werden's auch nicht sein, sondern der ist's gewesen, ist's noch und wird's sein, der da spricht: ‹Siehe, ich bin bei euch bis an der Welt Ende.›»

Die Kirche Jesu Christi, die im Glaubensbekenntnis von allen Christen bezeugte und bekannte «eine, heilige, allgemeine und apostolische Kirche», diese von Gottes heiligem Geist erhaltene und durch die Zeiten geführte Gemeinschaft der Glaubenden hängt nicht davon ab, ob die Gläubigen eine große oder kleine, eine glanzvolle oder klägliche, eine mutige oder ängstliche, eine einladende oder verschlossene evangelische Kirche gestalten oder nicht. Aber gerade weil dies so ist, weil Christen den Rücken frei haben und entlastet sind von falschen Sorgen, können und sollen sie mit all ihrem theologischen Verstand, mit ihren intellektuellen Kräften, mit ihrem nüchternen Weltwissen und einem emphatischen Hoffen dem Auftrag Jesu folgen und ihn nach bestem Wissen und Gewissen erfüllen. Befreit von der Sorge um uns selbst können wir auch heute und morgen einstimmen in den großen Gesang der Freiheit und rufen: «Unsere Seele ist entronnen wie ein Vogel dem Netze des Vogelfängers; das Netz ist zerrissen, und wir sind frei.» In unserem Zusammenhang ist es nicht allein die Sorge um uns selbst, aus deren Netz wir befreit werden. Frei sollen wir auch werden von der Sorge um die Zukunft unserer Kirche, von dem Sorgengeist, der mehr auf unsere schwachen Kräfte setzt als auf den Geist Gottes, von dem wir bekennen: «Der Herr ist der Geist; wo aber der Geist des Herrn ist, da ist Freiheit» (2 Kor 3,17).

Dass wir den Sorgengeist hinter uns lassen und uns dem Geist der Freiheit anvertrauen, ist das Wichtigste, was auf dem Weg der Erneuerung der Kirche überhaupt geschehen kann. Dazu kann auch Martin Luther ermutigen, der am 27. Juni 1530 an Melanchthon schrieb: «Deine elenden Sorgen, von denen Du, wie Du schreibst, verzehrt wirst, hasse ich von Herzen. Dass sie in deinem Herzen regieren, ist nicht der großen Sache, sondern unseres großen Unglaubens Schuld. … Was marterst Du Dich selbst so ohne Unterlass? … Ich bete wahrlich mit Fleiß für Dich, und es tut mir weh, dass Du unverbesserlicher Sorgen-Blutegel meine Gebete so vergeblich machst. Ich bin wenigstens, was die Sache angeht – ob es Dummheit ist oder der Geist, mag Christus sehen –, nicht sonderlich beunruhigt, vielmehr besserer Hoffnung, als ich zu sein gehofft hatte.»

In dieser Freiheit von der Sorge wollen wir, wie der Theologe Wolf Krötke formuliert hat, «der Zukunft das Wort» geben. Für die Reform der Kirche reicht es also nicht, sich dem Diktat zurückgehender Zahlen zu unterwerfen und, ihm Rechnung tragend, «der Vergangenheit durch Konzentration der Kräfte noch etwas abzutrotzen». Es reicht ebenso wenig, in kühler Rechenhaftigkeit die Kräfte abzuschätzen, die wir selbst in die Gestaltung der Zukunft einbringen können.

Gewiss. Die Zukunft kommt im Ablauf der Zeiten. Diese Zukunft erwarten wir, so gut wir das auf der Grundlage bisheriger Erfahrungen können, und stellen uns planend auf sie ein. Doch für den Glauben ist die Zukunft mehr als das, was wir voraussagen können; sie ist der Raum des Unerwartbaren und Überraschenden. Gewiss kann sie auch an Schrecken mehr in sich bergen, als wir zu antizipieren vermögen. Aber ihre Überraschungen können auch in ihrer Güte über das hinausgehen, was wir für möglich hielten, und uns alle miteinander des Kleinglaubens überführen. Wer nur auf den möglichen Schrecken schaut, begegnet dieser Zukunft mit Furcht. Der christliche Glaube begegnet ihr mit der Hoffnung, dass «das Morgen sich zu unseren Gunsten ereignet» (Wolf Krötke).

Wir sind gut beraten, wenn wir unser Nachdenken über die Zukunft von dem bestimmen lassen, was wir hoffen. Denn die Hoffnung ist ebenso ein Wesensmerkmal des Glaubens wie die Liebe. Ebenso wie vom Glauben zu sagen ist, dass er durch die Liebe tätig ist, so ist von ihm auch zu sagen, dass er an der Hoffnung nicht irre wird. Die Kirche ist eine Gemeinschaft leidenschaftlicher Hoffnung; im Auf und Ab der Geschichte hält sie Kurs auf das Reich Gottes, in dem Gottes Zukunft sich zu unser aller Gunsten ereignet.

Mit leidenschaftlicher Hoffnung auf Gottes Wirken richten wir den Blick auf den Weg unserer Kirche und auf ihr Tun. Es geht uns darum, gemeinsam einen Weg in die Zukunft zu finden und die Kirche so zu verändern, dass sie ihrem Auftrag besser gerecht wird. Dafür brauchen wir gute Ideen, einfallsreiche Anregungen, weiterführende Hinweise, ermutigende Ziele, gemeinsame Verabredungen, realistische Umsetzungen. Wenn wir dabei unseren Verstand nach Kräften anstrengen, tun wir es in der Hoffnung, der Heilige Geist möge sich, wie Karl Barth einmal sagte, als ein «Freund des gesunden Menschenverstandes» erweisen; und wir tun es mit der Bitte Martin Luthers an den Heiligen Geist: «Zünd uns ein Licht an im Verstand.»

Wir wissen: Dieser Geist wirkt, wo und wann er will. Wir wollen ihn nicht auf das begrenzen, was uns selbst in den Sinn kommt. Wir wollen ihm zutrauen, dass er die Christenheit immer wieder beflügelt. Wir können ihn nicht herbeizwingen, wir können und wollen ihn aber erbitten: *Veni Creator Spiritus* – «Komm, Gott Schöpfer, Heiliger Geist».

II.
Verantwortete Freiheit

Sozialethik und kommunikative Freiheit

Eine theologische Ethik, die sich an der Barmer Theologischen Erklärung von 1934 orientiert, geht von der christlichen Freiheit aus. Denn ihr Grund liegt, so schärft die zweite Barmer These ein, in der den Menschen gewährten Freiheit; deshalb trägt ihr Handeln den Charakter eines «freien, dankbaren Dienstes». Der Gehorsam, der dem Glauben folgt, trägt den Charakter freien Gehorsams. Wird jedoch, so lautet ein Einwand, der Gedanke einer Ethik der Freiheit durch die realen Bedingungen, unter denen wir handeln, nicht schweren Zweifeln ausgesetzt? Unser Handeln stößt an die Schranken, die durch die Endlichkeit unseres Lebens gesetzt sind, an die Grenzen, die uns die Natur entgegenstellt, und vor allem: an die Einschränkungen, die durch die institutionellen Bedingungen gesellschaftlichen Zusammenlebens verursacht werden. Wie soll angesichts solcher Grenzen von einer Ethik der Freiheit die Rede sein? Was ist in einer solchen Rede unter Freiheit gemeint? Angesichts solcher Schwierigkeiten hat man gegen die Barmer Theologische Erklärung immer wieder eingewandt, in ihr bleibe ungeklärt, wie sie denn den «Anspruch auf unser ganzes Leben» mit der Zusage der Befreiung verknüpft. Diese Frage bedarf der Klärung, wenn man denn in den Barmer Thesen eine Grundlegung christlicher Ethik sehen will. Erörtert werden soll daher, wie eine Ethik christlicher Freiheit als Ethik der Institutionen möglich ist.

Christliche Ethik handelt von der Freiheit zum Leben. Ihr Thema ist, dass das Geschenk der Freiheit Grund menschlichen Lebens ist. Wenn sie von der Freiheit spricht, führt sie nicht etwas ein, das zum Glauben als etwas Zusätzliches erst hinzutritt; denn die Freiheit gehört dem Glauben wesenhaft an. «Der Herr ist der Geist; wo aber der Geist des Herrn ist, da ist Freiheit» (2 Kor 3,17). Freiheit ist eines der Grundworte, die auszulegen der Theologie aufgegeben ist. Dieses Wort aber spielt in sehr unterschiedlichen Versuchen menschlicher Selbstdeutung eine Rolle. Wenn die Theologie dieses Wort verwendet, so schärft sie ein, dass die Freiheit des Menschen geschenkte und verdankte Freiheit ist und gerade so zum Grund menschlichen Lebens wird. Die Theologie kann deshalb den letzten Sinn menschlichen Lebens nicht in der Herstellung einer erst zu erwerbenden Freiheit sehen.

Wie aber sind dann Freiheit und Leben zueinander ins Verhältnis zu setzen? Dies ist das zentrale Thema des neuzeitlichen Gesprächs zwischen dem christlichen Glauben, der sich theologisch auslegt, und dem Bewusstsein menschlicher Autonomie, das in der Philosophie zur Sprache kommt.

Das neuzeitliche Verständnis von Freiheit als Autonomie und damit als Selbstbestimmung hat für die Frage nach der Möglichkeit von Ethik weitreichende Folgen gehabt. In radikaler Zuspitzung hat Kant diese Folgen formuliert. Weil er Ethik konsequent als Freiheitsethik versteht, löst er sie von allen konkreten Handlungszusammenhängen. Eine Ethik der Freiheit muss nach seiner Auffassung die einzelnen Handlungen und Gemeinschaftsformen hinter sich lassen und sich ganz dem guten Willen, der inneren Motivierung des Handelns, den Maximen zuwenden; ethische Reflexion vollzieht sich so, dass man diese Maximen mit Hilfe des Kategorischen Imperativs prüft: «Handle so, dass die Maxime deines Willens jederzeit zugleich als Prinzip einer allgemeinen Gesetzgebung gelten könne».[1] Die Institutionen des gemeinsamen Lebens sind kein möglicher Gegenstand dieser Reflexion. Die Frage, wie sie gestaltet werden sollen, gehört nicht in den Bereich der Moralität, sondern der Legalität. Sie ist nicht Thema der Tugendlehre, sondern der Rechtslehre. Deren Grundregel, die *lex iustitiae*, lautet: «Tritt in einen Zustand, worin jedermann das Seine gegen jeden andern gesichert sein kann.»[2] Auch die Rechtslehre ist eine Freiheitslehre; sie hat es aber allein mit einer äußerlichen Freiheit zu tun, die durch das Recht gesichert werden kann.

Die Ethik als Tugendlehre dagegen wendet sich ganz der Subjektivität und der ihr eigenen Moralität zu. Besonders einschneidende Konsequenzen hatte diese Wendung dann, wenn man die Tugendlehre ohne die Rechtslehre betrachtete. Dies geschah auch in Teilen der theologischen Tradition nach Kant. Auch sie fragte nun vorrangig nach der Moralität, die im Gewissen und in der Gesinnung des Einzelnen zur Entfaltung kommen kann. Sie bezog die ethische Reflexion auf die innere Gesinnung der Person, der die äußere Welt als eine Welt «eigener Gesetze» entgegengestellt werden konnte.[3]

Doch weder in der Philosophie noch in der Theologie konnte eine solche Wendung ohne Widerspruch bleiben. Denn Ethik fragt nach den Möglichkeiten rechten Lebens und Handelns. Diese Frage richtet sich zwar auf die Grundorientierung der einzelnen Person, auf ihr Gewissen und ihre Gesinnung, auf ihre Maximen und ihre Motive. Doch Wirklichkeit gewinnt das Leben und Handeln der Einzelnen in ihrer gesellschaftlichen Verbundenheit und Interaktion, in den Institutionen des menschlichen Zusammenlebens. Diese tragen zwar zum großen Teil Rechtscharakter. Dennoch lassen sie sich nur zum Teil und nur unvollkommen mit rechtlichen Kategorien erfassen. Ihre Behandlung kann deshalb nicht einfach der Rechtslehre zugewiesen werden. Vielmehr muss die Ethik die Frage nach der sittlichen Bedeutung und nach der sittlichen Gestaltung der Institutionen stellen. In Hegels Rechtsphilosophie folgt deshalb auf die Teile über das abstrakte Recht und über die Moralität der Teil über die Sittlichkeit. Er handelt davon, wie in den Institutionen der Familie, der bürgerlichen Gesellschaft und des Staats der subjektive gute Wille und das Gute selbst zur konkreten Einheit kommen, wie also in den gesellschaftlichen Institutionen die Freiheit wirklich wird.[4] Hegel konzipiert seine Ethik der Freiheit so, dass sie in eine Darstellung der Institutionen als der Wirklichkeit des Sittlichen mündet.[5]

Eine vergleichbare Wendung wurde auch in der theologischen Ethik immer wieder vollzogen. Hierfür ist der Begriff der «Sozialethik» ein besonders deutlicher Hinweis. 1868 wurde er von dem Dorpater Theologen Alexander von Oettingen geprägt.[6] Er grenzte das Konzept der Sozialethik einerseits gegen die Personal-

oder Individualethik, andererseits gegen die Sozialphysik ab. Individual- oder Personalethik nannte er die Form ethischen Denkens, die sich auf die Sittlichkeit im Inneren der Person konzentriert und von den gemeinschaftlichen Lebensbedingungen der Menschen absieht. Sozialphysik[7] nannte er die soziologischen Entwürfe, in denen das gesellschaftliche Leben nach Gesetzen beschrieben werden soll, die in ihrem Charakter den Naturgesetzen genau entsprechen.[8] In einer solchen Physik der Gesellschaft sah schon Oettingen eine Preisgabe des Begriffs der Freiheit. Und in der Individualethik sah er eine Preisgabe des Realismus, der gerade die lutherische Tradition kennzeichne. Wer vom menschlichen Leben handelt, kann von der Realität nicht absehen, dass dieses gesellschaftlich verfasst ist.

Der Begriff der Sozialethik meint also seinem Ursprung nach nicht eine Unterdisziplin der Ethik, die ergänzend zur «Individualethik» hinzutreten soll. Sondern er meint eine unverzichtbare Perspektive allen ethischen Nachdenkens. Diese Perspektive lässt sich so formulieren: Christliche Freiheit ist nicht allein als Bestimmung der Person in ihrer Individualität und Innerlichkeit auszulegen, sondern sie ist zugleich auszulegen in ihrer Bedeutung für den Bereich gesellschaftlicher Institutionen.

Das Wort «Institution» in dem gerade gebrauchten Sinn[9] hat erst in den letzten Jahrzehnten Eingang in die theologische Sprache gefunden.[10] Man versuchte dadurch, in der Theologie Anschluss an Beschreibungen der sozialen Wirklichkeit zu gewinnen, die in den Sozialwissenschaften und der Jurisprudenz angeboten werden; denn in diesen Disziplinen spielt der Begriff der Institution eine zentrale Rolle.[11] Auch hier erweist sich die Frage nach dem Verhältnis von Freiheit und Institution als Schlüsselproblem. In Institutionen zeigt sich, dass das soziale Zusammenleben der Menschen strukturierter Regelhaftigkeit unterworfen ist; wird dem Menschen aber Freiheit zugesprochen, so wird ihm ein Spielraum gegenüber strukturellen Zwängen zuerkannt. Wie lassen sich diese beiden Aspekte miteinander verbinden? Oder schließen sie einander aus?

In unserem gegenwärtigen gesellschaftlichen Bewusstsein begegnet uns eine deutliche Tendenz, Freiheit und Institution einander entgegenzusetzen. In manchen Formen können wir gegenwärtig einen Abschied von den Institutionen im Namen der Freiheit beobachten: einen Abschied von den eingelebten Gestalten von Ehe und Familie ebenso wie eine wachsende Distanz gegenüber Staat und Kirche. Darin kommt die Überzeugung zum Ausdruck, dass Institutionen die individuelle Freiheitsverwirklichung nicht fördern, sondern hemmen, und dass Freiheit deshalb nur jenseits der Institutionen verwirklicht werden kann. Institutionen werden also nicht mehr als Ort verstanden, an dem die Sittlichkeit als Freiheit wirklich ist und verwirklicht werden kann.

Auf der anderen Seite aber hören wir eine deutliche Kritik der Freiheit im Namen der Institutionen. Für diese Stimmen gelten Staat und Kirche, Ehe und Familie gerade als Halt und Sicherung gegenüber der sozialen und persönlichen Unkalkulierbarkeit der individuellen Freiheit und ihrer Folgen.

Der Abschied von den Institutionen im Namen der Freiheit und die Kritik der Freiheit im Namen der Institutionen entsprechen einander. Denn beide behaupten sie, dass zwischen Freiheit und Institution eine prinzipielle Differenz besteht, dass sie miteinander unvereinbar sind. Diese Beobachtung fordert zu weiterem Nachdenken heraus. Deshalb wollen wir in einem nächsten Schritt genauer klären, in welchem Sinn Freiheit theologisch zu verstehen ist.

Im Neuen Testament ist in unterschiedlichen Sprachformen von der Freiheit die Rede. Der Galaterbrief des Paulus ist dafür ein besonders deutliches Beispiel; denn in ihm begegnen diese Sprachformen auf engstem Raum.[12] Vier solche Sprachformen will ich unterscheiden. Freiheit wird zunächst *zugesagt*: «Zur Freiheit hat uns Christus frei gemacht» (Gal 5,1). Die Zusage der Freiheit ist an Christus als ihren Urheber gebunden. Damit wird zweierlei gesagt: Die Freiheit, von der die Rede ist, wird allein durch Christus vermittelt; und zugleich: Das Werk Christi zielt auf nichts anderes als eben auf die Freiheit. Diese selbst aber wird nicht begrifflich definiert; sondern sie wird ausgelegt in Bezug auf die Gebundenheiten, von denen Christus befreit. Er befreit zunächst vom Gesetz als einem Mittel der Rechtfertigung vor Gott; er befreit also von dem Versuch, in der Gestalt des eigenen Lebens zugleich dessen letzten Sinn verwirklichen, die eigene Freiheit selbst herstellen zu wollen. Er befreit damit von der Macht, die die Sünde zur Entfaltung und zur Erfahrung bringt. Damit befreit er zugleich von der Macht der Täuschung, die unser Leben zur Lüge verkehrt. Schließlich aber befreit er vom Tod als der Macht, die das Leben als ein sündiges, unter dem Gesetz stehendes ratifiziert. Befreiung vom Gesetz, von der Sünde, von der Täuschung und vom Tod: das sind die Dimensionen, in denen Freiheit zugesagt wird. Diese Zusage wird durch die Wirklichkeit erlittener Unfreiheit nicht aufgehoben; denn diese Freiheit verdankt sich nicht menschlicher Leistung, sondern sie hat in der Zuwendung Gottes in Christus ihren Grund. Freiheit wird also zunächst *zugesagt*.

Zur Freiheit wird sodann *ermächtigt*: «Steht fest in der Freiheit», heißt es weiter in Galater 5,1. Ermächtigt wird dazu, auch in den gegenläufigen Erfahrungen von Unfreiheit, auch in den der Freiheit fremden Ordnungen menschlichen Lebens an der Zusage der Freiheit festzuhalten. In dieser Ermächtigung zur Freiheit liegt ein kritisches Potential, das sich auch in den herrschafts- und institutionskritischen Bewegungen des Christentums immer wieder Bahn gebrochen hat.

Wo zur Freiheit ermächtigt wird, wird zugleich zur Freiheit *ermahnt*: «Steht fest und lasst euch nicht wieder unter das Joch der Knechtschaft zwingen.» Die Freiheit bleibt dauerhaft durch die Mächte gefährdet, von denen Befreiung erfolgte: den Mächten des Gesetzes und der Sünde, der Täuschung und des Todes. Deshalb wird der, der die Zusage der Freiheit empfangen hat, dazu ermahnt, an der Freiheit als einer ihm vorgegebenen und geschenkten Realität auch im Vollzug seines Lebens festzuhalten. Er soll an ihr festhalten, obwohl er sie in den Realitäten seines Lebens immer nur fragmentarisch erlebt. Doch diese fragmentarischen Erfahrungen stehen unter der Verheißung, dass das kommende Reich Gottes ein Reich der Freiheit sein wird. Freiheit wird also *verheißen*. Deshalb wird Freiheit immer nur vorläufig verwirklicht; jede ihrer Gestalten ist offen nach vorn, relativiert durch eine Verheißung, die in menschlichem Handeln nicht eingeholt werden kann.

In verschiedenen Sprachformen also ist von der Freiheit die Rede: in Zusage und Ermächtigung, in Ermahnung und Verheißung. An deren Beginn steht die Zusage, die Berufung zur Freiheit. An sie schließt Paulus eine wichtige Abgrenzung an: «Zur Freiheit seid ihr berufen, Brüder; deshalb sorgt dafür, dass die Freiheit nicht eurer Selbstsucht die Bahn freigibt, sondern dient einander in der Liebe» (Gal 5,13). Die Zusage der Freiheit wird in der wechselseitigen Zuwendung zueinander bewahrt. Freiheit sondert die Menschen also nicht voneinander ab wie in der *lex iustitiae* Kants: «Tritt in einen Zustand, worin jedermann das Seine gegen jeden andern gesichert sein kann.» Sondern Freiheit verwirklicht sich darin, dass der eine den anderen als Bereicherung seiner selbst und als Aufgabe des eigenen Lebens erfährt. Sie verwirklicht sich also in Gemeinschaft und in wechselseitiger Verständigung, in *communio* und *communicatio*; deshalb kann sie «kommunikative Freiheit» genannt werden.[13] Auch das Freiheitsverständnis der zweiten Barmer These muss man systematisch im Sinn kommunikativer Freiheit fassen. Das zeigt sich daran, dass die ethische Folge der geschenkten Befreiung als «freier, dankbarer Dienst» bezeichnet wird. Die Zusammengehörigkeit von Freiheit und Liebe, die wir uns gerade am Galaterbrief des Paulus verdeutlicht haben, bestimmt auch das Freiheitsverständnis der Barmer Erklärung.

Das Verständnis von Freiheit als kommunikativer Freiheit hat seinen Grund im Begriff des Gottes, der sich selbst in Christus definiert. In dem Sohn kommt Gott als der in Freiheit Liebende zum Menschen[14] und befreit ihn zu einer Identität, die sich in Akten kommunikativen Daseins verwirklicht. Der Gedanke ist nicht mehr aus der Welt zu schaffen, dass nicht tödliche Konkurrenz zwischen Menschen herrschen muss, sondern dass gelingendes Leben sich in wechselseitiger Offenheit verwirklichen kann. Wo sie herrscht, ist der andere nicht mehr Schranke meiner Selbstverwirklichung, auch nicht bloß Anlass oder Material meiner sittlichen Bewährung. Vielmehr können wir durch die Liebe im anderen zu uns selbst kommen.

Für die neuzeitliche Tradition des Freiheitsbegriffs ist es charakteristisch, dass Freiheit zunächst als Herrschaft verstanden wird. Denn sie zeigt sich vor allem als Selbstbeherrschung, als Herrschaft über andere Menschen und als Herrschaft über die Natur. Der christliche Glaube dagegen versteht Freiheit in Kategorien der Gemeinschaft. Luther bringt dies in seinem Freiheitstraktat darin zum Ausdruck, dass er die Dialektik von Herrschaft und Knechtschaft neu fasst. Freiheit gehört nicht mehr einfach auf die Seite der Herrschaft, sondern umfasst beide Pole: Der Christ ist zugleich freier Herr und dienstbarer Knecht, zugleich niemandem und jedermann untertan.[15] Gerade darin ist christliche Freiheit der geschenkte Nachvollzug der Existenz Jesu, der als Herr Knecht und zugleich als Knecht Herr ist.[16]

Gegenüber den Freiheitsauffassungen, die sich in der Neuzeit ausgebildet haben, ist dies eine andere Perspektive.[17] Ich will das an einem naheliegenden Beispiel verdeutlichen. Die Französische Revolution stellte dem Begriff der Freiheit den der Brüderlichkeit zur Seite. «Freiheit, Gleichheit, Brüderlichkeit» hieß ihre Parole. Das war nötig, weil Freiheit als Selbstverfügung verstanden wurde, die nun in der Brüderlichkeit ein an der Gemeinschaft orientiertes Gegengewicht erhalten musste. Für den christlichen Glauben aber ist Freiheit nicht Selbstverfügung, nicht Selbstbesitz, sondern die dem Kommen Gottes verdankte Identität und damit eine radikale Unverfügbarkeit der menschlichen Person: Weder ich selbst noch ein anderer Mensch, weder irgendeine gesellschaftliche noch eine politische Macht kann über mein Personsein verfügen. Gerade um dieser Unverfügbarkeit willen wird der Mensch dazu ermächtigt, der Freiheit im gesellschaftlichen Zusammenleben Gestalt zu geben. Institutionen haben deshalb gerade der Unverfügbarkeit der Person zu dienen und sie zu schützen; sie sollen einen Raum freihalten, den Menschen kraft ihrer Freiheit gestalten können; sie sollen menschliches Gemeinschaftshandeln fördern.

Wir verstehen Freiheit als kommunikative Freiheit; von hier aus haben wir eine erste Perspektive auf das Problem der Institutionen gewonnen. Lässt sich diese Perspektive durchhalten und präzisieren, wenn wir uns nun ausdrücklich dem Begriff der Institution selbst zuwenden?

Dieser Begriff ist alles andere als eindeutig und einheitlich. Vielmehr lagern sich in der alltäglichen wie in der wissenschaftlichen Verwendung dieses Wortes verschiedene Schichten übereinander. In einer dieser Schichten gilt die Institution als vorgegebene objektive Ordnung; in einer anderen sieht man in ihr eine gruppenhafte Organisation sozialen Handelns; in einer dritten schließlich fragt man nach der Funktion von Prozessen der Institutionalisierung.

Ich knüpfe zunächst an die erste dieser drei Hinsichten an. Institutionen werden als Einrichtungen des gesellschaftlichen Zusammenlebens verstanden, die durch objektive Geltung ausgezeichnet sind; gegenüber der Subjektivität, gegenüber den jeweils besonderen Interessen der Einzelnen verkörpern sie das Moment des Allgemeinen. Dafür, dass die Freiheit der vielen Einzelnen zusammen bestehen kann, wie Kant forderte, sind die Institutionen nicht nur die Bedingung; sondern sie sind nach dieser, an Hegel sich anschließenden Auffassung[18] zugleich die objektive Wirklichkeit der Freiheit, die allein zum subjektiven Gebrauch der Freiheit ermächtigt. Diese Grundauffassung ist prägend für die Institutionentheorie des Philosophen und Soziologen Arnold Gehlen.[19] Er entwirft eine biologisch orientierte Anthropologie; dabei erscheint es ihm als besonderes Kennzeichen des Menschen, dass er nicht über ein dem Tier vergleichbares Maß an Instinktmechanismen verfügt, sondern der Welt offen gegenübersteht. Wie kann er dennoch zu instinktanalogen, das heißt verlässlichen und sein Leben sichernden Verhaltensweisen kommen? Dazu braucht er, so antwortet Gehlen, gesellschaftlich sanktionierte Verhaltensmuster, die ihn von eigenen Entscheidungen entlasten und ihm dadurch Verhaltenssicherheit geben. Diese Verhaltensmuster sind die Institutionen.

Meine Kritik an Gehlens Institutionenbegriff geht von folgender Beobachtung aus: Gehlen knüpft an Feststellungen der Verhaltensforschung an; doch er zeichnet sie in ein von Hegel entlehntes Schema ein. Gelegentlich weist er selbst darauf hin, dass für ihn das Thema der Institutionen an die Stelle tritt, an der bei Hegel der «objektive Geist» steht.[20] Ohne es ausdrücklich zu bemerken, nimmt Gehlen zugleich theologische Motive auf. Wenn er die Instinktreduktion des Menschen und die darin liegende schreckenerregende Instabilität seiner Antriebe beschreibt, so kehrt darin der Gedanke der menschlichen Verkehrtheit infolge des Sündenfalls wieder; und wenn er die Institutionen von der Verlässlichkeit und Regelmäßigkeit der in ihnen vorgegebenen Verhaltensmuster her charakterisiert, so steht ihm dabei der stabilisierende religiöse Ritus als Grundform der Institution vor Augen. Dass die Macht der Sünde durch Riten gebannt wird: darin kann man die grundlegende Vorstellung sehen, die Gehlens Theorie der Institution bestimmt. In dieser Theorie erhalten die Institutionen mythische Gewalt; das zeigt sich besonders deutlich in der Formel, der Mensch müsse sich von den Institutionen «verbrennen» und «konsumieren» lassen.[21] In einer solchen Auffassung von der Gewalt der Institutionen aber wird die Weltoffenheit und Freiheit des Menschen gerade preisgegeben.

Das lässt sich durch eine weitere Beobachtung verdeutlichen. Nach Gehlen ist die Funktion einer Institution nur so lange gesichert, solange sie unbefragt als vorgegebene Ordnung anerkannt wird. Die kritische Reflexion der Regeln, die sie bestimmen, ist deshalb der Tod der Institution. Denn durch solche Reflexion wird das Verhältnis von Freiheit und Institution verkehrt: Nicht mehr gilt die Institution als Bedingung der Freiheit, sondern die Freiheit gilt nun als Bedingung der Institution. Gehlen denkt das Verhältnis zwischen Institution und Freiheit durchaus einseitig: Die Institution ist die Wirklichkeit der Freiheit; wenn die Freiheit sich kritisch von der Institution distanziert, hebt sie den Geltungsgrund der Institution und damit sich selbst auf.

Der wichtigste Einwand, den ich gegen diese These Gehlens vorzubringen habe, ist folgender. Sie abstrahiert bewusst von der neuzeitlichen Entwicklung der Institutionen. Will man jedoch zureichend von den Institutionen sprechen, so muss man die Veränderungen berücksichtigen, die sie im «Prozess der Zivilisation»[22] durchlaufen haben. In erheblichem Umfang verlieren sie in diesem Prozess den Charakter des Fremdzwanges und nehmen den Charakter des Selbstzwanges an. Institutionen gelten nicht mehr bloß aufgrund eines gesellschaftlichen Zwangsmechanismus; sie gelten auch nicht mehr allein aufgrund gesellschaftlicher Überlieferung und Gewöhnung; sondern sie werden zugleich aufgrund einer internalisierten Norm befolgt. Ihretwegen hält man sich an die Einehe, befolgt man die Straßenverkehrsordnung, geht man zur Wahl, erfüllt man die Pflichten am Arbeitsplatz. Dass Institutionen funktionieren, beruht in der Regel nicht darauf, dass um ihretwillen permanent gesellschaftliche Sanktionen eingesetzt werden, sondern dass sie durch akzeptierte Gewöhnung und durch Selbstzwang befolgt werden. Wenn eine Institution nur noch durch Sanktionen am Leben erhalten wird, so ist dies immer ein Zeichen für eine tiefe Krise dieser Institution.

Der Übergang von Fremdzwang zu Selbstzwang oder Selbstbestimmung ist aber nun gleichzeitig ein spezifisches Moment am neuzeitlichen Freiheitsbegriff: Freiheit wird gerade darin wirklich, dass das Subjekt sich aus eigenem Willen dem allgemeinen Gesetz unterwirft. Das ist aber nur möglich, wenn geprüft werden kann, ob dieses Gesetz wirklich als ein allgemeines, als ein für jedermann geltendes Gesetz Anerkennung verdient. Gegen eine sich an Hegel anlehnende Deutung der Institutionen muss man an dieser Einsicht Kants festhalten. Die Freiheit ist der Geltungsgrund der Institutionen; die kritische Reflexion muss prüfen, ob die Institutionen als allgemein verbindlich gelten können; denn nur so können sie zu Bedingungen realer Freiheit werden.

Das Medium kritischer Reflexion ist die Sprache. Durch sie allein kann eine Verständigung über den Geltungsgrund von Institutionen hergestellt werden. Sprachliche Verständigung ist deshalb als «Institution der Institutionen», als Meta-Institution zu betrachten.[23] Die Sprache ist zunächst selbst eine Institution. Denn gerade sprachliche Konventionen erweisen sich als dem Einzelnen vorgegeben und unverfügbar. Der Schweizer Kinderpsychologe und Erkenntnistheoretiker Jean Piaget erzählt einmal von einem Kind, das gefragt wird, ob man die Sonne auch anders als «Sonne» nennen könne. Das Kind sagt: «Nein.» Woher es das wisse, wird es gefragt. Einen Augenblick ist es unsicher. Dann zeigt es auf die Sonne und sagt: «Schau sie dir doch an!»[24]

So fraglos wie das Scheinen der Sonne selbst ist ihre Bezeichnung als Sonne; so fraglos wie das Scheinen der Sonne gelten also auf der einen Seite sprachliche Verständigungsmuster. Doch auf der anderen Seite ermöglicht uns die Sprache, uns von eingelebten Verhaltensmustern zu distanzieren, nach ihrem Geltungsgrund zu fragen, sie uns anzueignen oder sie zu verändern. Deshalb sind die Institutionen nicht nur vorgegeben, sondern zugleich gestaltungsfähig. Nur Institutionen, über die wir uns sprachlich verständigen und die wir uns so kritisch aneignen können, lassen sich unter neuzeitlichen Bedingungen als Institutionen der Freiheit bezeichnen. Das Interesse, Freiheit und Institution zu verbinden, drängt darauf, dass sprachliche Verständigung als Meta-Institution kritisch, aneignend und verändernd wirksam wird. Deshalb hat die Geschichte der politischen Verfassungen eine Tendenz zur parlamentarischen Demokratie. In ihr sollen gesellschaftliche und staatliche Institutionen mit Hilfe des vernünftigen Gesprächs verändert, neu hervorgebracht oder bewahrt werden. Am deutlichsten zeigt sich dies an der Einrichtung und dem Verfahren verfassunggebender Versammlungen; die Entstehung des Bonner Grundgesetzes im Parlamentarischen Rat 1948/49 ist dafür ein Beispiel.

Ich fasse diese Überlegungen zusammen: Wir können die Institutionen nicht einfach als vorgegebene Gestalten und Verwirklichungen der Freiheit betrachten. Sondern die Freiheit ist der Geltungsgrund der Institutionen. Wir können ferner nur in dem Maß, in dem die Institutionen selbst der Kritik in sprachlicher Verständigung zugänglich sind, in ihnen eine Bedingung realisierter Freiheit erkennen. Freiheit zeigt sich uns nur als realisierte Freiheit, wenn in den Institutionen zu ihrer Entfaltung Raum geschaffen wird. Dieser wechselseitige Zusammenhang von Freiheit und Institution drängt sich gerade dann auf, wenn wir Freiheit nicht als Selbstverfügung, sondern als kommunikative Freiheit auslegen.

Wir gingen in dieser Überlegung von derjenigen Schicht im Begriff der Institution aus, wonach diese als vorgegebene, objektive Ordnung betrachtet wird. Wir müssen uns nun der zweiten Schicht dieses Begriffs zuwenden: Institutionen sind in aller Regel gruppenhafte Organisationen sozialen Handelns.[25] Sie entstehen, weil bestimmte gesellschaftliche Bedürfnisse befriedigt werden müssen. Sie bilden sich aufgrund einer bestimmten «Leitidee»,[26] eines organisierenden Prinzips: Verfügung über die Natur und

68

Beschaffung des Lebensunterhalts, Lebensgemeinschaft von Mann und Frau, Fortpflanzung und Erziehung, gemeinsame Sicherheit und Verwaltung der Macht sind derartige Leitideen. Unter ihnen schließen sich Menschen zusammen; sie bilden bestimmte Regelsysteme und Handlungsmöglichkeiten aus; sie stellen diese auf Dauer, besonders indem sie ihnen eine Rechtsform geben. Institutionen sind also auf bestimmte Zwecke gerichtet; sie sind sozial verfasst; und sie sind in aller Regel rechtlich geordnet.

Unter welchen Bedingungen ist eine solche gruppenhafte Organisation mit der Forderung nach Freiheit vereinbar? Wollen wir diese Fragen beantworten, so müssen wir die dritte Schicht im Begriff der Institution berücksichtigen und nach dem Prozess der Institutionalisierung fragen. Er besteht darin, dass unter verschiedenen Möglichkeiten menschlicher Bedürfnisbefriedigung bestimmte Formen ausgewählt und auf Dauer bereitgestellt werden. Von einer Institutionalisierung der Freiheit kann dabei nur dann die Rede sein, wenn die auf diesem Weg ausgeschlossenen Möglichkeiten nicht einfach vernichtet, sondern als Möglichkeiten erhalten werden.[27] Im Bereich der politischen Verfassung, den ich erneut als Beispiel heranziehe, dient dazu vor allem die Möglichkeit der Revision von Mehrheitsentscheidungen sowie die Möglichkeit der Verfassungsänderung. Eine weitere Bedingung besteht darin, dass die Institutionalisierung Freiheit *berücksichtigt;* sie muss deshalb in ihrer rechtlichen Ordnung individuelle Entfaltungsmöglichkeiten sichern. Dem dient in der politischen Verfassung die Garantie der Menschen- und Grundrechte.[28] Versteht man jedoch unter Freiheit nicht nur die äußerliche Freiheit der Abgrenzung (Kants *lex iustitiae*), sondern kommunikative Freiheit, so muss man darüber hinaus fordern, dass Institutionen Freiheit nicht nur berücksichtigen, sondern auch *ermöglichen:* Sie müssen also Handlungsräume eröffnen und offenhalten, in denen verantwortliches und gemeinsames Handeln aus Freiheit möglich ist. Dieser Forderung entspricht in gewissem Umfang die neuzeitliche Variabilität von Institutionen: Institutionen können ihre Funktion verändern, und gesellschaftliche Aufgaben können ihren Träger wechseln; dadurch vergrößert sich der Gestaltungsraum in einer Gesellschaft.[29]

An den Institutionen von Ehe und Familie, von Staat und Kirche, von Eigentum und wirtschaftlichem Betrieb, von Bildung und Massenkommunikation lässt sich dies leicht deutlich machen. In all diesen Bereichen finden tiefgreifende Funktionsverschiebungen statt, die im Einzelnen oft sehr ambivalente Wirkungen haben. Doch grundsätzlich gilt: Die Möglichkeit solcher Funktionsverschiebungen ist eine Bedingung dafür, dass Freiheit und Institution vereinbar bleiben.

Nun aber ist zu erörtern, in welchem Sinn der Begriff der Institution selbst theologischer Deutung offensteht.

Den wichtigsten Beitrag zu dieser Frage hat bisher der systematische Theologe Ernst Wolf geleistet.[30] Wolf betont zunächst die objektive, für das besondere Interesse der Einzelnen unverfügbare Vorgegebenheit der Institutionen. Das entspricht einem Grundzug der theologischen Tradition; die Auslegung der Aussagen des Paulus über die politischen Gewalten in Römer 13 hat den vorgegebenen Charakter derartiger Ordnungen immer wieder unterstrichen. Doch Wolf verbindet dies mit der These, dass es sich bei den Institutionen um einen Gegenstand menschlicher Gestaltung handelt. Institutionen sind also als Einheit von vorgegebener Stiftung und gestaltender Annahme zu begreifen.[31] Ein derartiges Verständnis der Institutionen vermeidet einerseits ein Ordnungsdenken, das die freie Annahme und Gestaltung der Ordnungen ignoriert. Es unterscheidet sich andererseits von einem personalistischen Aktualismus, der gegenüber der dauerhaften, rechtlich geordneten Sozialgestalt menschlichen Lebens blind ist und deshalb übersieht, dass der «freie, dankbare Dienst», den Menschen einander leisten, sich schon immer in einer sozial strukturierten Wirklichkeit vollzieht. Gegenüber diesen beiden Formen theologischen Denkens kann man Wolfs Institutionenbegriff als einen Versuch verstehen, die Einheit von Freiheit und Gehorsam, die das Grundthema der zweiten Barmer These darstellt, theologisch zu erfassen.

Ernst Wolf begründet sein Verständnis der Institutionen durch schöpfungstheologische Argumente. Nach der biblischen Urgeschichte verleiht Gott dem Menschen die Fähigkeit, ein «Gegenüber» zu sein. Darin ist die «Institutionalität» menschlichen Lebens begründet. Dies zeigt sich in drei Hinsichten: im Gegenüber von Mensch und Gott, im Gegenüber von Mensch und Mensch, im Gegenüber von Mensch und Erde. Diesem dreifachen Gegenüber entsprechen drei exemplarische Institutionen, nämlich der Bund, die Ehe und das Eigentum. Die Institution des Bundes gliedert sich auf in Kirche und Staat; an die Institution der Ehe schließt sich die Familie an; der Institution des Eigentums tritt die Arbeit zur Seite.

So weit will ich die Grundelemente der Institutionenlehre Ernst Wolfs skizzieren. Ich übernehme von Wolf den Gedanken, die Institution als Einheit von vorgegebener Stiftung und gestaltender Annahme zu begreifen. Er entspricht in seiner Struktur genau dem Gedanken Luthers von der *cooperatio hominis cum deo*, der nachfolgenden Mitwirkung des Geschöpfes am Werk des Schöpfers.[32] Im Rahmen des vorgängigen und umfassenden Wirkens Gottes, dem gegenüber der Mensch radikal unfrei ist, eröffnet sich ein Raum für das freie und verantwortliche Handeln des Menschen; das Geschenk der Freiheit ermöglicht die Wahrnehmung von Freiheit. Ich übernehme ebenfalls den schöpfungstheologischen Hinweis auf das Gegenübersein, die Relationalität des Menschen. Institutionen sollen das Gegenüber des Menschen zu Gott, das Miteinanderleben der Menschen und den fürsorglich-verwaltenden Umgang mit der Natur möglich machen. Doch problematisch ist in exegetischer wie in systematischer Hinsicht der Versuch, die biblische Urgeschichte im Sinn einer Aufzählung grundlegender Institutionen auszulegen. Denn dadurch bleiben wichtige Aspekte unberücksichtigt. So gelingt es nicht, die Stellung der Sprache als Meta-Institution herauszuarbeiten. Der gesamte institutionelle Bereich der Kultur bleibt außerhalb der Betrachtung: Bildung und Wissenschaft, Kommunikation und Kunst, Freundschaft und Geselligkeit haben keinen Ort. Die kennzeichnenden Institutionen der technischen Welt werden ebenso wenig einbezogen wie die transnationalen Formen politischer Organisation. Die schöpfungstheologische Begründung der Institutionen kann also leicht dazu führen, dass die Institutionen, in denen Menschen gegenwärtig leben, nicht zur Sprache kommen. Dies geschieht, wie wir am Beispiel Ernst Wolfs gesehen haben, vor allem dann, wenn man versucht, aus der biblischen Urgeschichte eine Liste von Institutionen abzuleiten. Die Bedeutung des biblischen Schöpfungsberichts für das Problem der Institutionen besteht jedoch darin, dass er Relationalität, Gegenübersein, Kommunalität als die von Gott gewollte Grundverfassung menschlichen Lebens darstellt.

Institutionen sollen das Gegenübersein von Menschen an Lebensformen binden, die wechselseitige Verlässlichkeit ermöglichen und zugleich der Freiheit Raum geben. Aus der göttlichen Stiftung ergibt sich gerade die Freiheit menschlicher Gestaltung. Diese Erkenntnis wurde in der reformatorischen Theologie unter anderem an der Frage nach dem institutionellen Charakter der Kirche ausgearbeitet.[33] Konstitutiv kraft göttlicher Stiftung ist für die Kirche, dass der Gemeinde die Verkündigung des Evangeliums als ein an sie ergehendes Wort begegnet; denn darin hört sie, dass ihr die Rechtfertigung vor Gott als unverdientes Geschenk der Freiheit zukommt. Eben diese Zusage ermächtigt zum Gebrauch christlicher Freiheit in der Gestaltung menschlicher Lebensverhältnisse. Die Ausbildung der Institutionen ist damit freilich nicht der Willkür überantwortet; vielmehr ist sie daran zu messen, ob in den Institutionen die Treue Gottes zum Menschen als seinem freien Gegenüber bezeugt wird.

Seit der Reformation ist es ein Grundproblem evangelischen Kirchenverständnisses, wie die institutionelle Gestalt der Kirche zu einer Gestalt christlicher Freiheit werden kann. Gerade diese Perspektive hat die Wahrnehmung dafür geschärft, dass institutionelle Formen auch in der Kirche, aber keineswegs nur dort eine eigentümliche Objektivität annehmen und sich den ursprünglichen Impulsen ihrer Ausbildung gegenüber entfremden können. Das Verhältnis von Freiheit und Institution ist keineswegs harmonisch. In der Neuzeit hat sich in dem Maß, in dem von Freiheit nachdrücklicher geredet wurde, auch die Erfahrung verschärft, dass Institutionen in ihrer rationalen Technizität, in der Eigendynamik der in ihnen versammelten Macht, in der Beständigkeit ihrer Regeln oder in der Unbegreiflichkeit bürokratischer Abläufe der Freiheit fremd gegenübertreten. Dem Einzelnen erscheinen

Institutionen oft als ein «stahlhartes Gehäuse»,[34] das seine Freiheit behindert und auf das er doch um seines Lebens willen angewiesen bleibt.

Eine Ethik der Institutionen darf solche Erfahrungen nicht überspielen. Zu ihren Aufgaben gehört vielmehr die nüchterne Darstellung und Kritik der jeweiligen Ausformung von Institutionen und der Mechanismen, von denen sie bestimmt werden. Auf diese Weise soll eine solche Ethik der Orientierung in dem widerspruchsvollen Feld der Institutionen dienen. Sie fragt, wie Freiheit als regulatives Prinzip gegenüber den Institutionen zur Geltung gebracht werden kann, wie also Institutionen Freiheit berücksichtigen und ermöglichen können. Eine solche Ethik der Institutionen ist im Rahmen der Theologie notwendig. Sie beteiligt sich an der Aufgabe, den Glauben als Befreiung zum Leben auszulegen. Sie konkretisiert auf diesem Weg den unlöslichen Zusammenhang zwischen der Zusage der Befreiung, von der der Glaube herkommt, und dem freien, dankbaren Dienst, in dem er Gestalt gewinnt. Eine solche Ethik der Institutionen ist also eine Auslegung der Einheit von Freiheit und Gehorsam, in der die Barmer Theologische Erklärung alle christliche Ethik begründet sieht.

Eine Ethik der Verantwortung

Verantwortung stellt kein neues Thema der Ethik dar; sie hat vielmehr einen festen Platz in deren Tradition, besonders in der englischsprachigen Moralphilosophie und der theologischen Ethik. In der englischsprachigen Moralphilosophie wird der Begriff der Verantwortung oft in Verbindung mit einer Theorie des freien Willens und dem Problem der Unvermeidbarkeit behandelt.[35] Als eine typische Definition dieser Art von Verantwortung sei ein Vorschlag von Richard Swinburne zitiert: «Ein Handelnder wird moralisch für das, was er absichtlich vollzieht, und für das, was er zu tun beschließt, zur Verantwortung gezogen; für das Vollziehen bestimmter Handlungen ist er zu loben, für andere hingegen zu tadeln.»[36] Nach wie vor wird darüber debattiert, ob solch eine Sicht der moralischen Verantwortung mit einer deterministischen Auffassung des menschlichen Handelns in Einklang zu bringen ist.[37] Die meisten Symposien und Debatten zur Verantwortung haben sich auf den Zusammenhang von Verantwortung und Freiheit konzentriert und geltend gemacht, dass Verantwortung im Falle von Unvermeidbarkeit nicht gegeben sei. Manche Autoren versuchen zwischen Verantwortung und Tugend zu differenzieren, indem sie verantwortungsvolles Handeln von einem tugendhaften Charakter unterscheiden.[38] Auch wurden viele Versuche unternommen, moralische Verantwortung zum einen von kausaler Verursachung und zum anderen von Strafbarkeit abzugrenzen.[39] Ein weiterführender Ansatz besteht darin, zwischen der normalen Situation der Funktionsverantwortung und der außergewöhnlichen Situation der stellvertretenden Verantwortung zu unterscheiden, oder – wie ich es nennen möchte – zwischen «Verantwortung *haben*», entsprechend der jeweiligen Funktion in der Gesellschaft, und «Verantwortung *übernehmen*», beispielsweise in Fällen der Notwehr, des zivilen Ungehorsams oder des Widerstands.[40]

Alle derartigen Debatten zeichnen sich durch ein hohes Maß an Kontinuität mit früheren Moraltheorien aus und spiegeln nicht die spezifischen Probleme und Herausforderungen wider, die sich der heutigen ethischen Reflexion stellen. Folglich scheint mir der erste Beitrag der theologischen Ethik zur Weiterführung der Debatte in der expliziten Anerkennung und Reflexion einiger spezifischer Merkmale der gegenwärtigen gesellschaftlichen und politischen Situation zu bestehen, die eine bestimmte Art von ethischer Beurteilung fordert.

Deshalb möchte ich zunächst drei dieser neuen Herausforderungen, die miteinander verknüpft sind, erörtern: (1) Kollektive Verbrechen aus Gehorsam, (2) die Globalisierung der modernen Technologie und (3) die Ambivalenz des Projekts der Moderne. Anschließend werden vier strukturelle Dimensionen der Verantwortung entfaltet. Dies sind (1) die Grundlegung in einer relationalen Anthropologie, (2) die Übereinstimmung mit der Wirklichkeit, (3) der teleologische Charakter und (4) der reflexive Gebrauch von Prinzipien. Indem ich mich mit diesen vier Dimensionen befasse, möchte ich aufzeigen, wie eine theologische Reflexion zu einer konstruktiven Theorie der Verantwortung beitragen kann, die den Herausforderungen unserer Zeit Rechnung trägt.

Es wird häufig vergessen – muss aber zumindest von Deutschen immer wieder ins Gedächtnis gerufen werden –, dass die größte Herausforderung für eine Ethik der Verantwortung in den brutal geplanten und ausgeführten Genoziden und Massenmorden unseres Zeitalters gesehen werden muss. Indem wir Gedenktage einiger dieser unvorstellbaren Ereignisse begehen – wie zum Beispiel den Beginn der deutschen Militäroffensive gegen die Sowjetunion im Juni 1941 oder die Wannsee-Konferenz mit ihrer offiziellen Zustimmung zur sogenannten «Endlösung der Judenfrage» im Januar 1942 –, erkennen wir, dass es historische Ereignisse gibt, die nicht bloß Teil der Vergangenheit, sondern auch der jeweiligen Gegenwart sind. Aber was bedeutet Verantwortung in diesem Fall? Die Frage ist nicht, ob alle Deutschen ein und dieselbe Verantwortlichkeit für die Verbrechen der deutschen Vergangenheit trifft – die damals lebenden Generationen wie auch die, welche «die Gnade der späten Geburt» für sich in Anspruch nehmen (wie der ehemalige Bundeskanzler Helmut Kohl einmal zitiert wurde). Sondern es geht darum, ob auch die Späteren, obwohl sie nicht unmittelbar an den Ereignissen einer früheren Epoche beteiligt waren, an der Verantwortung für sie – beziehungsweise für ihre Folgen – Anteil haben.

Diese Frage wurde bereits unmittelbar nach dem Ende des Zweiten Weltkrieges diskutiert. Vor allem Hannah Arendt und Karl Jaspers erschlossen die Einsicht, dass moralische Verantwortung den Bereich der individuell zurechenbaren Handlungen transzendiert. Darum gilt – wie Jaspers betont – die Mitverantwortung jedes Menschen «für alles Unrecht und alle Ungerechtigkeit in der Welt, insbesondere für Verbrechen, die in seiner Gegenwart oder mit seinem Wissen geschehen».[41] Gehorsam, Konformität und Angst sind verbreitete Mechanismen, durch die Menschen den Schaden, der anderen zugefügt wird, akzeptieren, passiv tolerieren oder gar aktiv zu ihm beitragen.

Verbrechen aus Gehorsam werden auf außergewöhnlich beeindruckende, wenn auch zugleich bedrückende Weise von Herbert Kelman und Lee Hamilton als ein allgemeines Merkmal des vergangenen Jahrhunderts beschrieben und analysiert.[42] Ihre bezwingenden Beispiele verleihen einem verallgemeinernden Konzept der Verantwortung Evidenz, wie es von Hannah Arendt vorgeschlagen wurde. Sie schrieb: «Die Idee der Menschheit, von allen Sentimentalitäten befreit, hat die sehr ernste Folge, dass in der einen oder anderen Weise die Menschen Verantwortung für alle Verbrechen, die von Menschen verübt werden, übernehmen müssen und dass alle Nationen die Last des Bösen, das von allen anderen begangen wird, teilen müssen. Die Scham, Mensch zu sein, ist der rein individuelle und gänzlich unpolitische Ausdruck dieser Einsicht.»[43]

Allerdings muss diese Generalisierung ein Gegengewicht in der Überlegung finden, dass die Mitverantwortung für frühere Taten – in ihrer doppelten Form als anamnetische Solidarität mit den Opfern und als gemeinsames Bemühen, die Wiederholung von vergleichbaren Untaten zu verhindern – gemäß den individuellen gesellschaftlichen Zugehörigkeiten spezifiziert und differenziert ist. Beispielsweise ruft die Zugehörigkeit zu einer christlichen Kirche eine spezifische Sensibilisierung im Hinblick auf eine Art von Rassismus hervor (wie im Falle der Apartheidpolitik in Südafrika), die von ihren Verfechtern auf christlicher Grundlage gerechtfertigt wurde. Mit der Stellung als deutscher Staatsbürger – um ein weiteres Beispiel zu nennen – verband sich eine bestimmte Art von Verantwortung, als Israel sich während des Golfkriegs durch einen potentiellen irakischen Angriff mit Scud-Raketen bedroht sah, die mit deutscher Hilfe hergestellt worden waren. Verbrechen der Vergangenheit führen nicht nur zu einer allgemeinen und gemeinsamen Verantwortung aller Menschen, sondern ebenso zu spezifischer Verantwortung von Menschen als Mitgliedern einer kleineren Gemeinschaft innerhalb der Menschheit.

Indessen sind Überlegungen zur Verantwortung heutzutage mehr auf die Zukunft als auf die Vergangenheit ausgerichtet. Die Globalisierung der modernen Technologie wird in diesem Rahmen als die dramatischste Herausforderung für eine Ethik der Verantwortung gesehen. Besonders klar formulierte der Philosoph Hans Jonas diesen Zusammenhang. Jonas, der an der New School for Social Research in New York lehrte, veröffentlichte sein Hauptwerk *Das Prinzip Verantwortung* zunächst auf Deutsch und übersetzte es selbst erst fünf Jahre später ins Englische.[44] Bis heute hat sein Vorschlag in Deutschland mehr Resonanz gefunden als in den Vereinigten Staaten.

Für unseren Zusammenhang kann Jonas' zentrales Anliegen wie folgt zusammengefasst werden: Die moderne Technik hat die Menschen mit einem Zuwachs an Macht ausgestattet, der hinsichtlich seiner möglichen Folgen zutiefst doppelgesichtig ist. Er beinhaltet neue Möglichkeiten zur Erhaltung und Entfaltung menschlichen Lebens, aber auch zu dessen Vernichtung. Er umfasst die Fähigkeit zur kollektiven nuklearen Selbstzerstörung wie auch zur biotechnologischen Selbstmanipulation der menschlichen Spezies. Kernspaltung und die Entschlüsselung des genetischen Codes sind herausragende Beispiele für die definitive und irreversible Verfügung der Menschheit über ihre eigene Zukunft. Dies ist der Grund, aus dem Verantwortung für die Zukunft der Menschheit einen grundlegenden ethischen Imperativ darstellt.

Die Zeitstruktur der ethischen Reflexion, zu der die moderne technologische Entwicklung herausfordert, lässt sich in Verbindung mit der Argumentation von Hans Jonas präziser beschreiben, als dies gewöhnlich geschieht. Heutzutage werden die Gefahren für die Menschheit und für nichtmenschliches Leben, die durch unsere technologischen Eingriffe in die Natur verursacht werden, häufig als generationsübergreifender Wirkungszusammenhang charakterisiert. So sind die Ursachen für die schweren Schäden an Wäldern in Mitteleuropa in Ereignissen zu finden, die Jahre und Jahrzehnte zurückliegen. Im Falle eines durch Menschen verursachten Klimawandels wird die Zeitspanne zwischen Ursache und Wirkung auf drei bis vier Jahrzehnte geschätzt. Andere Schäden an der Umwelt zeigen sich ebenfalls mit einer gewissen Zeitverzögerung. Aber es ist nicht selbstverständlich, dass menschliches Denken und Handeln durch das Vorausahnen von Gefahren in einer fernen Zukunft neu ausgerichtet wird. In der Wahl zwischen Handlungsalternativen tendieren die Menschen dazu, eher auf gegenwärtige als auf zukünftige Gefahren zu reagieren. So zeigen sich Menschen beispielsweise eher durch Wirbelstürme beunruhigt, die sie selbst erleben, als durch die Vorhersage, dass eine globale Erderwärmung um mehr als 2 Grad Celsius innerhalb von einigen Jahrzehnten weitaus schwerer wiegende Klimakatastrophen erzeugen wird. Aber solch eine zukunftsblinde Verhaltensweise ist nicht ausreichend. Die Frage muss daher gestellt werden, ob die Menschheit eine Fähigkeit zu gemeinsamem, vorausschauendem Handeln zu entwickeln vermag. Darum geht es bei Verantwortung.

Es gibt noch einen weiteren Anlass, der die Ausrichtung der Ethik auf die Zukunft begründet. Dieser besteht in der exponentiellen Zunahme der Probleme, die durch gegenwärtige Handlungen hervorgerufen werden. Der markanteste Fall zeigt sich in der Wechselwirkung zwischen der strukturellen Ungerechtigkeit der Weltwirtschaftsbeziehungen und dem Wachstum der Weltbevölkerung. Mit dem dramatischen Wachstum der Weltbevölkerung und der kontinuierlichen Verschlechterung des Verhältnisses zwischen der reichen Minderheit und der armen Mehrheit übersteigt die Ausweitung und Intensität der globalen Armut zunehmend unsere Vorstellungskraft. Was unter solchen Bedingungen Respekt für die Rechte zukünftiger Generationen heißen mag, liegt jenseits unseres Begreifens. Solange die Menschheit den gegenwärtigen Trends der technologischen und ökonomischen Entwicklung im weltweiten Maßstab folgt, wird ihre Situation durch eine zunehmende Diskrepanz zwischen den Lebensbedingungen, die sie für große Teile der Weltbevölkerung verursacht, und dem Gedanken, dass Menschen frei und daher zu verantwortlichem Handeln befähigt sind, bestimmt sein.

Die Ambivalenz des Projekts der Moderne lässt sich auch noch unter einem anderen Gesichtspunkt beschreiben. Einerseits ist die Moderne durch die Ablehnung jeglicher Art von Heteronomie und die Berufung auf die menschliche Autonomie geprägt; zweifelsohne liegt darin ein erheblicher Fortschritt im Vergleich mit Zeiten, in denen externe Autoritäten – Fürsten, Bischöfe oder wer auch sonst – willentlich über das Schicksal anderer Menschen entschieden. Doch andererseits führte der Prozess der Modernisierung zum Zusammenbruch von gelebten Traditionen; er führte zur Kolonisierung der Lebenswelt durch die systemischen Imperative einer funktionalen Gesellschaft, zum Verfall gemeinschaftlicher Lebensformen, zur Gleichgültigkeit gegenüber allgemein anerkannten Normen und zur Auflösung von Institutionen, die zuvor Richtlinien und Orientierung für das Leben der Individuen boten. Dies zeitigte auch politische und gesellschaftliche Folgen. Das Entstehen eines öffentlichen Raums für offenen Diskurs und kulturellen Austausch ist eine der bedeutendsten Errungenschaften der Moderne. Aber die Tendenz zu einer weltweiten Monokultur, begünstigt durch Massenmedien und Massenkonsum, weltumspannende Kommunikationssysteme und internationalisierte ökonomische Interessen, entfaltet auch zerstörerische Wirkungen. Eine weltweite Monokultur wird am Ende gar keine Kultur mehr sein. Die «Dialektik der Aufklärung» kann daher von zwei Seiten betrachtet werden: als der Weg heraus aus einer unaufgeklärten Vergangenheit – oder als der Weg in eine ebenfalls ziemlich unaufgeklärte Zukunft.

So weit meine Interpretation der drei Hauptherausforderungen für eine Ethik der Verantwortung heute. Worin liegen nun die grundsätzlichen Merkmale einer ethischen Orientierung, die uns dazu befähigt, diesen Herausforderungen zu begegnen? Ich möchte die konstruktive Aufgabe einer Theorie der Verantwortung in zweifacher Weise angehen: Zunächst werde ich einige zentrale Vorschläge in der modernen Geschichte der Konzeption der Verantwortung analysieren. Dann werde ich diese Vorschläge auf dem Weg einer theologischen Kritik zu konstruktiven Elementen einer Theorie der Verantwortung weiterentwickeln. Dies soll unter den vier bereits zu Beginn genannten Perspektiven geschehen: Grundlegung in einer relationalen Anthropologie, Übereinstimmung mit der Wirklichkeit, teleologischer Charakter und reflexiver Gebrauch von Prinzipien.[45] Voranstellen will ich einen knappen Überblick über das Material, auf das sich meine Argumentation stützt.

Soweit mir bekannt, war Max Weber der erste Autor, der die ethische Aufgabe, die durch die Probleme unserer technologi-

schen Ära gestellt wird, mit dem Begriff der Verantwortungsethik bezeichnete.[46] Seine Herangehensweise konzentriert sich auf
ein Verständnis dieses Begriffs, das die Verantwortlichkeit für zukünftige Auswirkungen gegenwärtiger Handlungen betont. Es ist
das Bewusstsein einer zunehmenden Ausweitung dieser zukünftigen Auswirkungen, das Philosophen der vergangenen Jahrzehnte
zu einer Erneuerung von Webers Vorhaben veranlasste. Hans Jonas, Dieter Birnbacher und andere arbeiteten an dem Projekt einer
Verantwortungsethik, die vom Gedanken einer Verantwortung
für die Zukunft bestimmt ist.[47] Karl-Otto Apel entwickelte in
bemerkenswerter Weise die Diskursethik zu einer Verantwortungsethik weiter.[48] Seine grundlegende Analyse der gegenwärtigen Gefahren, die solch eine Verantwortungsethik erforderlich
machen, entspricht zu einem großen Teil den Überlegungen von
Hans Jonas; jedoch unterscheiden sich die von beiden Autoren
eingesetzten philosophischen Mittel. Für das Vorhaben einer
theologischen Ethik der Verantwortung erscheint mir besonders
interessant, wie Franklin Gamwell den philosophischen Ansatz
Apels verwendet und transformiert.[49] Klärende philosophische
Überlegungen zum Begriff der Verantwortung selbst finden sich
in einigen Schriften des Philosophen Georg Picht.[50]

Die theologische Debatte entfaltete sich in einem bemerkenswerten Umfang als eine Reaktion auf Webers Initiative. Dietrich
Bonhoeffer widmet einen wichtigen Abschnitt in den Fragmenten
seiner unvollendeten *Ethik* den «Strukturen des verantwortlichen
Lebens». Dort bezieht er sich explizit auf Weber und fügt hinzu,
dass der Begriff «Verantwortung» theologisch eine «Fülle» umfasst, die im alltäglichen Sprachgebrauch nicht präsent ist – «selbst
dort nicht, wo er eine ethisch höchst qualificierte Größe geworden ist, wie etwa bei Bismarck oder bei Max Weber».[51] Ähnlich
wird diese umfassendere Konzeption von Verantwortung bedacht, wenn H. Richard Niebuhr über das «große moderne Symbol» der Verantwortung spricht.[52] Er zitiert Weber nicht direkt,
sondern stützt sich in erheblichem Umfang auf die Gesellschafts-
theorie George Herbert Meads. Auch wenn Niebuhr sich nicht
auf Bonhoeffer bezieht, so teilen beide doch eine gemeinsame
Grundlage in ihrem Verständnis dessen, was Verantwortung be-

deutet. Es ist interessant, dass der amerikanische Versuch einer Ethik der Verantwortung – *The Good Society* von Robert Bellah und seinen Kollegen – sich in seinem Verständnis von Verantwortung weitgehend an Niebuhr orientiert.[53] In der Tat kann Niebuhr einen konstruktiven Ansatzpunkt für unsere weiterführenden Überlegungen bieten. Dieser Ansatzpunkt ist die relationale Struktur der menschlichen Existenz.

Soweit ich sehe, beruht jegliche theologische Ethik der Verantwortung eher auf einer relationalen als auf einer substanzontologischen Anthropologie. Eine substanzontologische Anthropologie ist exemplarisch im Verständnis des Menschen als rationalem Wesen formuliert; eine relationale Anthropologie kommt hingegen beispielhaft im Verständnis des Menschen als responsorischem und daher verantwortlichem Wesen zum Ausdruck. Der Unterschied zieht sich durch die Traditionen der christlichen Theologie; er zeigt sich exemplarisch in der Art und Weise, in welcher diese Traditionen davon sprechen, dass der Mensch zum Ebenbild Gottes geschaffen sei. Während eine substanzontologische Anthropologie behauptet, dass selbst nach dem Sündenfall ein substantieller Aspekt des ursprünglich geschaffenen Zustands bewahrt bleibt, nämlich die menschliche Rationalität, betont eine relationale Anthropologie, dass die Beziehung des Menschen zu Gott auf der menschlichen Seite vollständig durch die menschliche Sündhaftigkeit zerstört ist und allein durch die göttliche Liebe und Gnade erneuert wird. Glaube ist daher die Art, in welcher Menschen auf diese neu eröffnete Beziehung antworten.

Diese Alternative formuliert Martin Luther sehr präzise in seiner *Disputatio de homine* (1536), indem er der klassischen philosophischen Definition – dass der Mensch ein vernunftbegabtes Lebewesen sei («hominem esse animal rationale») – seine theologische Definition gegenüberstellt, nach welcher der Mensch durch den Glauben gerechtfertigt wird («hominem iustificari fide»).[54] Nicht ein Zustand, sondern eine Beziehung des Vertrauens bestimmt, worum es beim Menschsein des Menschen geht; nicht seine substantielle Rationalität oder seine rationale Substanz, sondern seine Beziehung zu Gott im Glauben konstituiert sein Sein. Von diesem Ausgangspunkt aus ist es folgerichtig, die theologische Anthropologie in relationalen Begriffen zu entwickeln. Grundsätzlich lassen sich vier Beziehungsformen unterscheiden, in welchen sich das Leben des Menschen vollzieht – in den Relationen zu Gott, zu anderen Personen, zu der Welt und zu sich selbst.

Ich nehme auf diese beispielhafte Ausführung einer relationalen Anthropologie in Luthers Theologie Bezug, weil sie eine unverzichtbare Voraussetzung für die Neuformulierung einer Ethik der Verantwortung in der modernen protestantischen Theologie bildet. Die zwei bekanntesten Vertreter einer solchen Ethik der Verantwortung – Bonhoeffer und Niebuhr – haben gemeinsam, dass sie die menschliche Person als responsorisches Wesen auffassen. Um Bonhoeffer zu zitieren: «In diesem Begriff der Verantwortung ist die zusammengefasste Ganzheit und Einheit der Antwort auf die uns in Jesus Christus gegebene Wirklichkeit gemeint im Unterschied zu den Teilantworten, die wir zum Beispiel aus der Erwägung der Nützlichkeit oder aus bestimmten Prinzipien heraus geben könnten. Angesichts des Lebens, das uns in Jesus Christus begegnet, kommen wir mit solchen Teilantworten nicht aus, kann es vielmehr nur um die ganze und eine Antwort unseres Lebens gehen.»[55]

Während Bonhoeffer seine relationale Anthropologie unmittelbar aus christologischen Annahmen begründet, entwickelt Niebuhr einen entsprechenden Gedanken auf der Grundlage einer typologischen Differenzierung zwischen drei grundsätzlichen Konzeptionen der menschlichen Person: der Mensch als Macher, der Mensch als Bürger und der Mensch als Antwortender. Er folgert: «Was in der Idee der Verantwortung impliziert ist, ist die Vorstellung des Menschen als Antwortendem, des Menschen im Dialog und des Menschen als agierend in Antwort auf Handlungen, die auf ihn einwirken.»[56] Mit Hilfe von Meads Konzept der sozialen, interaktionellen Konstitution des Selbst und von Martin Bubers Entwurf einer dialogischen Philosophie entfaltet er vier Elemente der Verantwortung, verdichtet in seiner zusammenfassenden Definition von Verantwortung als der «Idee der Handlung eines Handelnden als Antwort auf eine Einwirkung auf ihn, im Einklang mit seiner Interpretation der letzteren Handlung [gemeint ist die Einwirkung auf ihn] und mit seiner Erwartung einer Entgegnung auf seine Antwort; und all dies findet in einer fortlaufenden Gemeinschaft der Handelnden statt.»[57]

Noch wichtiger als die Unterscheidung zwischen den vier Elementen der Verantwortung, die in dieser Definition enthalten sind, ist die Tatsache, dass Niebuhr – wie auch Bonhoeffer, jedoch unabhängig von ihm – zwei Strukturen von Beziehung in der Verantwortung unterscheidet. Bereits 1946, geraume Zeit vor den Vorlesungen, die in dem Buch *The Responsible Self* zusammengefasst sind, differenziert er zwischen Verantwortung *vor* und Verantwortung *für*.[58] In diesem frühen Artikel ist er der Meinung, dass Jesus alle Christen zu dem Ideal der Verantwortung *vor* Gott und der Verantwortung *für* Alles, was Gott schuf, leitet. Dieselbe strukturelle Unterscheidung begegnet auch bei Bonhoeffer, aber mit dem Unterschied, dass er eine Verantwortung vor und für Gott genauso sieht wie eine Verantwortung vor den Menschen und für die Menschen.[59] Diese Ansicht findet sich auch in einigen der wichtigsten Beiträge zum Verständnis der Verantwortung als Grundbegriff in der zeitgenössischen deutschen Philosophie, namentlich in den Schriften Georg Pichts.[60]

Sowohl an Picht anknüpfend als auch ihn modifizierend, können wir versuchen, die zwei grundsätzlichen Arten von Beziehungen in Verantwortung, nämlich (1) «die Verantwortung vor» und (2) «die Verantwortung für», zu verdeutlichen.

1) Wir neigen dazu, «Verantwortung für» schlicht als Fürsorge, als Sorgen für jemanden, zu interpretieren. Interessanterweise sind Eltern, Lehrer und Politiker sowohl bei Bonhoeffer als auch bei Jonas die zentralen Beispiele für Verantwortung.[61] Natürlich umschließt «Verantwortung für» auch Fürsorge, aber es meint mehr als das. Es handelt sich nicht bloß um Fürsorge, sondern auch um Vorsorge. Nicht das Gespür für Fürsorge, sondern die besondere menschliche Fähigkeit, die Zukunft in Erwägung zu ziehen, begründet die «Verantwortung für». Dies gilt für die gewöhnliche Funktionsverantwortung ebenso wie für die außergewöhnliche, stellvertretende Verantwortung in Situationen der Notwehr, des zivilen Ungehorsams oder des Widerstands. Nicht nur das Bewusstsein der Fürsorge, das in mir durch die Gegen-

wart anderer hervorgerufen wird, sondern auch das Bewusstsein der Vorsorge für die Zukunft eines Bereichs gemeinsamen Lebens kennzeichnet Verantwortung. Die Fähigkeit, die Menschen von nichtmenschlichen Lebewesen unterscheidet und die grundlegend für menschliche Verantwortung ist, ist das Vermögen, die Möglichkeiten künftiger Entwicklungen in Betracht zu ziehen und unter ihnen zu wählen.

Daher ist Verantwortung nicht einfach und nicht ausschließlich – wie es die Tendenz bei Bonhoeffers Beschreibung ist – ein «Dasein für Andere» oder Proexistenz.[62] Sie ist vorausschauende Fürsorge für einen natürlichen, sozialen und kulturellen Raum, zu dem die verantwortliche Person selbst gehört. Dieser Raum ist geschichtlich geprägt und verändert seine Form schrittweise. Ebenso verändert sich das Subjekt der Verantwortung. Nicht der autonome Wille eines individuellen Subjekts konstituiert Verantwortung; eher sind die Subjekte der Verantwortung konstituiert durch das Zusammenspiel zwischen spezifischen Bereichen der Verantwortung, den in diesen möglichen Ereignissen und der Interpretation der Herausforderungen, die in einer Gemeinschaft von Interpretierenden gefunden wird. Dieses Zusammenspiel nimmt institutionelle Formen an. Sie sind geschichtlich veränderliche Kristallisationspunkte für das Verständnis von Verantwortung in einer Gemeinschaft von Interpretierenden und für die Klärung der Wege, auf denen derartiger Verantwortung entsprochen werden kann. Daher ist ein zentrales Kriterium für die Gestaltung von Institutionen, ob sie Bereiche der Verantwortung strukturieren und Personen dazu befähigen, ihrer Verantwortung gerecht zu werden.

2) Der Gedanke der Verantwortung hat seinen ursprünglichen Platz im Bereich des Rechts. «Verantwortung vor» meint ursprünglich Verantwortung vor einem Richter. Die Übertragung dieses Gedankens aus dem Bereich des Rechts in denjenigen der Ethik war geschichtlich nur unter dem Einfluss des christlichen Gedankens möglich, dass alle Menschen letztlich vor einem göttlichen Gericht am Ende der Geschichte, in der Erfüllung der Zeit, Rechenschaft ablegen müssen. Die Weltgeschichte als solche wurde der grundsätzliche Horizont der menschlichen Verantwortung.

Die christliche Tradition bindet diese Universalisierung der Verantwortung an das Leben des Individuums. Hier hat das Gleichnis vom Weltgericht (Mt 25,31–46) eine fundamentale wie auch exemplarische Funktion. Zum einen zeigt dieses Gleichnis das Weltgericht als die Erfüllung der Zeit, in der die Taten aller Individuen ihre endgültige Bedeutung im Licht der Handlungen aller anderen Individuen erhalten. Zum anderen stellt es eine gegenwärtige Situation dar, auf deren Grundlage die Taten einer Person beurteilt werden – nämlich die Bedürfnisse der Schwachen und Unterdrückten, die Ängste und Hoffnungen der geringsten Brüder und Schwestern, derjenigen, die hungrig und durstig sind, die Fremde sind und unter die Räuber gefallen sind, wie auch derjenigen, die krank oder gefangen sind. Ob unsere Handlungen Bestand haben, so sagt dieses Gleichnis, entscheidet sich an unserem Umgang mit denen, die schwächer sind als wir selbst. Wir können uns niemals gewiss sein, ob unsere Handlungen eine solche Rechtfertigung erfahren werden, da wir niemals sicher wissen, was wir tun. Wir begegnen dem göttlichen Richter lediglich im Zusammentreffen mit denen, die schwächer sind als wir selbst. Aber der Gedanke der Verantwortung beinhaltet ein Kriterium, das nicht bloß formal ist, sondern einen wesentlichen inhaltlichen Gesichtspunkt einschließt. Es erklärt Handlungen so weit für gerechtfertigt, als sie vorteilhaft sind für diejenigen, die schwächer sind als die handelnde Person selbst. Jegliche Anwendung dieses Kriteriums auf (ausschließlich) gegenwärtige Zustände ist notwendigerweise vorläufig und fehlbar, weil nur am Ende der Geschichte die endgültige Bedeutung individueller Handlungen in Bezug zu allen anderen Handlungen offenbar sein wird.

Eine an diesem Kriterium orientierte Verantwortungsethik ist nicht auf den unmittelbaren Wirkungshorizont einer Handlung beschränkt, sondern sie reicht so weit, wie die jeweilige Beteiligung an sozialen Prozessen Verhältnisse von «stärker» und «schwächer» erzeugt oder begünstigt. Dies aber ist, wie wir gesehen haben, nicht nur im Blick auf Menschen der Fall, mit denen wir eine gemeinsame Lebenswelt teilen, sondern auch im Blick auf zukünftige Generationen.

Aus dieser Perspektive betrachtet, hängt das Maß der Verantwortung einer Person mit der Reichweite ihrer persönlichen oder strukturellen Macht zusammen. Macht ist nicht nur ein Mittel, um seine jeweiligen Aufgaben zu verwirklichen; sondern die Anwendung von Macht muss zugleich der Prüfung am Maßstab der Verantwortung unterzogen werden. Zu prüfen ist deshalb, ob der Gebrauch von Macht die Schwächeren begünstigt oder nicht. Verantwortung, so lässt sich verdeutlichend hinzufügen, bedeutet nicht Machtlosigkeit, sondern einen reflexiven Gebrauch der Macht; zu ihr gehört die Fähigkeit, Macht über die eigene Macht zu gewinnen. Es ist von hier aus betrachtet kein Zufall, dass die Frage nach der Verantwortung als zentrales Thema im ethischen Diskurs genau zu einer Zeit in den Vordergrund tritt, in der die Menschen Macht über nahezu alles gewonnen haben – nur nicht über ihre eigene Macht.[63] Der reflexive Gebrauch der Macht, der den Mittelpunkt der Frage nach der Verantwortung bildet, ist in sich selbst ein Problem der Macht.

Wenn man unter Macht die Fähigkeit versteht, Wirklichkeit zu gestalten und zu verändern, kann man eine Verantwortungsethik nicht ohne Einbeziehung einer bestimmten Art von Realismus entwickeln. Tatsächlich implizieren alle Theorien der Verantwortung, die den Hintergrund meiner Überlegungen bilden, eine gewisse Art von Realismus.

Dies trifft zu für Webers grundsätzliche Unterscheidung zwischen einer Gesinnungsethik, in der jemand seinen oder ihren grundsätzlichen Überzeugungen unabhängig von Folgen und Ergebnissen in der realen Welt folgt, und einer Verantwortungsethik, für welche die Ergebnisse und Konsequenzen von Handlungen in der realen Welt entscheidend sind.[64] Ähnlich eröffnet Bonhoeffer seine *Ethik* – wie wir heute, nach den Forschungen, die für die neue Edition angestellt wurden, annehmen können – mit dem Vorhaben, eine theologische Definition der Wirklichkeit zu geben. Denn das erste Kapitel, das er für seine Ethik verfasste, war aller Wahrscheinlichkeit nach das Kapitel über «Christus, die Wirklichkeit und das Gute». Dieses Kapitel aber enthält den hermeneutischen Schlüssel für sein gesamtes Vorhaben. Bonhoeffer schreibt: «Die Wirklichkeit Gottes erschließt sich nicht anders als

indem sie mich ganz in die Weltwirklichkeit hineinstellt, die Weltwirklichkeit aber finde ich immer schon getragen, angenommen,
versöhnt in der Wirklichkeit Gottes vor. Das ist das Geheimnis
der Offenbarung Gottes in dem Menschen Jesus Christus. Die
christliche Ethik fragt nun nach dem Wirklichwerden dieser Got-
tes- und Weltwirklichkeit, die in Christus gegeben ist, in unserer
Welt.»[65]

Ein Konzept der Wirklichkeit findet sich auch bei Niebuhr. Er
begründet sein Verständnis von Wirklichkeit nicht aus christologischen Reflexionen, sondern aus seinem Konzept des radikalen
Monotheismus. Er versteht Gott als den Handelnden in allen Ereignissen der externen Geschichte um uns herum. Er verzichtet
nicht nur auf christologische Reflexionen, sondern er schließt sie
ausdrücklich als Begründung seiner Behauptung aus. Dies aber
hat zur Folge, dass er keine Kriterien dafür angibt, inwiefern Ereignisse der externen Geschichte durch ihren Bezug zum göttlichen Willen oder zum göttlichen *Telos* der Geschichte betrachtet
werden können. Niebuhrs radikal monotheistischer Grundsatz,
dass Gott in allen Ereignissen der äußeren Geschichte tätig ist,
macht die Beziehung zwischen Gott und der Geschichte letztlich
radikal unbestimmt.

Einige Kritiker stießen auf einen Kantischen Dualismus, der in
Niebuhrs Verständnis der Geschichte am Werke sei.[66] Während
dies jedoch im Falle von Niebuhr umstritten ist, prägt es in klarer
Weise das Bemühen von Apel, seine Diskursethik als Verantwortungsethik auszugestalten. Um dieser Zielsetzung willen hält er
es nicht länger für zureichend, die Grundlagen der Diskursethik
in der Form transzendentaler Überlegungen über das Apriori
der Kommunikationsgemeinschaft zu rekonstruieren. Vielmehr
möchte er in diesem Apriori eine regulative Idee für praktische
Diskurse in der realen Welt sehen. Dies führt zu der Unterscheidung zwischen Teil A und Teil B der Diskursethik.[67] Diese Unterscheidung entspricht dem Kantischen Dualismus zwischen der
noumenalen und der phänomenalen Welt. In einer früheren Debatte mit Apel merkte ich deshalb an, dass seine Unterscheidung
zwischen den Teilen A und B der Diskursethik eine säkulare Ver-
sion der Zwei-Reiche-Lehre Luthers in einer bestimmten Inter-

pretation zu sein scheint, wie sie besonders in der neuprotestantisch-lutherischen Tradition wohlbekannt ist.[68]

Wenn man solch einer Kantischen und neulutherischen Unterscheidung zwischen zwei Bereichen der Wirklichkeit nicht folgen möchte, ist es vorzuziehen, den Konflikt in der Wirklichkeit selbst zu lokalisieren. Für diesen Ansatz scheint die Lehre von der Menschwerdung Gottes in Christus eine hilfreiche Orientierung zu bieten. Gott als den zu verstehen, der in die Weltwirklichkeit in Treue zu seiner Schöpfung und um ihrer Vollendung willen eingeht, bedeutet, die Konflikte in dieser Wirklichkeit wahrzunehmen – die Konflikte zwischen Leben und Tod, Ausgrenzung und Gemeinschaft, Hass und Liebe, Gewalt und Frieden, Schuld und Gnade. Wahrgenommen werden diese Konflikte dann aus der Perspektive des lebendigen und Leben schenkenden göttlichen Geistes, dessen Gegenwart in der Welt durch die Menschwerdung, das Kreuz und die Auferstehung Christi symbolisiert wird. Daher ist die menschliche Teilhabe an den Konflikten der Wirklichkeit angelegt auf Gleichnisse des Lebens und der Gemeinschaft, der Liebe und des Friedens, und daher auf Gleichnisse der Gnade in einer Wirklichkeit, die immer noch von Tod und Ausgrenzung, Hass und Gewalt und damit von Schuld überschattet ist.

Realitätsbezug als zentraler Grundsatz einer Verantwortungsethik meint in theologischer Perspektive diese Art von Teilhabe an der Wirklichkeit. Er meint nicht die Konformität mit einer normativen Gewalt, die sich aus den funktionalen Imperativen der jeweiligen gesellschaftlichen Teilsysteme ergibt. Er meint die Mitwirkung an dem andauernden Bemühen, das Kriterium der Humanität unter den jeweiligen, widersprüchlichen gesellschaftlichen Gegebenheiten zur Geltung zu bringen. Ein derartiger Realitätsbezug ist keine Anpassung an die Realität, sondern kritische Distanznahme zu ihr; denn sie allein ermöglicht es, die Folgen unserer Handlungen angemessen zu beurteilen. Dies ist die notwendige Voraussetzung verantwortlichen Handelns.

Diese Art des kritischen Realismus durchdringt auch die Weise, in der eine Ethik der Verantwortung von den Informationen Gebrauch macht, die sie aus den Naturwissenschaften, den Sozial wissenschaften und den Humanwissenschaften erhält. Sie folgt einer «Hermeneutik des Verdachts» gegenüber jeglichen Postulaten einer Eigengesetzlichkeit gesellschaftlicher Teilsysteme und ist überall dort am Aufbau von Gegenkompetenzen interessiert, wo Wissensmonopole etabliert werden und die Beurteilung von Sachverhalten allein von den Machtzentren der Gesellschaft abhängt. Zudem entwickelt sie ein kritisches Bewusstsein für die ethischen Voraussetzungen, die in den Methoden der wissenschaftlichen Forschung impliziert sind, und trägt zu deren expliziter Kritik und Weiterentwicklung bei.

Es scheint mir, dass Apels Diskursethik im Grunde nicht teleologisch, sondern deontologisch konzipiert ist. Die ideale Kommunikationsgesellschaft wird nicht als *Telos*, sondern als die regulative Idee verstanden, unter der die wirkliche Kommunikationsgesellschaft gesehen werden muss. Apel beschreibt seinen kategorischen Imperativ an einer Stelle als «den einer langfristigen Verwirklichung der idealen Kommunikationsgesellschaft innerhalb der wirklichen Kommunikationsgesellschaft».[69] Aber es wäre präziser, seinen kategorischen Imperativ wie folgt zu lesen: «Handle so, als ob die wirkliche Kommunikationsgesellschaft der Ort der Realisierung der idealen Kommunikationsgesellschaft wäre.»

Die Konsequenz dieser deontologischen Herangehensweise ist ein Dualismus im Verständnis der Wirklichkeit. Wenn man diesen Dualismus überwinden möchte, ist man auf ein teleologisches Konzept des menschlichen Handelns angewiesen. Eine Ethik der Verantwortung muss daher grundsätzlich als teleologische Ethik verstanden werden. Freilich schließt dies deontologische Elemente ein. Meiner Meinung nach ist es einer der wichtigsten Beiträge Gamwells in seinem Buch *The Divine Good*, dass er diesen teleologischen Charakter der Ethik im Dialog mit Apel verdeutlicht. Zu diesem Zweck definiert er ein *Telos* als «einen möglichen oder zukünftigen Zustand von Angelegenheiten oder als Merkmal der Existenz, zu der ein Handelnder eine positive Beziehung hat».[70] Und als teleologisch versteht er all die Arten ethischer Überlegung, in denen «moralisches im Unterschied zu unmoralischem Handeln durch die Absicht bestimmt ist, einige Merkmale der Existenz zu realisieren oder zu maximieren».[71] Ich teile sowohl diese Verschiebung hin zur Teleologie als auch die vorgeschlagene Definition und will sie durch eine zusätzliche Unterscheidung weiter präzisieren.

Dabei geht es um die Unterscheidung zwischen Eschatologie und Teleologie. Die Aussicht auf das Ende der Geschichte und damit auf die Erfüllung der Zeit, in der jedes einzelne Ereignis (und daher auch jegliche menschliche Handlung) seine endgültige Bedeutung im Licht aller anderen einzelnen Ereignisse erhält, nenne ich eschatologisch. Die Realisierung dieses Endes der Geschichte kann nicht selbst das *Telos* der menschlichen Handlungen selbst sein. Dieses Ende der Geschichte liegt vielmehr ausschließlich in Gottes Hand. Im Unterschied zum Eschaton sind alle *Tele*, zu denen menschliches Handeln eine positive Beziehung haben kann, durch Vorläufigkeit und Endlichkeit gekennzeichnet. Jegliche menschliche Kenntnis über diese *Tele* ist irrtumsanfällig und fehlbar. Dies spiegelt sich in der Pluralität von *Tele*, mit der wir es in allem menschlichen Handeln zu tun bekommen. Was ist folglich das Kriterium für menschliche Orientierung inmitten einer Vielfalt von *Tele*? Dieses Kriterium kann in der Entsprechung zwischen dem Eschaton und diesen *Tele* gefunden werden, in der Entsprechung zwischen dem göttlichen Versprechen für Natur und Geschichte und den relativen und vorläufigen Gleichnissen dieses Versprechens, die Menschen in ihrem geschichtlichen Handeln hervorbringen. Diese gleichnishafte Entsprechung zwischen unseren Handlungen und unserem Endziel ruft das Gleichnis vom Weltgericht in Erinnerung. In dieser Hinsicht kann eine theologische Ethik der Verantwortung zugleich als Ethik der Entsprechung bezeichnet werden.

Eine Verantwortungsethik bestimmt oft Konstellationen, die vermieden werden müssen, mit größerer Eindeutigkeit als solche, die verwirklicht werden sollen. Sie entwickelt auch zu Konstellationen oder existentiellen Situationen, zu denen ein Handelnder eine negative Beziehung hat, eine teleologische Einstellung. Sie folgt, mit Hans Jonas gesprochen, einer «Heuristik der Furcht» und versucht auf diese Weise, die Geschichte für eine Vielfalt menschlicher Hoffnungen offenzuhalten. Ihr Imperativ könnte wie folgt formuliert werden: Handle so, dass die Konsequenzen deiner Handlungen vereinbar bleiben mit der zukünftigen Existenz und Würde sowohl menschlichen als auch nichtmenschlichen Lebens in der Biosphäre. Oder negativ ausgedrückt: Vermeide Handlungen, deren Konsequenzen unvereinbar sind mit der zukünftigen Existenz und Würde sowohl menschlichen als auch nichtmenschlichen Lebens in der Biosphäre. Die bescheidenste Variante dieses negativen Imperativs lautet dann: Vermeide Handlungen, durch die du deine Freiheit auf Kosten der gleichen Freiheit zukünftiger Generationen gebrauchst, und vermeide zerstörerische Handlungen gegen die außermenschliche Natur.

Diese bescheidenste Formulierung des verantwortungsethischen Imperativs enthält eine weit reichende Konsequenz für das Verständnis menschlicher Freiheit. Wenn wir menschliche Freiheit nicht als das Recht jeder Generation verstehen zu entscheiden, die letzte menschliche Generation zu sein und somit dem menschlichen Leben in einer Art kollektiven Selbstmords ein Ende zu setzen, umfasst unsere Freiheit notwendigerweise die Pflicht zur Selbstbegrenzung im Blick auf die Lebensbedingungen und die Freiheit zukünftiger Generationen.[72] Wenn wir einsehen, dass die menschliche Freiheit nicht das Recht jeder Generation einschließt, die natürlichen Ressourcen der Biosphäre zu verbrauchen oder zu vernichten, dann schließt unsere Freiheit notwendigerweise die Pflicht zur Selbstbegrenzung in Hinsicht auf die Würde der außermenschlichen Natur ein. Aus dieser Perspektive betont eine Ethik der Verantwortung die Selbstbegrenzung aus Freiheit als eine der ersten Tugenden verantwortlichen Lebens.

Nachdem dies gesagt ist, möchte ich noch einmal auf Max Weber zurückkommen, um den Ort der Verantwortungsethik in der Entwicklung ethischer Weltbilder zu bestimmen. Webers Vorschlag wird nur dann verständlich, wenn man ihn zu seiner Religionssoziologie in Beziehung setzt und ihn systematischer zu fassen versucht, als Weber selbst dies getan hat. Der entscheidende Vorschlag für eine solche systematische Leseart Webers stammt von Wolfgang Schluchter.[73]

Für Weber markiert der religionsgeschichtliche Übergang vom Katholizismus des Mittelalters zum modernen Protestantismus den epochalen Schritt von einer Gesetzesethik zu einer Prinzipien- oder Gesinnungsethik. Eine Gesetzesethik formuliert Handlungsnormen, die im Einzelfall zu befolgen sind. Eine Gesinnungsethik hingegen ist auf allgemeine Prinzipien beschränkt, die der Lebensführung als Ganzer Orientierung geben, aber gerade nicht unmittelbare Anweisungen für den Einzelfall aus sich entlassen. So wurden die normativen Traditionen der christlichen Ethik durch den asketischen Protestantismus in Prinzipien einer innerweltlichen Selbstlosigkeit verwandelt, die eine Anwendung auf jeden Einzelfall gerade nicht zulassen. Das zeigt sich besonders in dem paradoxen Sachverhalt, dass dieses Ethos sich als wahlverwandt mit der Ausbildung einer kapitalistischen Wirtschaftsweise erwies, die gerade die kalkulierte Selbstbezogenheit zu einem ihrer entscheidenden Merkmale machte.

Doch in der Entwicklungslogik ethischer Weltbilder ist der Schritt von der Gesetzesethik zur Gesinnungsethik nicht der letzte Schritt. Auf ihn folgt vielmehr der Schritt von der Gesinnungsethik zur Verantwortungsethik, oder anders ausgedrückt: der Schritt vom einfachen zum reflexiven Prinzipiengebrauch. In einem kontinuierlichen Prozess, zum ersten Mal gipfelnd im Zeitalter der Aufklärung, finden sich die Menschen in einer sozialen Welt vor, die durch eine Pluralität von ethischen und religiösen Orientierungen gekennzeichnet ist. Wer dieser Situation in einer angemessenen Weise begegnen möchte, muss die eigenen ethischen Prinzipien reflexiv zu den Prinzipien anderer in Beziehung setzen; er oder sie muss die Gewissensfreiheit der anderen so ernst nehmen wie die eigene Gewissensfreiheit. Solch eine Überlegung schließt die Frage ein, welche Folgen sich aus der Verwirklichung des einen oder des anderen Prinzips ergeben. Die Gegenüberstellung von Prinzipien und das Abschätzen von Konsequenzen werden daher zu notwendigen Elementen jeder ethischen Orientierung. Darin vollzieht sich der Übergang von der Gesinnungs- zur Verantwortungsethik. Seinen entscheidenden Grund hat dieser Übergang im Respekt vor der Gewissensfreiheit des anderen.

Aus dieser Perspektive gesehen kann die Verantwortungsethik abschließend als eine Anwendung der Goldenen Regel auf der Ebene der Prinzipien verstanden werden: Respektiere die Prinzipien der anderen so wie du von den anderen erwartest, dass sie die deinigen respektieren. Es ist offensichtlich, dass diese Fassung der Goldenen Regel zwei sehr wichtige Auswirkungen hat: Die eine besteht in der Pflicht, andere Menschen in ihrer Würde zu achten, unabhängig von dem Urteil über ihre Prinzipien. Die andere besteht in der Pflicht, jegliche Art von Gewalt aus den Debatten über Prinzipien und damit über Wahrheitsfragen auszuschließen.

Unter den Umständen einer pluralistischen Gesellschaft spiegelt diese Fassung der Goldenen Regel eine Art von moralischer Untersuchung wider, die in Alasdair MacIntyres *Three Rival Versions of Moral Enquiry* nicht diskutiert wird.[74] Diese Weise der moralischen Untersuchung wurde sowohl durch reformatorische als auch durch aufklärerische Traditionen eröffnet, die auf der gegenseitigen Anerkennung der Gewissensfreiheit und der Unterscheidung zwischen Religion und Politik beruhen. Die erste der von mir hervorgehobenen Implikationen ist durch die Unterscheidung der Person von ihren Werken in der reformatorischen Rechtfertigungslehre vorgezeichnet. Die Würde einer Person wird nicht durch ihre Werke konstituiert oder durch ihre Verfehlungen aufgehoben. Diese Unterscheidung zwischen der Person und ihren Werken trifft auf eine entsprechende Weise auf Personen und ihre Prinzipien zu. Die zweite Implikation der Goldenen Regel wird in dem Grundsatz vorweggenommen, dass Glaube – das heißt die Überzeugung in Wahrheitsfragen – nur durch Kommunikation, nicht durch Zwang, und damit nur durch das Wort, nicht durch Gewalt *(sine vi, sed verbo)* gefördert werden kann.[75] Der Gedanke eines reflexiven Prinzipiengebrauchs ist der theologischen Ethik nicht fremd; er ist tief in deren Struktur selbst verankert.

Wenn wir auf die vier Dimensionen einer theologischen Theorie der Verantwortung zurückblicken, die ich entfaltet habe, können wir eine Reihe von substanziellen Kriterien für verantwortliches Handeln benennen, die ich wie folgt zusammenfasse: Vorsorge für einen gemeinsamen natürlichen, sozialen und kulturellen Raum des Zusammenlebens; Fairness gegenüber den Schwächeren als Kontrolle der Legitimität von Handlungen; kritische Evaluation der kontextuellen Bedingungen einer Handlung; Selbstbegrenzung mit Rücksicht auf die Rechte zukünftiger Generationen und auf die Würde der Natur; Respekt vor der Gewissensfreiheit anderer in Entsprechung zu dem erwarteten Respekt vor der eigenen Gewissensfreiheit.

Solche Kriterien beinhalten keine einfachen Lösungen für die großen ethischen Herausforderungen von heute, die in Machtstrukturen und Machtinteressen verwurzelt sind. Die Aufgabe, Macht über die menschliche Macht selbst zu gewinnen, erfordert politische Bemühungen von noch nie dagewesenen Ausmaßen. Die entscheidenden Fragen lauten, wie politische Kontrolle über eine internationalisierte Ökonomie erreicht werden kann und wie man die Dynamiken der Marktwirtschaft mit den Forderungen ökonomischer Nachhaltigkeit, sozialer Gerechtigkeit und demokratischer Mitgestaltung zusammenführen kann.

Wir können an dieser Stelle keine Debatte darüber führen, wie die Art von politischen Prozessen, die für diese Aufgabe erforderlich sind, zu organisieren und zu institutionalisieren sind; aber es ist hilfreich zu unterstreichen, wie die Kriterien einer Ethik der Verantwortung, die eben erarbeitet wurden, als regulative Prinzipien für die Untersuchung konkreter Möglichkeiten auf den Hauptfeldern zeitgenössischer Ethik geltend gemacht werden können. Um dies zu illustrieren, wende ich mich noch einmal den drei wichtigsten Herausforderungen der Verantwortungsethik zu.

Die Verbrechen aus Gehorsam, die im zwanzigsten Jahrhundert begangen wurden, verpflichten zu einer anamnetischen Solidarität. Diese Solidarität muss sich am Schicksal der Schwächeren, am Leiden der Opfer orientieren. Eine vorrangige Option für die Opfer anstatt für die Heroen ist der angemessene Weg, sich mit der Geschichte zu befassen. Die Menschheit braucht Gedenkstätten wie den Hiroshima Peace Park, Yad Vashem in Jerusalem oder das Holocaust-Mahnmal in Berlin dringlicher als eine Siegessäule.

Die vorrangige Option für die Opfer ist nicht bloß eine Haltung im Blick auf die Vergangenheit. Sie schließt notwendigerweise Konsequenzen für die Zukunft ein. Erinnernde Solidarität ist der Anfang von Bemühungen, die darauf gerichtet sind, die

Wiederholung vergleichbarer Untaten zu vermeiden. Sie ist der Ausgangspunkt für eine Demokratisierung des politischen Gewissens, um kritische Minderheiten mit ausreichender öffentlicher Resonanz aufzubauen, die möglichen Tendenzen zu Verbrechen aus Gehorsam entgegentreten können.

Die kritische Evaluation der kontextuellen Bedingungen des Handelns beinhaltet als eine ihrer Konsequenzen ein Verständnis der Wirklichkeit, das nicht auf kurzfristige, partikulare Interessen beschränkt ist, sondern die langfristigen Folgen individueller und kollektiver Handlungen in Betracht zieht. Angesichts des Konflikts zwischen dem Interesse an einer Maximierung des ökonomischen Profits und dem Interesse an einer Optimierung ökologischer Nachhaltigkeit plädiert eine Ethik der Verantwortung für Letztere. Die vorrangige Option für die Bewahrung der Natur muss in politische und soziale Prozesse umgesetzt werden, welche zu einer effizienten Begrenzung der Anwendung ökonomischer Macht unter dem Gesichtspunkt ihrer Vereinbarkeit mit den Rechten zukünftiger Generationen und der Würde der Natur führt.

Die Krise der Moderne erfordert eine Antwort. Diese Antwort beruht auf einem neuen Bewusstsein für die kulturellen Wurzeln der persönlichen Identität, die religiösen Formen, in welchen Menschen die Bezüge ihres Lebens reflektieren, und die institutionalisierten Formen, welche notwendige Bedingungen für ein «gutes Leben» sind. Aber solche Sichtweisen, die in unseren Tagen von vielen kommunitaristischen Philosophen und Theologen betont werden, müssen auf konstruktive Weise zum liberalen Erbe der Aufklärung – der Respektierung sowohl der eigenen Gewissensfreiheit als auch derjenigen anderer – in Beziehung gesetzt werden. Anzuerkennen, dass wir mit Individuen und Gruppen in ein und derselben Gesellschaft zusammenleben, die ihre persönlichen und kollektiven Identitäten aus anderen kulturellen und religiösen Quellen als wir selbst gewinnen, heißt, die multikulturelle und multireligiöse Realität entwickelter Gesellschaften anzuerkennen und aktiv zu gestalten.

Verbrechen aus Gehorsam, die Globalisierung der Technologie und die Krise der Moderne sind die drei größten Herausforderungen der gegenwärtigen Ethik. Ethische Reflexion ist nur ein Element bei dem Bemühen, diesen Herausforderungen zu begegnen. Selbst wenn wir die besten Traditionen ethischer Reflexion und moralischer Orientierung aufzugreifen und zu transformieren versuchen, besteht keine Garantie, dass wir den Aufgaben, die vor uns liegen, gewachsen sind. Aber in jedem Fall ist deutlich, dass ethische Reflexion heute mehr ist als ein bloß intellektuelles Unterfangen; sie schließt eine intensive Beteiligung an dem Ringen um die Zukunft des Lebens in der Biosphäre ein.

Freiheit als Lebensform

Unter Gottes Segen das «große Geschenk der Freiheit» weiterzutragen und es an die zukünftigen Generationen zu übergeben: Darin sieht der am 20. Januar 2009 vereidigte amerikanische Präsident Barack Obama die Aufgabe, vor der die Vereinigten Staaten in der Zeit seiner Präsidentschaft stehen. Um dieses «großen Geschenks der Freiheit» willen hat er in seiner Antrittsrede eine «neue Ära der Verantwortung» ausgerufen und deshalb alle Amerikaner zu der Erkenntnis aufgefordert,

dass wir Pflichten vor uns selbst, unserer Nation und der Welt haben, Pflichten, die wir nicht zähneknirschend annehmen, sondern vielmehr mit Freude ergreifen, darauf vertrauend, dass es nichts Befriedigenderes für den Geist gibt, nichts Typischeres für unseren Charakter, als für die Lösung einer schwierigen Aufgabe alles zu geben.[76]

Lassen wir das besondere Timbre eines amerikanischen Patriotismus, das für die Inauguralreden amerikanischer Präsidenten schon immer kennzeichnend war, etwas zurücktreten, dann erkennen wir in diesen Sätzen einen neuen Ton, den man geradezu als Anzeichen für einen Paradigmenwechsel ansehen kann. Er lässt sich am einfachsten auf der Folie der gesellschaftstheoretischen Diskussionslage beschreiben, die, von Amerika ausgehend, die Debatte der letzten drei Jahrzehnte geprägt hat.

Freiheit oder Gemeinschaft – so hieß die Entscheidungsfrage dieser Debatte. Einem Liberalismus, der sich an der Freiheit der einzelnen Person und den aus ihr abgeleiteten Freiheitsrechten orientierte, trat ein Kommunitarismus gegenüber, der den Menschen als Gemeinschaftswesen verstand und von der Überzeugung geleitet war, dass die Person nur in der Einbettung in tragende Gemeinschaften ihr Leben führen könne.[77]

Gewiss muss man fragen, ob eine solche Alternative überhaupt Bestand haben kann. Geht es an, die Freiheit des Menschen und seine Gemeinschaftsbezogenheit in einer solchen Art gegeneinander auszuspielen? Auch wenn solche Zweifel schon auf den ersten Blick als gut begründet erscheinen, darf man es sich doch mit der Frage nicht zu leicht machen, welcher der beiden Perspektiven der Vorrang gebührt. Eine Orientierung am Vorrang individueller Freiheit kann sich leicht mit einer biologistischen Vorstellung von der Durchsetzung des Stärkeren verbinden, sie mündet unversehens in ein Menschenbild, das ganz vorrangig von der Selbstbezüglichkeit des Individuums geprägt ist. Eine Orientierung am Vorrang der Gemeinschaft aber ist in hohem Maß dafür anfällig, Eingriffe in die Freiheit und in die aus ihr abgeleiteten Freiheitsrechte des Einzelnen mit den vermeintlichen Interessen der Gemeinschaft zu legitimieren.

Doch wenn aus solchen Beobachtungen gefolgert wird, man solle sich eben um ein möglichst ausgewogenes Verhältnis zwischen Freiheit und Gemeinschaft bemühen, so reicht das keineswegs zu. Man muss vielmehr fragen, inwieweit der Bezug auf andere und in diesem präzisen Sinn auch ein Bezug auf Gemeinschaft mit der Freiheit selbst gegeben ist.

Denn Forderungen nach Ausgewogenheit sind häufig nichts anderes als ein Ausdruck begrifflicher Unschärfe. Der sich abzeichnende Paradigmenwechsel soll uns deshalb ein Anlass dazu sein, präziser nachzufragen, was mit Freiheit gemeint ist und was der christliche Glaube zum Verständnis der Freiheit beiträgt. Von hier aus will ich in einem dritten Schritt den Begriff der Verantwortung erschließen und daraus das Konzept verantworteter Freiheit entwickeln. Nach diesen drei Schritten will ich abschließend fragen, ob eine Orientierung am Leitbegriff verantworteter

Freiheit angesichts der neuerdings wieder vorgebrachten Zweifel am Vorhandensein menschlicher Freiheit überhaupt verteidigt werden kann.

Was ist Freiheit?

Eine Definition muss schon deshalb schwerfallen, weil es sich bei Freiheit um ein Gefühl handelt. Frei ist ein Mensch, wenn er sich als frei empfindet. Ist das gegeben, so ist er nach Schiller sogar frei, wenn er «in Ketten geboren» ist: «Der Mensch ist frei geschaffen, ist frei, ... Und würd' er in Ketten geboren.»[78] Die schwere Bestimmbarkeit des Begriffs der Freiheit zeigt sich darin, dass Lexika häufig zu einer negativen Definition Zuflucht nehmen und Freiheit als die Abwesenheit von Zwang verstehen – in Analogie dazu, dass sie auch oft Frieden als die Abwesenheit von Gewalt beschreiben.

Doch im einen wie im anderen Fall reicht eine solche rein negative Bestimmung nicht zu. Besonders deutlich ist es im Fall der Freiheit, dass sie nicht nur als «Freiheit von», sondern auch als «Freiheit zu» verstanden werden muss. Doch dafür ist grundlegend, dass diese beiden Seiten – die man üblicherweise als negative und positive Freiheit bezeichnet – durch etwas Gemeinsames miteinander verbunden sind, eben durch die Freiheit als solche.[79]

Um diesem Gemeinsamen auf den Grund zu kommen, ist es hilfreich, dabei anzusetzen, dass Freiheit ein Gefühl oder eine Empfindung ist. Besonders gut beschreibt nach meiner Auffassung der Philosoph Peter Bieri diese Empfindung, wenn er sagt, Freiheit sei «das Gefühl, Urheber unseres Willens und Subjekt unseres Lebens zu sein».[80] Freiheit ist ein bestimmter Zug im Selbstverhältnis des Menschen, nämlich das Zutrauen dazu, dem eigenen Leben eine bestimmte Richtung geben und im Blick auf diese Richtung unter mehreren Möglichkeiten wählen zu können.

Am präzisesten lässt sich diese Freiheit, so scheint mir, als «Selbstursächlichkeit» bezeichnen. In diesem Konzept der Selbstursächlichkeit liegt der gemeinsame Zug in den verschiedenen Konkretisierungen dessen, was mit Freiheit gemeint sein soll. Wer die unantastbare Bastion der Gedankenfreiheit ins Zentrum rückt, meint damit, dass niemand dem Menschen die Möglichkeit rauben kann, selbst zu denken. Wird dagegen das Entscheidende der Freiheit in der Handlungsfreiheit gesehen, so wird die Freiheit von der Fähigkeit aus betrachtet, dass ich Handlungen von mir aus anfange. Wer bei einer genaueren Analyse der Handlungsfreiheit darauf stößt, dass sie ihrerseits ihren Kern in der Willensfreiheit hat, weil doch die Bestimmtheit durch meinen eigenen Willen darüber entscheidet, ob ich es bin, der eine Handlung anfängt, so wird das Wesen der Freiheit darin gesehen, dass ich selbst den Inhalt meines Willens bestimme; anders gesagt, wird Selbstbestimmung zu einem vorrangigen Wechselbegriff von Freiheit. Wird die Willensfreiheit schließlich als Entscheidungsfreiheit konkretisiert, so wird darauf abgehoben, dass ich eine Entscheidung selbst treffe und mir deshalb auch zurechnen lasse. Unabhängig davon, ob man sich an Gedanken- oder Handlungsfreiheit, an Willens- oder Entscheidungsfreiheit orientiert, lässt sich Freiheit also als Selbstursächlichkeit verstehen.

Zweifel an der Freiheit des Menschen gibt es, seit von Freiheit die Rede ist. Immer wieder konzentriert sich die begriffliche Arbeit darauf, wie man unter den Bedingungen der endlichen Existenz des Menschen am Begriff der Freiheit und damit an der Vorstellung von einer Selbstursächlichkeit des Menschen festhalten kann. Nicht eine absolute Wahlfreiheit hat deshalb schon die antike Philosophie dem Menschen zuerkannt, sondern nur eine relative, nämlich auf jeweils gegebene Möglichkeiten bezogene: Sie hat deshalb nicht von einer *hairesis*, einer bedingungslosen Wahl, sondern nur von einer *prohairesis*, also der Bestimmung des Vorzugswürdigen unter mehreren gegebenen Möglichkeiten gesprochen.[81] Die Wahlfreiheit des Menschen kann also nur als die Möglichkeit zur Auswahl aus einer begrenzten Zahl von Optionen verstanden werden. Das hängt damit zusammen, dass der Mensch ein leibliches Wesen ist, das an Raum und Zeit gebunden ist. Seine Optionen sind dadurch bestimmt, dass er sich zu einer Zeit immer nur an einem Ort aufhalten kann und dass die ihm zugemessene Zeit begrenzt ist. Von einer absoluten Freiheit kann nach den bereits in der Stoa entwickelten Vorstellungen allenfalls im Blick auf die Freiheit des inneren Menschen die Rede sein. Denn die Seele galt als Repräsentantin des Ewigen im Menschen.[82] Diese Betrachtungsweise bildet den Grund dafür, warum die Freiheit als eine der drei großen metaphysischen Ideen – Gott, Freiheit, Unsterblichkeit – gelten konnte.

Doch auch wenn man dem Menschen eine Selbsttranszendenz zuschreibt und seine Seele als die Instanz versteht, in welcher der Mensch auf das Göttliche und damit seine Lebenszeit auf die Ewigkeit Gottes bezogen ist, kann gleichwohl im Blick auf den Lebensvollzug des Menschen nur von einer bedingten Freiheit die Rede sein. Fundamental bedingt ist sie durch die Endlichkeit des menschlichen Lebens. Näherhin lässt sich diese Bedingtheit der Freiheit im Anschluss an Peter Bieri unter dem Gesichtspunkt beschreiben, dass jeder Mensch von seiner Freiheit unter den Bedingungen eines begrenzten Freiheitsspielraums Gebrauch macht. Diese Begrenztheit kann man durch den Hinweis auf drei Faktoren genauer charakterisieren: die Gelegenheiten, die Mittel und die eigenen Fähigkeiten.

Zwar gibt es viele Gelegenheiten, von der eigenen Freiheit Gebrauch zu machen. Statt diesen Text zu lesen, können Sie ins Kino gehen oder zu Hause einen Roman lesen. Doch so weit gespannt ich mir solche Gelegenheiten zum Gebrauch eigener Freiheit auch vorstelle, so sind sie doch endlich. Hinzu kommt, dass von einer dieser Gelegenheiten Gebrauch zu machen immer auch bedeutet, auf andere zu verzichten – sei es auf Zeit oder auf Dauer. Gerade starke Entscheidungen, die mit meinem Bild vom guten, gelingenden Leben zu tun haben, verlangen von mir auch einen starken Verzicht, nämlich den Ausschluss anderer Möglichkeiten.

Bei genauerer Betrachtung ergibt sich der Ausschluss bestimmter Gelegenheiten auch unter dem Gesichtspunkt der Mittel, die mir zur Verfügung stehen. Häufig bemisst sich die Frage, von welchen Gelegenheiten ich Gebrauch machen kann, an den materiellen Ressourcen, über die ich verfüge. Ob ich ein Studium ergreifen kann, welches Fach und welche Universität ich wähle, hängt zu einem erheblichen Umfang von der Frage ab, auf welche Finanzmittel ich zurückgreifen kann. Ob ich eine Familie gründe und wie viele Kinder ich mir wünsche, wird dadurch mitbestimmt, ob ich darauf hoffe, für diese Familie auch aufkommen zu können.

Schließlich hängt die Frage, zu welchem Tun ich mich entschließe, auch davon ab, über welche Fähigkeiten ich verfüge. Es mag sein, dass ich mich in meinen Fähigkeiten täusche; es mag auch sein, dass ich die Anforderungen einer bestimmten Handlung oder einer bestimmten Lebensform unterschätze: In jedem Fall setze ich das, was ich vorhabe, in ein Verhältnis zu dem, was ich mir zutraue.

Konkret wird die Freiheit also bei genauerer Betrachtung nicht einfach dadurch, wozu ich frei bin; konkret wird sie vielmehr nur durch die Bedingtheiten, unter denen sie Gestalt gewinnt. Diese Bedingtheiten tragen freilich nicht nur den Charakter, dass sie Freiheit ermöglichen; vielmehr beschränken sie die Freiheit zugleich, ja sie können der Freiheit auch widersprechen. Konkreten Ausdruck findet die Sehnsucht nach Freiheit zumeist angesichts von erfahrener Unfreiheit. Auch für die Freiheit gilt, was George Herbert Mead vor fast einem Jahrhundert im Blick auf das sogenannte Naturrecht formuliert hat: Seine Inhalte «sind stets negativ unter Bezug auf die Beschränkungen formuliert worden, die überwunden werden sollten. Sobald diese Beschränkungen überwunden sind, stellen sie den positiven Inhalt dessen dar, was wir jeweils als unsere Freiheiten bezeichnen.»[83] Erfahrungen der Unfreiheit, so ist damit gesagt, und die Kämpfe um ihre Überwindung führen zu neuen Deutungen der Freiheit sowie zu neuen Bemühungen darum, sie rechtlich zu gewährleisten. Der Kampf um die Überwindung der Sklaverei ist der Prototyp dieses geschichtlichen Prozesses.[84] Das Bewusstsein von Freiheit als einem verbindlichen Wert für menschliches Leben und für die Gestaltung des menschlichen Zusammenlebens entsteht also, wie der Soziologe Hans Joas sagt, aus einem

Wechselspiel von Leiden und Wertbildungskraft. ... Der Kampf um religiöse Freiheit im 18. Jahrhundert, der Kampf um die Abschaffung der Sklaverei im 19. Jahrhundert, der Kampf gegen die Wiederkehr des Holocaust im 20. Jahrhundert – ohne diese Kontexte lässt sich die stufenweise Artikulation und Institutionalisierung dieser Werte nicht verstehen.[85]

Indem die Geschichte der Freiheit in einen solchen Prozess der Wertebildung eingezeichnet wird, verschiebt sich das Verhältnis zwischen negativer und positiver Freiheit, zwischen «Freiheit von …» und «Freiheit zu …». Die Behauptung, negative Freiheit sei inhaltsarm, während erst der positiven Freiheit auch ein positiver Gehalt zukomme, erfährt eine weitreichende Korrektur.[86] Ihre inhaltliche Bestimmtheit erlangen Freiheitsforderungen in aller Regel aus der Erfahrung verweigerter Entfaltung, erfahrenen Zwangs, auferlegter Ungleichheit. Auch das gehört zur Bedingtheit der Freiheit.

Doch daraus ergibt sich keine Legitimation dafür, der negativen Freiheit gegenüber der positiven einen prinzipiellen Vorrang zuzuerkennen. Das geschah in der liberalen Freiheitstheorie aus der Erfahrung heraus, dass der Begriff der Freiheit in einem freilich nur vermeintlich positiven Sinn – wie auch die Begriffe der Gemeinschaft, des Volkes, der Ehre usw. – von totalitären Ideologien missbraucht und ins Gegenteil verkehrt werden kann.[87] Doch dieser Totalitarismusverdacht allein kann die Forderung nicht stützen, dass man sich nur in den Grenzen eines negativen Freiheitsbegriffs bewegen dürfe. Zwar gibt es freiheitswidrige positive Freiheitsbegriffe. Sie liegen überall dort vor, wo im Namen einer übergeordneten Idee – der Volksgemeinschaft oder der Diktatur des Proletariats beispielsweise – konkrete Freiheitsrechte – seien es etwa Meinungsfreiheit, Vereinigungsfreiheit, Streikrecht oder dergleichen – negiert werden. Positiv von der Freiheit zu sprechen, ist gleichwohl deshalb nötig, weil die Bedingtheit der Freiheit sich nicht nur negativ in erfahrener Unfreiheit, sondern positiv auch darin zeigt, dass die Eröffnung von Räumen für die freie Entfaltung der Einzelnen ein Bild von gesellschaftlicher Gerechtigkeit als einem «System gleicher Freiheiten» voraussetzt. Nicht die Durchsetzung derjenigen mit den größten Freiheitschancen, sondern die Fairness gegenüber denen mit den geringsten Freiheitschancen wird dadurch zu einem zentralen Bestimmungselement positiv verstandener Freiheit.

Wenn es um die Verwirklichung von Freiheit geht, treten Freiheit und Gerechtigkeit also in ein unlösliches Wechselverhältnis miteinander. Das ist geradezu eine Schlüsseleinsicht, die sich aufdrängt, wenn man Freiheit als «bedingte Freiheit» versteht.[88] Diese Einsicht aber nötigt dazu, nicht bei einem individualistischen Freiheitsverständnis stehen zu bleiben, sondern nach den Bedingungen – und ebenso auch nach den Folgen – individueller Freiheit im gemeinsamen Leben zu fragen.[89]

Von der Freiheit eines Christenmenschen

«Ihr aber, Brüder, seid zur Freiheit berufen. Allein seht zu, dass ihr durch die Freiheit nicht dem Fleisch Raum gebt; sondern durch die Liebe diene einer dem andern. Denn das ganze Gesetz ist in einem Wort erfüllt, in dem: ‹Liebe deinen Nächsten wie dich selbst›» (Gal 5,13 f.).

Programmatisch verwendet der Apostel Paulus den Begriff der Freiheit, um zwei ethische Konzeptionen miteinander zu verbinden. Gerd Theißen hat diese beiden Traditionen als «hellenistische Autonomieethik» und «biblische Nächstenethik» bezeichnet.[90] Eine an der Selbstbestimmung des Menschen ausgerichtete Ethik wird mit einer Ethik verbunden, die am Mitmenschen orientiert ist.

Man mag sagen, dass dadurch das Freiheitsverständnis relativiert wird. Denn Freiheit wird nicht mehr als Selbstzweck verstanden, sondern auf das bezogen, was dem anderen zugute kommt. Menschen können nur in Freiheit zusammen leben, wenn sie die Freiheit des anderen genauso achten wie die eigene Freiheit. Die Einschränkung, die sie um der Freiheit des anderen willen auf sich nehmen, erweist sich als eine Bedingung der Freiheit.

Man kann aber auch sagen, dass die Verbindung zwischen Autonomieethik und Nächstenethik zu einer Radikalisierung des Freiheitsverständnisses führt. Die neutestamentliche Betrachtungsweise beschränkt sich nicht darauf, im Verfehlen der menschlichen Freiheit den Preis personaler Freiheit zu sehen. So wird argumentiert, wenn menschliche Schuld, also die Möglichkeit des von Menschen verursachten moralischen Übels, als «Preis personaler Freiheit» angesehen wird.[91] In dieser Hinsicht muss man sagen: «Wirkliche Freiheit gibt es auf Erden nur zusammen mit Schuld.»[92] Nicht erst dadurch, dass wir in unserem Handeln willentlich gegen das verstoßen, was uns auch nach eigener Einsicht geboten wäre, sondern allein schon dadurch, dass wir handeln, also «an etwas schuld sind», müssen wir damit rechnen, dass wir durch die Folgen dieses Handelns auch an Personen schuldig werden.[93]

Radikaler jedoch wird das Verfehlen menschlicher Freiheit dort gedacht, wo nicht nur die Möglichkeit der Schuld als Preis personaler Freiheit angesehen wird, sondern darüber hinaus die menschliche Sünde als Zerstörung, ja als Tod der menschlichen Freiheit in den Blick tritt. Schon Paulus verdeutlicht das Wesen der Sünde als eine Knechtung des Willens: «Ich tue nicht, was ich will, sondern was ich hasse, das tue ich … Denn das Gute, das ich will, das tue ich nicht; sondern das Böse, das ich nicht will, das tue ich. Wenn ich aber tue, was ich nicht will, so tue nicht ich es, sondern die Sünde, die in mir wohnt» (Röm 7,15.19 f.). Unter dem Stichwort der Sünde wird ein Herrschaftswechsel beschrieben, der seitdem das theologische Nachdenken über die Freiheit des Menschen bestimmt und dazu veranlasst hat, diese Freiheit als Befreiung aus der Macht der Sünde zu verstehen.

Augustin hat bekanntlich die Macht der Sünde über den Menschen so gedeutet, dass kein Mensch von sich aus über die Möglichkeit verfügt, nicht zu sündigen.[94] Martin Luther hat diesen Gedanken durch die Feststellung konsequent weitergeführt, dass der Mensch im Blick auf sein Heil kein freies Willensvermögen *(liberum arbitrium)* hat, da dieses Heil allein von der Gnade Gottes abhängt.[95] In anderer Sprache lässt sich diese These auch so fassen, dass es für den Menschen keine Selbstursächlichkeit im Blick auf sein Gottesverhältnis gibt; vielmehr ist er im Blick auf das Gottesverhältnis auf Gottes Initiative, auf seine zuvorkommende Gnade angewiesen, auf die er allein antworten, die er aber nicht selbst hervorrufen oder herbeiführen kann.[96] Insofern entfaltet die These vom «unfreien Willen» die Grundaussage, die Martin Luthers Theologie insgesamt leitet – die Aussage nämlich, dass der Mensch «durch den Glauben gerechtfertigt wird».[97]

Soweit Luther freilich in seiner Argumentation die Unfreiheit des menschlichen Willens nicht nur aus der Alleinwirksamkeit der göttlichen Gnade im Blick auf das Heil des Menschen, sondern aus der Allmacht und damit aus der Alleinwirksamkeit seines Willens ableitet,[98] behandelt er das Wirken Gottes, wie Otto Hermann Pesch bemerkt hat, auf derselben metaphysischen Ebene wie das menschliche Freiheitsproblem.[99] Dadurch wird das Missverständnis ausgelöst, Luther vertrete einen allgemeinen Willens-Determinismus. Das ist jedoch erklärtermaßen nicht der Fall. Vielmehr bekräftigt Luther ausdrücklich, dass der Mensch sich im Blick auf viele Handlungen von einem freien Willen leiten lassen kann. Nicht nur Verrichtungen des täglichen Lebens, sondern auch die Erfüllung von Forderungen des bürgerlichen oder sittlichen Gesetzes gehören hierzu.[100]

Das Ergebnis der reformatorischen Betrachtung der Freiheit aus der Perspektive der Rechtfertigungslehre besteht also nicht darin, die Freiheit des Menschen zu leugnen, sondern ihren Charakter als bedingte Freiheit radikal zu deuten, also an der Wurzel zu fassen. Bedingt ist diese Freiheit nicht nur im Blick auf die Endlichkeit des menschlichen Lebens. Bedingt ist sie auch nicht nur aus der Perspektive der Gelegenheiten, Mittel und eigenen Fähigkeiten. Bedingt ist sie vielmehr dadurch, dass sie den Charakter einer befreiten Freiheit trägt. Dem Gebrauch menschlicher Freiheit geht die Einsicht voraus, dass der Mensch in seinem Gottesverhältnis nicht selbstursächlich tätig wird, sondern Gott gegenüber ein Empfangender ist. Zur inhaltlichen Bestimmung menschlicher Freiheit gehört deshalb die Dankbarkeit. In ihr erkennt der Mensch an, dass er Leben und Freiheit als Gaben Gottes empfängt. In dieser Dankbarkeit macht er sich ausdrücklich bewusst, dass sein Leben endlich und seine Freiheit bedingt ist. Diese Dankbarkeit bildet den Grund für den Gebrauch seiner Freiheit.

Besondere Hervorhebung verdient es, dass der Begriff der Freiheit sich in einer solchen theologischen Perspektive besonders klar als ein Relationsbegriff zeigt. Die Freiheit hat es nicht nur mit meiner Beziehung zu mir selbst, sondern ebenso mit meiner Beziehung zu anderem zu tun. Sie hat es vor allem anderen mit meiner Gottesbeziehung zu tun. Ich bin darauf angewiesen, dass ich im Gebrauch meiner Freiheit vor der Überheblichkeit bewahrt werde, in der ich selbstursächlich über den tragenden Grund meines Lebens verfügen möchte. Denn das geschieht, wenn ich selbst meinem Leben einen von seiner Gebundenheit an Raum und Zeit unabhängigen Sinn zu verleihen versuche.

Es ist genau dieser immer wiederkehrende Versuch des Menschen, das Heil seines Lebens selbst herzustellen, der zur Verkehrung seiner Freiheit führt. Die Befreiung aus dieser Verkehrung ist notwendig, wenn die Freiheit des Menschen mit seiner Bestimmung übereinkommen soll: ein Gott entsprechender Mensch zu sein.

Die Unterscheidung zwischen göttlichem Wirken, dem wir unser Heil verdanken, und menschlichem Handeln, das in seinem Vollzug bedingt und in seinen Wirkungen begrenzt ist, bildet die unerlässliche Voraussetzung dafür, dass der Gebrauch menschlicher Freiheit von der Hoffnung des Gelingens begleitet sein kann. Denn dieses Gelingen wird nicht an den Maßstab der Vollkommenheit geknüpft, die nur göttlichem Handeln als Prädikat zugeordnet werden kann. Vielmehr gehört zur Einsicht in die *conditio humana*, in die Bedingtheit menschlichen Lebens, auch das freie Eingeständnis, dass unser Leben und all unser Wirken immer fragmenthaft bleiben. Nicht darin, dass wir dieses Fragmentarische leugnen, sondern darin, dass wir es annehmen, zeigt sich unsere Freiheit.

Die Gottesbeziehung ist die grundlegende, aber nicht die einzige Beziehung, in der sich unser Leben ereignet. Die Beziehung zu anderen Menschen, die Beziehung zu unserer Welt, die Beziehung zu uns selbst treten hinzu. Dabei geht es nicht nur darum, wie ich selbstursächlich zu der Welt, in der ich lebe, oder zu den Personen, mit denen ich zu tun habe, in Verbindung trete. Sondern meine Freiheit hat es auch mit der Frage zu tun, wie ich auf die Begegnung mit anderen, mit meiner Welt und mit mir selbst antworte.

Damit sind wir in unseren Überlegungen an die Stelle gelangt, an der die Beziehung zwischen Freiheit und Verantwortung in den Blick tritt.

Üblicherweise wird die Beziehung von Freiheit und Verantwortung auf dem Weg hergestellt, dass die Freiheit des Willens als Voraussetzung dafür angesehen wird, eine Handlung einem Menschen zuzurechnen. Nur wenn ihm diese Handlung zugerechnet werden kann, ist es gerechtfertigt, ihn für diese Handlung verantwortlich zu machen.

In einem Dialogstück veranschaulicht, in dem Peter Bieri Rodion Raskolnikov, die Figur aus Dostojewskis Roman *Verbrechen und Strafe,* vor seinem Richter erscheinen lässt, klingt das so:

> *Richter:* Worin bestände denn Ihrer Ansicht nach eine Freiheit, die Verantwortung entstehen ließe? Wie müsste es in Ihnen zugehen, damit Sie sich als frei und also verantwortlich betrachten würden?
>
> *Raskolnikov:* Ganz einfach: Ich müsste es sein, der über meinen Willen bestimmt, und nicht meine Vorgeschichte. Meine Entscheidungen müssten Entscheidungen sein, die nicht von der Last einer Vorgeschichte erdrückt werden. Freie Entscheidungen eben.

Wann hat ein Richter das Recht, jemanden für seine Handlungen verantwortlich zu machen? Das ist die Frage dieses Dialogs. Ihm liegt ein Begriff der Verantwortung zugrunde, den Richard Swinburne folgendermaßen gefasst hat: «Ein Handlungssubjekt wird als verantwortlich für das angesehen, was es willentlich tut, was es zu tun sich entscheidet; für bestimmte Handlungen ist es lobenswert, für andere tadelnswert.»[101] Diese Definition ist von der Frage geleitet, wofür ich verantwortlich gemacht werde: Die Antwort wird in einem Verständnis der Person gefunden, die über Entscheidungsfreiheit verfügt und im vorliegenden Fall sich auch aus Freiheit entschieden hat. «Unzurechnungsfähigkeit» führt deshalb dazu, dass eine solche Verantwortung ausgeschlossen wird. Jeder im Namen des Determinismus vorgebrachte Angriff auf die Vorstellung vom freien Willen zieht deshalb unweigerlich die Frage nach sich, ob Verantwortung eine bloße Fiktion ist. Sobald diese Konsequenz in den Blick rückt, schließt sich die Frage an, ob Menschen wegen ihrer Verstöße gegen Recht und Gesetz – die ja dann nicht «willentlich» geschehen sind – überhaupt belangt werden dürfen.

Anders stellt sich die Frage dar, wenn wir nicht von der «Zuschreibung» von Verantwortung, sondern von der Übernahme von Verantwortung ausgehen.[102] Dann ist nicht die Rechenschaft vor einem Richter, sondern die Identifikation mit meinem Handeln und seinen Folgen der Horizont der Verantwortung. Solche Verantwortung hat ihren Ort in der Beziehung zu Gott, in der Beziehung zu anderen Menschen, in der Beziehung zur Welt und in der Beziehung zu mir selbst.

Unter dem Stichwort der Verantwortungsethik sind vor allem die künftigen Folgen gegenwärtiger Handlungen in den Blick genommen worden. Max Weber war der erste Autor, der den Begriff der Verantwortung in diesem Sinn in die ethische Diskussion eingeführt hat.[103] Die wachsende Reichweite solcher zukünftiger Folgen hat in neuerer Zeit dazu Anlass gegeben, Webers Zugangsweise wieder aufzugreifen.[104] Dem korrespondiert eine theologische Diskussion, die den Begriff der Verantwortung in seiner relationalen Bedeutung zur Geltung gebracht hat. Die beiden grundlegenden Versuche in dieser Richtung stammen von Dietrich Bonhoeffer und H. Richard Niebuhr.[105] Bonhoeffers Anstöße sind in Heidelberg insbesondere von Heinz Eduard Tödt und seinem Kreis aufgenommen worden.[106]

Niebuhrs Verständnis des «responsible self» wurde prägend für den Entwurf einer «guten Gesellschaft», den Robert Bellah und seine Kollegen Anfang der neunziger Jahre vorlegten. Niebuhrs Versuch hat damit den Bemühungen um einen liberalen Kommunitarismus vorgearbeitet – also einer sozialtheoretischen Einstellung, die den Gegensatz zwischen Individuum und Gemeinschaft deshalb überwinden möchte, weil sie den Menschen als Beziehungswesen versteht und deshalb Individualität und Sozialität des Menschen als gleich ursprünglich ansieht.

Mit George Herbert Mead geht H. Richard Niebuhr davon aus, dass das Selbst sich in der Interaktion mit anderen konstituiert. Das verantwortliche Selbst findet sich deshalb immer schon in einer Gemeinschaft von Akteuren vor. Mit seinen Handlungen antwortet es auf Handlungen, die ihm widerfahren und auf die es gemäß seiner eigenen Interpretation dieser Handlungen zu reagieren versucht – seinerseits eine Antwort auf seine eigene Antwort erwartend.[107]

Verantwortung ist die Form, in der ein Mensch sich zu diesem Antwortgeschehen selbst ins Verhältnis setzt. Dabei ist ihm bewusst, dass er in eine zweifach geartete Relation eintritt. Er übernimmt eine «Verantwortung vor ...» und eine «Verantwortung für ...». Er antizipiert Reaktionen derer, vor denen er sich verantwortlich weiß: vor Gott, anderen Menschen und sich selbst; und er antizipiert die Folgen von Handlungen, *für* die er sich verantwortlich weiß – in ihrer Wechselwirkung mit Handlungen, die durch sie ausgelöst werden. Verantwortung zu übernehmen, bedeutet deshalb stets, zur Übernahme von Schuld bereit zu sein, die mit den direkten oder indirekten Wirkungen des eigenen Handelns verbunden sein kann und sein wird.[108] Auch solche Schritte voraussehbarer Schuldübernahme aus Freiheit zu gehen, bedeutet – wie Bonhoeffer hervorgehoben hat –, sie in «Einheit mit sich selbst» zu gehen.[109]

Verantwortete Freiheit, so zeigt sich an dieser Stelle, ist eine Freiheit, die auf die Einheit des Menschen mit sich selbst, auf das Zusammenstimmen wichtiger Lebensentscheidungen, auf die Konsistenz und Verlässlichkeit des eigenen Verhaltens gerichtet ist. Aus dieser Perspektive gilt es nicht als eine Einschränkung der Freiheit, wenn sich in einer Lebensgeschichte eine klare Grundlinie erkennen lässt. Eine solche klare Linie kann, obwohl sie die Handlungsalternativen im Einzelfall subjektiv einschränkt, mitnichten als eine Abnahme der Freiheit angesehen werden.

Daran sieht man, dass es eine oberflächliche Betrachtung wäre, das Gegebensein der Freiheit davon abhängig zu machen, ob in jeder Entscheidungssituation eine Mehrzahl von Optionen mit gleichem Rang zur Verfügung stehen. Hier stößt vielmehr eine Vorstellung, die Freiheit mit bloßer Wahlfreiheit gleichsetzt, erneut an eine Grenze. Begrenzt ist diese Wahlfreiheit nicht nur durch die Endlichkeit des menschlichen Lebens, bedingt ist sie nicht nur durch Gelegenheiten, Mittel und Fähigkeiten, zur Voraussetzung hat sie nicht nur die Befreiung von der Vorstellung, durch den Gebrauch der Freiheit das Heil selbst erwirken zu müssen – bedingt ist diese Freiheit nicht zuletzt durch das eigene Selbst, durch die sich bildende und stets fortbildende personale Identität.

Deshalb ist es kein Selbstwiderspruch, wenn ich die Verantwortung für Handlungen übernehme, zu denen ich keine Alternative hatte. Verantwortung bedeutet, dass ich aus Freiheit zu diesen Handlungen stehe. Auch auf diese Weise zeigt sich, dass es nicht eine unumgängliche Voraussetzung der Freiheit ist, dass mir zu einer bestimmten Handlung eine Alternative zur Verfügung stand. Schon Luther hat in einem solchen Zusammenhang darauf hingewiesen, etwas aus Notwendigkeit zu tun, sei nicht identisch damit, es aus Zwang zu vollziehen. Friedrich Schleiermacher führt diesen Gedanken fort, indem er eine Determiniertheit unserer Handlungen durch unser Sein voraussetzt und dennoch – oder soll man sagen: gerade deshalb – davon ausgeht, dass diese Handlungen uns zuzurechnen und deshalb auch von uns zu verantworten sind. Denn die Selbsttätigkeit der Person zeigt sich gerade nicht in der Willkür einzelner Willensentscheidungen, durch die vielmehr Personalität und Selbsttätigkeit nur abnehmen würden; sie zeigt sich vielmehr in der frei gewonnenen Einsicht in die Gesetzmäßigkeit menschlicher Handlungen, die die Zurechenbarkeit solcher Handlungen keineswegs in Frage stellt, sondern bekräftigt.[110]

Weil ein Gebrauch der eigenen Freiheit unabhängig von ihren Bedingtheiten und Voraussetzungen – und dabei insbesondere auch unabhängig von der sich bildenden und fortbildenden personalen Identität – selbstzerstörerische Folgen hätte, ist der Gedanke der verantworteten Freiheit nicht eine Einschränkung der Freiheit. Er bildet vielmehr die Konsequenz aus der Einsicht, dass Freiheit stets bedingte und nur dann auch bestimmte Freiheit ist. Und weil verantwortete Freiheit sich stets schon vorfindet in dem Wechselspiel von Akteuren, die aufeinander antworten und darin auch füreinander und voreinander Verantwortung wahrnehmen, ist es kein sekundärer Zusatz zum Begriff der Freiheit, wenn wir von ihr sagen, dass sie in wechselseitiger Verantwortung von Menschen füreinander Gestalt annimmt. Weil diese wechselseitige

Verantwortung füreinander auf moralische Regeln angewiesen ist, die wir gemeinsam gelten lassen, ist es schließlich auch keine Einschränkung der Freiheit, sich auf die Geltung solcher Regeln zu verständigen und sich dieser gemeinsam anerkannten Geltung zu unterwerfen.

In diesem Sinn ist auch die «neue Goldene Regel», die Amitai Etzioni vorgeschlagen hat, keine Einschränkung der Freiheit. Diese «neue Goldene Regel» heißt: «Achte und wahre die moralische Ordnung der Gesellschaft in gleichem Maße, wie Du wünschst, dass die Gesellschaft Deine Autonomie achtet und wahrt.»[111] Vorausgesetzt ist in dieser «neuen Goldenen Regel» eine moralische Ordnung der Gesellschaft, die an der Ermöglichung und Gewährleistung der Freiheit aller Einzelnen ihre Grundlage und ihr Maß hat; denn nur dann ist die Achtung und Wahrung dieser Ordnung mit der Erwartung vereinbar, dass diese Gesellschaft meine Freiheit und mit ihr die Freiheit aller ihrer Glieder achtet.

«Verantwortete Freiheit» als Lebensform schließt nicht nur die Bereitschaft der Einzelnen ein, den Gebrauch ihrer Freiheit zu verantworten. Doch dies ist gewiss der erste, individualethisch akzentuierte Sinn der Rede von verantworteter Freiheit.

Dieser Leitgedanke schließt auf personalethischer Ebene ebenso ein, dass die Einzelnen den gleichen Wert der Freiheit für alle anderen wie für sich selbst anerkennen und sich deshalb im persönlichen Verhalten daran ausrichten, dass dieser gleiche Wert der Freiheit für alle anderen wie für sich selbst auch zur Geltung kommen kann. Verantwortete Freiheit ist in dieser Hinsicht also ein Umgang mit menschlicher Freiheit im Horizont der Goldenen Regel beziehungsweise des Gebots der Nächstenliebe.

Verantwortete Freiheit schließt aber ebenso sozialethisch ein, dass die Gesellschaft den gleichen Wert der Freiheit für alle anerkennt und auf gesamtgesellschaftlicher Ebene dafür Sorge trägt, dass dieser gleiche Wert der Freiheit für alle auch zur Geltung kommen kann. Das hat zur Voraussetzung, dass allen gleiche Chancen dafür eingeräumt werden, ein selbstbestimmtes gutes Leben zu führen.[112] Die sozialethische Dimension von verantworteter Freiheit zu unterstreichen, bedeutet also nicht, die Freiheit auf Gemeinwohlverpflichtungen und Solidaritätspflichten hin zu relativieren.

Dieser Einwand wäre nur dann richtig, wenn man in dem Respekt für den gleichen Wert der Freiheit für alle eine Relativierung der Freiheit sähe. Doch offenkundig ist das Gegenteil der Fall: Es ist eine Relativierung der Freiheit, wenn ich meine, es genüge, ihren Wert für mich selbst anzuerkennen. Geht es jedoch um den gleichen Wert der Freiheit für alle, so kann die Gesellschaft sich denjenigen Vorkehrungen nicht entziehen, die – ganz besonders im Bereich einer an Befähigungsgerechtigkeit orientierten Bildung – notwendig sind, damit Menschen überhaupt eine faire Chance erhalten, von ihrer Freiheit einen verantwortlichen Gebrauch zu machen.

Zu verantworteter Freiheit gehört es schließlich, diejenigen Bedingtheiten zu akzeptieren und zu respektieren, ohne die Freiheit nie zu einer bestimmten Freiheit werden kann. Deshalb ist die Endlichkeit des individuellen menschlichen Lebens eine Voraussetzung und nicht ein Gegenstand menschlicher Freiheit. Der Respekt vor der Würde des menschlichen Lebens schließt darum den respektvollen Umgang mit dem Anfang wie mit dem Ende dieses Lebens ein. Auch im Zeitalter der Reproduktionsmedizin darf menschliches Leben nicht zu anderen Zwecken als zur Weitergabe menschlichen Lebens hergestellt werden. Aus derselben Grundhaltung heraus hat der Beistand beim Sterben eines Menschen diesseits der Tötung auf Verlangen oder der ärztlichen Beihilfe zur Selbsttötung zu erfolgen. Solche ethischen Überzeugungen sind aus der hier entwickelten Perspektive nicht etwa Einschränkungen der Freiheit, sondern Ausdruck verantworteter Freiheit.

Ein anderes Beispiel lässt sich aus der gegenwärtigen Finanzmarktkrise gewinnen: Wirtschaftliche Akteure machen von ihrer Freiheit keinen zureichenden Gebrauch, wenn sie ihr Handeln nur darauf richten, die eigenen Gewinnmargen zu steigern, für die dadurch anderen zugemuteten Risiken aber keine Verantwortung übernehmen.

Es lassen sich leicht weitere Beispiele dafür finden, welche aktuelle Bedeutung einem Konzept der verantworteten Freiheit heute zukommt.

Als Coda will ich an diese Überlegungen die Frage anschließen, ob denn das bisher Erwogene eine Illusion darstellt, weil der Mensch über die in all dem vorausgesetzte Freiheit gar nicht verfügt.

Die Einsprüche gegen den Gedanken der menschlichen Freiheit sind alt. In der Neuzeit werden diese Einsprüche häufig im Namen naturwissenschaftlicher Erkenntnis vorgebracht. Sie gehen in der Regel von einer naturalen Determiniertheit menschlichen Wollens und Handelns aus, die sich mit dem Gedanken menschlicher Freiheit nicht vertrage. Freilich ist auch der Einwand zu hören, dass der Mensch als biologisches Mängelwesen der Determiniertheit entbehre, so dass seine als Selbstbestimmung verstandene Freiheit geradezu als eine biologische Notwendigkeit angesehen werden könne.[113] Diese konträren Positionen illustrieren, dass hier, wie so häufig im wissenschaftlichen Disput, Erkenntnis und Deutung einander überschneiden. Das verwundert nicht, mahnt aber zur Vorsicht.

Der neueste Einspruch gegen die Vorstellung von menschlicher Freiheit kommt aus der Neurobiologie. Er stützt sich darauf, dass mit neuen bildgebenden Verfahren physiologische Vorgänge im Gehirn wahrgenommen und anschaulich gemacht werden können, die uns noch vor wenigen Jahren völlig verborgen waren. Die Wahrnehmung von Farben oder die räumliche Wahrnehmung sind besonders faszinierende Beispiele für diese neuen, unsere Erkenntnis weit vorantreibenden Möglichkeiten.

Aber kann die Neurobiologie uns in der Frage der menschlichen Freiheit wesentlich weiterhelfen? Wenn der Entscheidung dazu, eine bestimmte Bewegung zu vollziehen, ein im limbischen System zu verortendes Bereitschaftspotential um 350 Millisekunden vorausgeht – bedeutet das wirklich, dass diese Bewegung nicht durch unsere freie Willensentscheidung, sondern durch einen physiologischen Vorgang im limbischen System ausgelöst ist?[114] Waren vielleicht doch mehrere Bereitschaftspotentiale aktiviert, die ich bis auf eines alle abgewiesen habe? Und wird nicht in einer solchen Überlegung das limbische System gegenüber den komplexen Vorgängen im menschlichen Gehirn in unzulässiger Weise isoliert? Aber selbst wenn es sich so verhielte – wäre dadurch bewiesen, dass ich gar nicht an den Ort will, an den ich mich bewege, sondern lieber an einen anderen Ort gegangen wäre, wenn mein limbisches System mich nicht daran gehindert hätte? Meinen Sie, dass Ihr limbisches System die Wahl zwischen Lesen und Kino getroffen hat oder Sie selbst?

Wenn Sie diese Entscheidung im Nachhinein falsch finden und doch lieber ins Kino gegangen wären, hadern Sie nicht mit Ihrem limbischen System, sondern mit sich selbst. Dabei wird es Sie gar nicht entlasten, wenn Sie bei dem Neurobiologen Gerhard Roth lesen: «Wir müssen also davon ausgehen, dass das Gefühl, dass wir das, was wir jetzt tun, *kurz zuvor* gewollt haben, ebenso eine Täuschung ist wie die Annahme, dass dieser *Willensakt* die Tat ursächlich bedingt.»[115] Wenn Sie sich falsch entschieden haben, werden Sie diesen Satz nicht als Trost gelten lassen. Entscheidend wird vielmehr die Frage sein, ob Sie sich selbst diese Entscheidung zuschreiben.

Die Kontroverse über die Widerlegung der Willensfreiheit durch die Neurobiologie leidet wie schon frühere Kontroversen dieser Art unter zu einfachen Vorstellungen davon, was mit der Freiheit des Menschen gemeint ist. Meist wird die Vorstellung von einer «unbedingten Willensfreiheit» als Maßstab genommen: Es wird vorausgesetzt, dass eine bedingte Freiheit die Vorstellung von menschlicher Verantwortung haltlos macht und deshalb mit einem «echten» Freiheitsbegriff unvereinbar ist. Meine Argumentation zielte dagegen darauf, dass nur die Vorstellung einer bedingten Freiheit mit der Endlichkeit des menschlichen Lebens vereinbar ist. Die Vorstellung einer bedingten Freiheit erweist sich erst recht theologisch als zwingend: Denn unbedingte Freiheit möchte auch über das verfügen, was ihr unzugänglich ist: das Heil des Menschen, das er von Gott empfängt.

Bedingte Freiheit trägt einen selbstreflexiven Charakter. Die Selbstreflexion des Menschen schließt auch sein physisches Sein ein. Es wäre erstaunlich, wenn nicht auch die Freiheit des Menschen physische Entsprechungen hätte. Entscheidend ist, ob wir uns unsere Entscheidungen selbst zurechnen. Oder mit einem Satz von Gerhard Roth, dem ich vollständig zustimme: «Es ist diese Selbstzuschreibung, die uns das Gefühl, etwas frei zu wollen, vermittelt.»[116] Genau diese Selbstzuschreibung ist der Kern verantworteter Freiheit.

Gerechte Teilhabe: Ein Auftrag für Christen

Vier Veränderungen sind es, durch die das sozialethische Nachdenken heute vor einer neuen Konstellation steht.

a) Das Ende des Systemgegensatzes von Ost und West. Sozial-ethische Diskussionen bewegten sich vor 1989 in erheblichem Umfang im Bann des Gegensatzes von Ost und West. Wirtschafts-ethische Überlegungen behandelten die Alternative von Markt-wirtschaft und Planwirtschaft und diskutierten, ob es demgegen-über auch einen «dritten Weg» geben könne. Die Diskussion über die Menschenrechte war durch die Frage bestimmt, ob es zwi-schen einem ans Individuum gebundenen Konzept persönlicher Freiheitsrechte und einer kollektivistischen Konzeption sozialer Rechte einen unüberbrückbaren Gegensatz gebe. Friedensethi-sche Überlegungen standen im Bann des Kalten Krieges und des atomaren Wettrüstens. Das Ende der Blockkonfrontation mit der Wende des Jahres 1989 stellte auch das sozialethische Nachdenken vor neue Herausforderungen. Ganz besonders galt das für Deutschland; hier musste die «Einheit in Freiheit» auch sozial-ethisch bewältigt werden; die Frage nach einer «Zukunft in Ge-rechtigkeit und Solidarität» stellte sich auf neue Weise. Friedens-ethische Fragen stellten sich auf überraschende Weise, weil nach dem Ende des Kalten Krieges nicht etwa einfach eine Friedens-dividende zu verteilen war, sondern der Krieg als Mittel der Poli-tik sich neu auf der weltpolitischen Bühne meldete, und zwar nicht nur in Afghanistan oder im Irak, sondern auch in Europa selbst, insbesondere im zerfallenen Jugoslawien.

b) Auswirkungen der Globalisierung. In vielen Hinsichten wird die Globalisierung zur stärksten sozialethischen Herausforderung. Fragen der innergesellschaftlichen Gerechtigkeit stellen sich angesichts der Auswirkungen eines globalen Arbeitsmarkts auf neue Weise. Die Zusammenballung von Finanzmacht in den Händen international agierender Akteure – darunter keineswegs nur privater, sondern auch staatlich gelenkter Akteure, insbesondere auch aus Staaten ohne eine zureichende demokratische Kontrolle – verschiebt das Verhältnis zwischen staatlichen Gestaltungsmöglichkeiten und wirtschaftlicher Bestimmungsmacht. Auch die staatliche Steuerpolitik gerät – ebenso wie andere Politikfelder – in den Sog eines Standortwettbewerbs zwischen den Staaten. Andere Aspekte der Globalisierung haben es im Vergleich dazu weit schwerer, die nötige Aufmerksamkeit auf sich zu ziehen. Die Frage der Nachhaltigkeit wirtschaftlichen Handelns und damit der Ausgleich zwischen Ökologie und Ökonomie tritt ebenso häufig ins zweite Glied zurück wie die Verpflichtung auf eine nachhaltige Entwicklungspolitik, deren Fortschritte gegenwärtig vor allem an den von den Vereinten Nationen formulierten Millenniums-Entwicklungszielen gemessen werden. Die größte globale Herausforderung aber ist derzeit der globale Klimawandel, dessen dramatische Auswirkungen immer deutlicher vor Augen treten. Obwohl inzwischen alle wissenschaftliche Plausibilität dafür spricht, dass dieser Klimawandel in erheblichem Umfang auf anthropogene Ursachen zurückgeht, fehlt es noch immer an einer ausreichenden Bereitschaft zu den nötigen Kurskorrekturen. Sie aber müssen schnell erfolgen, wenn die globale Erwärmung begrenzt werden soll. Auch in den Kirchen gilt das Thema noch immer als eine Angelegenheit der Spezialisten, nicht als eine Herausforderung zu gemeinsam wahrgenommener Verantwortung.

  c) *Individualisierung in der Multioptionsgesellschaft.* In hochentwickelten Gesellschaften wie der deutschen ist die Individualisierung im letzten Vierteljahrhundert weiter vorangeschritten. Optionen haben den Vorrang vor Ligaturen. Der damit verbundene Freiheitsgewinn erreicht freilich nur Teile der Gesellschaft. Und die Frage, wie sich dieser Freiheitsgewinn in eine lebbare Gestalt der eigenen Biographie integrieren lässt, bleibt oft unbeantwortet. Familienformen wandeln sich; die Weitergabe des Lebens an eine nächste Generation wird aufgeschoben oder es kommt gar nicht zur Familiengründung. Die Traditionsabbrüche, die sich seit den sechziger Jahren des 20. Jahrhunderts vollzogen, haben ihre Wirkungen entfaltet. Die Menschen müssen ihren Ort in einer Multioptionsgesellschaft neu bestimmen. Zumindest auf virtuelle Weise nehmen auch diejenigen an der Multioptionsgesellschaft teil, die sich aufgrund ihrer ökonomischen Lage nur wenige der angebotenen Optionen selbst leisten können. Desorientierung und anomisches Verhalten, die Verführbarkeit durch die einfachen Antworten rechtsextremen Denkens oder fundamentalistischer Einstellungen gewinnen an Bedeutung. Die Frage nach verantwortbaren Lebensformen und damit auch das Thema der Familie gewinnen an Bedeutung. Die Veränderung des menschlichen Lebenslaufs durch die Fortschritte der Lebenswissenschaften tritt ins Zentrum der ethischen Aufmerksamkeit; der Alterswandel der Gesellschaft wird als ethisches Thema entdeckt.

d) Die Wiederentdeckung der Religion. Die Blüte der Sozialethik in der zweiten Hälfte des 20. Jahrhunderts hing damit zusammen, dass sie in einer Zeit zurückgehender Kirchenbindung die Relevanz des christlichen Glaubens dadurch zur Geltung zu bringen suchte, dass sie auf seine Folgen im gesellschaftlichen Handeln abhob. Stellvertretend für die Theologie im Ganzen suchte sie die wirklichkeitserschließende Bedeutung des christlichen Glaubens zur Geltung zu bringen. Das geschah weithin im Bann einer Säkularisierungstheorie, die davon ausging, dass die Gehalte des christlichen Glaubens ganz vorwiegend in gesellschaftlicher Gestalt weiterwirken, während ihr genuin religiöser Sinn verblasst. In der Gesellschaft aber sollten diese Gehalte des christlichen Glaubens zur Geltung kommen, obwohl diese nicht mehr einer religiösen Kontrolle unterworfen war, wie sie in früheren Stufen der Gesellschaftsentwicklung zu beobachten ist.

Heute dagegen stehen wir vor der Notwendigkeit, einen Abschied von derartigen Säkularisierungstheorien zu vollziehen. Dazu nötigt nicht nur die Tatsache, dass Religion, global betrachtet, keineswegs an Bedeutung und Einfluss verliert. Man muss nur die Rolle der beiden am stärksten wachsenden Religionen, des Christentums und des Islam, weltweit wahrnehmen, um einzusehen, dass eher von einer Desäkularisierung als von einer Säkularisierung die Rede sein muss. Vielmehr muss man, wie vor allem Hans Joas immer wieder deutlich gemacht hat, von der Säkularisierungstheorie auch deshalb Abschied nehmen, damit man überhaupt eine Chance gewinnt, die in Teilen Europas spektakuläre Entkirchlichung zureichend zu deuten. Denn offenkundig hat man diese – oft auch als Säkularisierung bezeichnete – Entkirchlichung noch gar nicht zureichend verstanden, wenn man sie einfach als Ausdruck eines vermeintlich globalen Säkularisierungsprozesses deutet. Man muss vielmehr auf die kontingenten historischen Faktoren, die mehrfachen historischen Brüche in der Geschichte Europas achten, wenn man die besondere religiöse Lage auf unserem Kontinent würdigen will. Gleichwohl gilt auch für ihn, dass es seit der Jahrhundertwende Vorgänge gibt, die durch eine Wiederentdeckung der Rolle der Religion geprägt sind. Manche verwenden dafür den Begriff der «Wiederkehr der Religion» oder auch der «Wiederkehr der Götter». Das scheint mir verfehlt zu sein – beruht der Ausdruck doch selbst auf der unzutreffenden säkularisationstheoretischen Annahme, dass es zunächst zu einem Verschwinden der Religion gekommen sei, die nun – in einem vermeintlich postsäkularen Zeitalter – wiederkehre. Doch den Funktionswandel, den die Religion unter den besonderen europäischen Bedingungen erlebt hat, mit einem Verschwinden gleichzusetzen, erscheint mir als ebenso irrig wie die daraus abgeleitete These von einer Wiederkehr der Religion in einer vermeintlich postsäkularen Gesellschaft. Was wir stattdessen brauchen, ist ein post-säkularisationstheoretischer Zugang zum Thema der Religion. Für die Sozialethik ist das deshalb von so großer Bedeutung, weil die Bedeutung der Religionen, keineswegs nur des Christentums, für gesellschaftliche Integration und Desintegration zu einer zentralen sozialethischen Frage geworden ist. Die Sozialethik muss sich heute auf neue Weise damit auseinandersetzen, dass die Religion gesellschaftlich keineswegs nur gute, sondern auch bedrohliche Folgen hat. Sie muss in dieser Hinsicht die Fähigkeit des Unterscheidens üben. Sie hat ein unveräußerliches Wächteramt für den interreligiösen Dialog. Der verbreiteten Neigung dazu, diesen Dialog ohne die nötige Kraft des Unterscheidens zu führen, kann man eben schon aus sozialethischen Gründen nicht stattgeben.

Wenn ich trotz dieses tiefgreifenden Wandels in der sozialethischen «Großwetterlage» auch heute daran festhalte, dass der Begriff der Freiheit in herausragendem Sinn den Charakter eines sozialethischen Orientierungsbegriffs trägt, dann hat das zwei Gründe. Der eine Grund liegt in der zentralen Bedeutung des Freiheitsbegriffs für den christlichen Glauben. Der andere liegt in der zentralen Bedeutung des Freiheitsbegriffs für gegenwärtige Verständigungsprozesse.

Freiheit ist ein Grundthema des christlichen Glaubens. Freilich ist der Freiheitsbegriff für die Theologie nicht nur im Verständnis des Menschen, sondern im Begriff Gottes verankert. Gottes Möglichkeit des schöpferischen Beginnens und damit die Souveränität seiner schöpferischen Freiheit ist der Ansatzpunkt aller Theologie. Damit, womit alles beginnt, beginnt auch die Theologie: «Am Anfang schuf Gott Himmel und Erde» (Gen 1,1).

Dem korrespondiert, dass der Mensch als Gottes Ebenbild mit schöpferischer Freiheit begabt wird. Er benennt die Dinge, eignet sie sich an, unterwirft sie seiner Herrschaft, bebaut und bewahrt sie. Dem schöpferischen Tun Gottes tritt die freie, kreative Eigentätigkeit des Menschen zur Seite. Die Freiheit des Geschöpfes antwortet auf die Freiheit des Schöpfers; gerade darin ist der Mensch das dem Schöpfer entsprechende, das Gott in Freiheit antwortende Geschöpf. Freiheit ist eine mit dem Leben mitgegebene Gabe, sie ist Folge des göttlichen Handelns. Sie entstammt folglich der Beziehung des Geschöpfes zu seinem Schöpfer.

Dem korrespondiert, dass die Freiheit den Menschen nicht bei sich selbst lässt, sondern ihn auf den Nächsten hin orientiert und zum Dienst am Nächsten motiviert. Der Grundgedanke christlicher Kultur besteht deshalb darin, dass die Freiheit des Einzelnen sich im Dienst am Nächsten realisiert. Dabei ist der Dienst am Nächsten freilich nicht als Verleugnung, sondern als Verwirklichung des eigenen Selbst verstanden. Doch mit der selbstbezogenen Verengung, die dem Begriff der Selbstverwirklichung unter den Bedingungen der Postmoderne zugewachsen ist, hat das nichts zu tun.

Damit sind wir bereits bei der eigentümlichen Ambivalenz menschlicher Freiheit angelangt. Sie ist nicht nur Freiheit zum Guten. Sie ist auch Freiheit zum Bösen. Es ist nicht garantiert, dass Gerechtigkeit schon dadurch eintritt, dass alle von ihrer Freiheit Gebrauch machen. Dieser Freiheitsgebrauch kann auch den Starken in einer Weise die Oberhand geben, die die Schwachen schädigt. Es stimmt nicht, dass das Wohl aller automatisch gefördert wird, wenn alle nur auf ihren eigenen Vorteil schauen. Denn die Beteiligten verfügen über unterschiedliche Machtmittel dafür, ihren eigenen Vorteil durchzusetzen. Und sie betrachten ihren eigenen Vorteil zugleich unter zeitlicher Perspektive. Deshalb hat die Freiheit kommender Generationen keine Fürsprecher. In einer kindvergessenen Gesellschaft entfallen auch noch die natürlichen Korrekturmechanismen, die dem generationenspezifischen Egoismus Grenzen setzen. Wenn solche Anzeichen dafür, dass zur menschlichen Natur auch immer die Verkrümmung in sich selbst gehört, nicht zur Resignation führen, so liegt für den christlichen Glauben der Grund dafür in dem Umstand, dass in Christus die Verkrümmung des Menschen in sich selbst durchbrochen ist.

In christlicher Perspektive gehört zur Freiheit des Menschen ihre Erneuerung in Christus. Die Freiheit des Menschen zeigt sich gerade darin, dass er nicht auf seine Vergangenheit festgelegt ist, dass die Person nicht mit ihren Taten identifiziert wird, dass ein Neuanfang möglich ist. Der christliche Glaube ist nicht nur dadurch geprägt, dass er mit dem Anfang anfängt: «Am Anfang schuf Gott Himmel und Erde.» Vielmehr ist er zugleich dadurch bestimmt, dass Menschen immer wieder mit dem Anfang anfangen können: «Im Anfang war das Wort.»

Mit diesen elementaren theologischen Bestimmungen sind wir bereits nahe bei den Kontroversen, die unsere Gegenwart durchziehen.

Denn Freiheit ist zugleich ein Grundthema gegenwärtiger Verständigungsprozesse. Dabei lässt sich nicht übersehen, dass eine selbstbezügliche Verengung des Verständnisses von Freiheit unter den Bedingungen der Globalisierung eine weltweite Renaissance erlebt. Freiheit besteht in dieser Vorstellung in der ungehinderten Selbstentfaltung des Individuums. Zurückgewiesen wird dabei die Vorstellung, dass die Verantwortung für andere ebenso ursprünglich zur menschlichen Freiheit gehöre wie die Verantwortung für sich selbst; vielmehr wird der Begriff der Verantwortung mit demjenigen der Eigen- oder Selbstverantwortung gleichgesetzt. Zurückgewiesen wird ebenso die Vorstellung, dass freiwillige Selbstzurücknahme ein Ausdruck von Freiheit sei; vielmehr ist der Gedanke bestimmend, dass eine solche freiwillige Selbstzurücknahme, selbst wenn sie um des gemeinsamen Lebens willen notwendig ist, eine Einschränkung der Freiheit darstellt. Dem korrespondiert schließlich der Gedanke, dass staatliche Rahmensetzungen, auch wenn sie durch den Gedanken der Solidarität motiviert und in erkennbarer Weise am Gemeinwohl orientiert sind, nicht als Ausdruck der Freiheit, sondern nur als deren Einschränkung gedeutet werden können.

Eine solche Denkweise greift auf politische Modelle zurück, die bereits aus dem 19. Jahrhundert vertraut sind. Der Rückgriff auf diese Modelle zeigt sich heute in der Pauschalkritik an einem aktiven, aktivierenden oder gar vorsorgenden Staat, dem vorgeworfen wird, dass er die Freiheitsräume der Menschen, über die Gestaltung ihres Lebens selbstverantwortlich entscheiden zu können, beschneide und sie letztlich zu Sklaven eines fürsorglichen Staates herabwürdige. Der einzige Grund, warum sich eine Gesellschaft in die Handlungsfreiheit der Menschen einmischen und Zwang ausüben dürfe, bestehe darin, die Schädigung anderer zu verhüten, ansonsten gebe auch der Gedanke der sozialen Gerechtigkeit oder der gesellschaftlichen Solidarität kein Mandat dafür, Freiheiten einzuschränken. Nur das Entdeckungsverfahren des freien Wettbewerbs lasse ständig neues und allgemein verwertbares Wissen entstehen. Die Gesellschaft ist in dieser Hinsicht kein menschlicher Entwurf und auch letztlich nicht Gegenstand menschlicher Tätigkeit, sondern entsteht emergent aus einer unübersehbaren Zahl individueller Handlungen, insofern aus individueller Freiheit. Der Staat wird in den Dienst dieser Emergenz gestellt; der Staat wird zum «Markt-Staat».

Nun ist gegen ein so angelegtes Konzept individueller Freiheit immer wieder eingewandt worden, dass es die sozialen Voraussetzungen persönlicher Freiheit ausblende. Denn Freiheit ist in dieser Denkweise nur möglich, wenn man individuelles Eigentum voraussetzt. Die allgemeine Verwirklichung der Freiheitsversprechen des Liberalismus steht und fällt mit der Frage, ob sich die materiellen Voraussetzungen ihrer Entfaltung für alle herstellen lassen – und zwar nur kraft der Anstrengung und Leistungsbereitschaft der Einzelnen selbst. Das ist freilich nicht der Fall, wie man schon daran sehen kann, dass nicht der autonome Eigentümer, sondern der abhängig Erwerbstätige zum Prototyp der modernen Gesellschaft geworden ist.

Deswegen ist immer wieder die Verallgemeinerung der sozialen Voraussetzungen der bürgerlichen Freiheitsrechte eingefordert worden. Das begann mit der Anerkennung der politischen Teilnahmerechte aller (unabhängig von ihrem persönlichen Eigentum) und dehnte sich dann auf die Gewährung sozialer Sicherungsrechte für alle aus. Die Spannungen zwischen den Ideen einer Eigentümergesellschaft und einer Teilhabergesellschaft sind dadurch freilich nicht aufgehoben worden. Sie kehren gesellschaftstheoretisch unter anderem in der Debatte zwischen Liberalismus und Kommunitarismus wieder.

Die interessantesten Beiträge sind in solchen Debatten dort zu vermuten, wo eine Verschränkung der Perspektiven versucht wird. Das geschieht beispielsweise dort, wo in dem Konzept eines demokratischen Kommunitarismus die Gemeinschaftsbezogenheit des Menschen als Bedingung individueller Freiheit gedeutet und die Wahrnehmung sozialer Verantwortung als Bedingung der Möglichkeit persönlicher Freiheit interpretiert wird. Oder es geschieht dort, wo ein starkes Verständnis persönlicher Freiheit und individueller Freiheitsrechte als Voraussetzung dafür interpretiert wird, dass den größten Herausforderungen menschlicher Verelendung überhaupt begegnet werden kann.

Diesen Weg ist beispielsweise der indische Wirtschaftswissenschaftler Amartya Sen in seiner *Ökonomie für den Menschen*[117] gegangen. Er betrachtet die Erweiterung der persönlichen Handlungsfreiheit nicht nur als einen Zweck in sich selbst, sondern zugleich als das wichtigste Mittel von Entwicklung. «Entwicklung besteht darin, die verschiedenen Arten von Unfreiheit aufzuheben, die den Menschen nur wenig Entscheidungsspielraum und wenig Gelegenheit lassen, wohl durchdachten Gründen gemäß zu handeln. Meine These lautet, dass die Beseitigung gewichtiger Unfreiheit eine grundlegende Voraussetzung für die Entwicklung ist.»[118]

Entwicklung ist in dieser Hinsicht ein Prozess der Erweiterung realer Freiheiten, die den Menschen zukommen. Praktisch meint dies, dass die ungehinderte und nachhaltige Erweiterung von Handlungsfähigkeit von Menschen der Hauptmotor der Entwicklung ist. Die Freiheit, Worte, Güter oder Geschenke auszutauschen, gehört konstitutiv zu den gesellschaftlichen Lebens- und Umgangsformen. Und es ist gerade die Freiheit, am wirtschaftlichen Austausch teilzunehmen, die Menschen wie nichts anderes motiviert, sich anzustrengen und für sich selbst zu sorgen. Dabei ist interessant zu sehen, dass für Sen nicht die Maximierung von Einkommen und Reichtum und in dieser Hinsicht auch nicht von Eigentum das Ziel der Entwicklung ist, sondern eben die Erweiterung der Tätigkeitsmöglichkeiten, also die Erweiterung individueller Initiative und sozialer Wirksamkeit der Menschen. Es geht ihm darum, fundamentale Verwirklichungschancen von Menschen zu erweitern. «Die Ziele und Mittel von Entwicklung erfordern es, den Standpunkt der Freiheit in den Mittelpunkt zu rücken. In dieser Perspektive müssen wir die Menschen als aktive Subjekte ihres eigenen Schicksals behandeln und ihnen die entsprechenden Spielräume zubilligen, statt in ihnen passive Empfänger der Früchte ausgeklügelter Entwicklungsprogramme zu sehen. Staat und Gesellschaft kommt die große Verantwortung dafür zu, die menschlichen Bewegungschancen zu erweitern und zu schützen.»[119]

Das Pathos der individuellen Freiheit wird hier ungeschmälert übernommen. Aber es wird zugleich gefragt, welche Voraussetzungen erfüllt werden müssen, damit dieses Pathos nicht ortlos wird. In meiner eigenen Terminologie sind diese Voraussetzungen dahingehend zu beschreiben, dass eine Gesellschaft das nötige

Maß an Befähigungsgerechtigkeit sowie an Beteiligungsgerechtigkeit sichern muss, die erforderlich ist, damit die Einzelnen einen fairen Zugang zu einem gleichen Maß individueller Freiheiten haben können. Die Erfahrung einer solchen gesellschaftlichen Gerechtigkeitsordnung wird ihrerseits zur Ausbreitung eines Freiheitsverständnisses beitragen, in dem Freiheit nicht als Gegensatz zur sozialen Verantwortung, sondern soziale Verantwortung als ein Element persönlicher Freiheit verstanden wird.

An dieser Verbindung muss aber gerade einer christlichen Sozialethik sehr wohl gelegen sein. Die Verbindung von Freiheit und sozialer Verantwortung favorisiert sie aus grundsätzlichen wie aus praktischen Erwägungen.

Grundsätzlich versteht christliche Sozialethik gerade in ihrer evangelischen Gestalt den Menschen als Beziehungswesen. Die Freiheit verwirklicht sich in diesem Verständnis nicht einfach im Selbstsein des Menschen, sondern sie prägt die Beziehungen, in denen sich sein Leben vollzieht. Die Beziehung zu Gott, die Beziehung zur Welt, die Beziehung zu anderen Menschen und die Beziehung zu sich selbst sind die vier Hinsichten, in denen sich die Existenz des Menschen als Beziehungswesen auslegen lässt. Wenn er das zur Freiheit bestimmte Lebewesen ist, dann muss sich diese Freiheit folglich auch in all diesen vier Hinsichten zeigen: als Freiheit des Glaubens, als Freiheit des Umgangs mit der Welt, also insbesondere auch ihrer forschenden Durchdringung und technischen Gestaltung, als Freiheit im Miteinander der Menschen, also insbesondere auch in Solidarität und wechselseitiger Verantwortung, als Freiheit im Verhältnis zu sich selbst, also insbesondere in der Möglichkeit zu einer gewissensbestimmten Lebensführung und in der Freiheit zur Verwirklichung des für richtig Erkannten. Betrachtet man die menschliche Freiheit so, dann liegt in einer nur auf Selbstverwirklichung und Eigenverantwortung bezogenen Freiheitsauffassung keineswegs eine konsequente Durchführung des Freiheitsgedankens; es handelt sich dabei vielmehr um eine inkonsequente und verhängnisvolle Verengung des Verständnisses der menschlichen Freiheit. Aus dieser grundsätzlichen Erwägung heraus plädiert christliche Sozialethik für den unlöslichen Zusammenhang von Freiheit und sozialer Verantwortung.

Dem treten Gesichtspunkte zur Seite, die es mit elementaren Momenten der *conditio humana* zu tun haben. Der Mensch kommt schwach zur Welt und endet als hinfälliges Wesen. Er bleibt auch zwischen diesen beiden Polen seiner endlichen Existenz auf Hilfe angewiesen. Wer sich dieser Bedingungen der eigenen, verletzlichen Existenz bewusst ist, wird Zugang zur Weisheit der Goldenen Regel finden und reziprok anderen das Maß an sozialer Zuwendung zukommen lassen, auf das er selbst bei nüchterner Selbsteinschätzung angewiesen ist.

Erst recht ist soziale Verantwortung deshalb notwendig, weil der Mensch ein Wesen ist, das zur Selbstsucht und zum Missbrauch der eigenen Freiheit neigt. Er braucht deshalb eine Wegweisung der Freiheit, die ihn selbst vor solchen Abwegen bewahrt; und er ist auf Schutz angewiesen, wenn er dem Missbrauch der Freiheit durch andere zum Opfer fällt. Dieser doppelte Blick auf die menschliche Schwäche – in der Rolle als Täter wie als Opfer – macht es unentbehrlich, dass in jeder Gesellschaft eine Kultur sozialer Verantwortung entwickelt und auch rechtlich abgesichert wird. Eine Freiheit, die davon losgekoppelt wäre, würde aufhören, Freiheit zu sein; sie verkäme zur bloßen Willkür und zur hemmungslosen Durchsetzung der Stärkeren gegenüber den Schwächeren.

Der Mensch ist ein zwiespältiges Wesen. Auch das gehört zu seiner Freiheit. Dass er zur Selbstsucht neigt, ist keineswegs alles, was über ihn zu sagen ist. Sehr wohl prägt ihn die Sehnsucht danach, die Sorge für sich selbst und die Sorge für andere in eine Balance zu bringen. In vielen Situationen empfindet er die Fürsorge, die er anderen zuwendet, keineswegs nur als Last, sondern auch als Erfüllung. Am Beispiel der Fürsorge für kleine und heranwachsende Kinder machen viele die Erfahrung, wie nahe beides beieinanderliegt. Diese elementare Form von sozialer Verantwortung verbindet sich für viele unlöslich mit dem elementarsten Akt menschlicher Freiheit, der liebenden Zuwendung zu einem anderen Menschen. Für diese Erfahrung gilt es Raum zu schaffen und diesen Raum zu schützen.

In der modernen Entwicklung ist es keineswegs immer gelungen, ein christliches Freiheitsverständnis konstruktiv mit herrschenden Tendenzen zur Gestaltung gesellschaftlicher Freiheit zu verbinden. Immer wieder ist die Differenz am Verständnis von Eigentum und Reichtum aufgebrochen. Soweit eine harte liberale Sicht behauptet, dass die Verantwortung des Einzelnen primär auf die Erhaltung und Steigerung seines Eigentums bzw. Reichtums gerichtet sein muss, gerät eine christliche Sicht dazu in einen Widerspruch. Denn ihr zufolge richtet sich die Verantwortung des Einzelnen auf die Nutzung des Eigentums und des Reichtums im Interesse der Nutzenmehrung und der Freiheitsvergrößerung für viele andere.

Aus dieser Differenz hat sich auch immer wieder eine deutliche Distanz zwischen Vertretern einer christlichen Sicht und Anwälten einer liberalen Freiheitsoption entwickelt. So heißt es beispielsweise bei Gerhard Uhlhorn im Jahr 1882 sehr pointiert: «Nein, nicht, wenn jeder für sich sorgt, sorgt er auch am besten für das Ganze, sondern umgekehrt, wer nicht für sich lebt, sondern für andere, für die Gemeinschaft, der sorgt auch am besten für sich.»[120] An dieser schroffen Gegenüberstellung ist im Folgenden dann immer wieder gearbeitet worden. Die EKD-Denkschrift *Gemeinwohl und Eigennutz* von 1992 hat in dieser Hinsicht treffend formuliert: «Statt der Entgegensetzung von Nächstenliebe und Selbsterhaltung müssen wir nach Formen des ‹intelligenten Eigennutzes› als ‹intelligenter Nächstenliebe› suchen, in denen sich Selbsterhaltung und Sorge für sich selbst mit Fürsorge für andere und Rücksicht auf das gemeinsame Leben verbinden» (Ziffer 147). Aber auch hier heißt es: «Die Spannung zwischen dem, was wirtschaftlich zweckmäßig ist, und dem, was die Nächstenliebe zu tun gebietet, bleibt bestehen» (Ziffer 146).

Eine der Formen, in denen an der Überwindung dieser Spannung gearbeitet ist, liegt in der Ermöglichung von Teilhabe. «Gerechte Teilhabe» ist deshalb zu einem Leitbegriff neuerer Entwicklungen in der evangelischen Sozialethik geworden; die unter diesem Titel veröffentlichte Armutsdenkschrift der EKD aus dem Jahr 2006 hat das exemplarisch deutlich gemacht. Sie hat einer evangelischen Verbindung von Freiheit und sozialer Verantwortung dadurch eine profilierte Gestalt gegeben, dass sie die Verwirklichung gesellschaftlicher Freiheit aus der Perspektive der Armen und aus einer vorrangigen Option für sie betrachtet hat; der Einsatz für Befähigungs- und Beteiligungsgerechtigkeit ist die notwendige Folgerung aus einem solchen Ansatz.

Wenn wir den Menschen als Beziehungswesen verstehen und deshalb der gegenseitigen Abhängigkeit sowie der reziproken Verantwortung einen guten, freiheitsorientierten Sinn geben, rücken Beteiligung und Kooperation auf der Ebene der Gesellschaft ins Zentrum des Interesses. Freiheitsgewinne kommen gesellschaftlich dadurch zu Stande, dass die Einzelnen sich in kooperative, für alle Beteiligten nützliche Bezüge mit anderen begeben – sei es in ökonomischer, zivilgesellschaftlicher oder kultureller Kooperation. Kooperation kann sich über Tauschprozesse auf Märkten, sie kann sich aber auch in anderen Formen und in anderen Bereichen der Gesellschaft vollziehen.

An kooperativem gesellschaftlichem Handeln zeigt sich, dass die Verbindung von Selbstbestimmung und Sozialität in der Freiheit des Menschen nicht nur unmittelbare Nahbeziehungen prägt, in denen die Intersubjektivität sozusagen unvermittelt zum Ausdruck kommt. Diese Verbindung bestimmt auch strategisches gesellschaftliches Handeln, das auf eher vermittelte Weise mit dem Faktor menschlicher Intersubjektivität verknüpft ist.

Eine solche Kooperation muss in gesellschaftliche Verhältnisse eingebettet sein, unter denen Menschen sich im Regelfall darauf verlassen können, dass ihre Kooperationsbereitschaft nicht missbraucht, sondern unter Fairnessbedingungen genutzt wird. Die Rechtsordnung soll solche Fairnessbedingungen gewährleisten. Die Soziale Marktwirtschaft als Modell der Wirtschaftsordnung ist darauf ausgerichtet, vergleichbare Fairnessbedingungen für den Bereich wirtschaftlichen Handelns zu gewährleisten. Die Tarifpartnerschaft als Modell zur Aushandlung fairer Arbeitsbedingungen, die Mitbestimmung als Schutz der Arbeitnehmer vor einer Überwältigung durch Kapitalinteressen, die Gewährleistung eines fairen Wettbewerbs als Schutz vor einem Missbrauch von Marktmacht und schließlich ein System sozialer Sicherung als Schutz vor den großen Lebensrisiken, die abhängig Beschäftigte nicht für sich selbst absichern können, sind die Säulen eines solchen Systems, das Freiheit und soziale Verantwortung in konkreter Form miteinander verbinden will. Ein solches Wirtschaftsmodell soll sicherstellen, dass der Einzelne das, was auch immer in einer für ihn oft nicht durchschaubaren Welt geschieht, nicht als Unheil erleiden muss, sondern die Möglichkeit eigenständigen Handelns behält. Selbstverantwortung und Freiheit sind nur dann keine zynischen Anforderungen, wenn Menschen auch tatsächlich in der Lage sind, mit ihrer Freiheit zurechtzukommen und sie so zu bewältigen, dass sie sich nicht zu ihrem Schaden auswächst.

Wer auch unter den veränderten Bedingungen sozialethischer Urteilsbildung, die ich beschrieben habe, an einer solchen Perspektive festhalten will, sieht sich zur kritischen Auseinandersetzung mit neuen Formen der Reichtumsgenerierung veranlasst, die sich von den Bedingungen realer wirtschaftlicher Wohlstandsmehrung vollständig loskoppeln. Wenn es leichter wird, Reichtum durch Spekulation zu erwerben als durch leistungsgerecht bezahlte Arbeit, geraten grundlegende Gewissheiten ins Wanken. Solche Entwicklungen müssen gebändigt werden, wenn die Vorstellung von einer Gesellschaft aufrechterhalten werden soll, die durch das Zusammenwirken informierter, aktiver und sich gegenseitig wertschätzender Bürger gebildet wird und deren Zusammenhalt durch gemeinsam anerkannte Werte gewährleistet wird.

Auch in Zukunft wird es darauf ankommen, dass die Bedingungen für die Kooperation freier Bürgerinnen und Bürger politisch geschaffen und gewährleistet werden. Evangelische Sozialethik wird deshalb auch in Zukunft für die Erhaltung und Weiterentwicklung des Rechts- und Sozialstaats eintreten und seiner Entwicklung zu einem bloßen Marktstaat widersprechen. Nur auf einer solchen Grundlage wird die Fähigkeit, selbstbestimmt Zukunft zu gestalten, nicht ausschließlich den ohnehin Besitzenden vorbehalten. Nur auf dieser Grundlage ist die Rede von der Befähigung zu Eigen- oder Selbstverantwortung berechtigt und verkommt nicht zur zynischen Zumutung. In der Frage nach den gesellschaftlichen Voraussetzungen für die Wahrnehmung persönlicher Freiheit wie in der Frage nach sozialer Verantwortung als Ausdruck persönlicher Freiheit wird evangelische Sozialethik auch in Zukunft ihr besonderes Profil haben.

III.
Die Stimme der Christen in der Demokratie

Protestantismus und Demokratie

Zwischen der politischen Ethik der Reformation und einer politischen Ethik für die Gegenwart steht die Entwicklung des demokratischen Rechts- und Sozialstaats. Ein schlichter Rückgriff auf das politische Denken Luthers und der Reformationszeit greift deshalb zu kurz. Eine politische Ethik für die Gegenwart hat sich unter anderem dadurch auszuweisen, dass sie zur Demokratie als Verfassungs- und Lebensform ein konstruktives Verhältnis entwickelt. Der Protestantismus hat sich damit lange schwergetan.

Späte Einsicht

Dass der Christ der Obrigkeit gehorsam ist und dass die Kirche dem Staat mit Loyalität begegnet, ist dem Protestantismus so lange vertraut, wie es ihn gibt. Die Aufforderung des Paulus «Jedermann sei untertan der Obrigkeit, die Gewalt über ihn hat», hat sich so tief in die Geschichte des Protestantismus eingegraben wie die Feststellung im Augsburgischen Bekenntnis von 1530, dass «alle Obrigkeit in der Welt und geordnete Regiment und Gesetze gute Ordnung, von Gott geschaffen und gesetzt» sind. Nach der überlieferten Staatsethik des Protestantismus sollte der Gehorsam jeder politischen Gewalt gelten, unabhängig von Staatsform und Verfassung. Der Erlanger Theologe Adolf von Harleß fand in der Mitte des 19. Jahrhunderts dafür die schöne, noch heute des Nachdenkens werte Begründung: «Weil der Christ weiß, dass jede Regierungsform, die eine von diesem, die andere von jenem Übelstande begleitet sein wird, würde es ihm töricht erscheinen, eine Forderung der besten Form zum Bestimmungsgrund für den Gehorsam unter die bestehende Ordnung zu machen, in welcher er, trotz aller Mängel, eine Erscheinung des göttlichen Völkerregiments ehrt.»

Christlicher Gehorsam galt jeder Staatsform, im Deutschland des 19. Jahrhunderts jedoch ganz besonders der Monarchie. Dass der Protestantismus dagegen den Übergang vom Kaiserreich zur Weimarer Demokratie aufs Ganze gesehen mehr schlecht als recht bewältigt hat, kann man kaum leugnen. Die historisch gewachsene Bindung gerade der evangelischen Kirchen an die überlieferte Staatlichkeit erwies sich als übermächtig; der als Schmach empfundene Versailler Friedensvertrag tat das Seine dazu. Vor allem aber zeigte sich unter den Bedingungen der jungen, schon bald gefährdeten Weimarer Demokratie: Der Protestantismus hatte keine Ethik der politischen Form entwickelt; er hatte die Frage nach der Form politischer Herrschaft nicht zum Thema gemacht. Die Unvollkommenheit jeder Verfassung wurde nur allzu leicht zur Entschuldigung für eine Denkfaulheit, die sich der Frage nach Staatsform und Verfassung gar nicht erst stellte. Die Widerstandslosigkeit, mit der weite Teile des Protestantismus die Zerstörung der Weimarer Demokratie hinnahmen oder förderten, war die Kehrseite dieser Gleichgültigkeit gegenüber der Frage der politischen Form. «Ja zum Staat, Nein zur Demokratie», so hieß eine Parole, unter der viele Protestanten den Übergang zum nationalsozialistischen Führerstaat begrüßten.

Der Kirchenkampf nach 1933 bewirkte eine folgenreiche Wandlung in der evangelischen Ethik des Politischen. Das Schlüsseldokument der Bekennenden Kirche, die Barmer Theologische Erklärung von 1934, wandte sich entschlossen von jeder metaphysischen Verklärung des Staats ab und band dessen Handeln ausdrücklich und konsequent an die Aufgabe, in der Vorläufigkeit der «noch nicht erlösten Welt» für Recht und Frieden zu sorgen. Allein in dieser Aufgabe hat dann aber auch die Loyalität der Bürger zum Staat ihren Grund, nicht in dessen metaphysischer Hoheit und Autorität. Indem die Barmer Theologische Erklärung auf die «gemeinsame Verantwortung von Regierenden und Regierten» verwies, klang auch die Forderung nach einer Staatsform an, in der eine solche Verantwortung wahrgenommen werden kann: der Staatsform der Demokratie.

Nichts hätte nähergelegen, als dass die evangelische Kirche nach 1945 ihre Zustimmung zur neu errichteten demokratischen Verfassung in aller Form, in einer feierlichen Erklärung oder Denkschrift also, niedergelegt hätte. Nichts dergleichen geschah. Einer der Gründe mag sein, dass evangelische Christen in Deutschland-Ost und Deutschland-West unter zwei höchst gegensätzlichen politischen Systemen zu leben hatten. Doch ein anderer Grund lag zweifellos darin, dass die Gleichgültigkeit gegenüber der politischen Form den Protestantismus weiter begleitete. Kirchliche Äußerungen zu politischen Fragen häuften sich; doch die politische Form, in der die jedes Mal eingeklagte Verantwortung der Christen wahrgenommen werden soll, wurde nicht erörtert.

Es war also eine späte Einsicht, als sich die Evangelische Kirche in Deutschland im Herbst 1985 in einer Denkschrift zum Thema «Evangelische Kirche und freiheitliche Demokratie» vernehmen ließ.

Das Echo auf die Äußerung der EKD war zwiespältig. Die einen sahen in ihr eine «bemerkenswerte Wende im evangelischen Staatsverständnis»: Die evangelische Kirche macht sich endlich von der Last ihrer staatskirchlichen Vergangenheit frei und nimmt in unabhängiger Selbständigkeit «den Staat des Grundgesetzes als Angebot und Aufgabe» ernst. Diejenigen, die in ihr eine allzu späte Einsicht sahen, fragten, warum die Denkschrift nicht nachdrücklicher auf die brennenden Herausforderungen und bedrückenden Aporien unserer Gegenwart einging. Denen freilich, die von der evangelischen Kirche «unbedingten Gehorsam und unbedingte Loyalität» gegenüber dem demokratischen Rechtsstaat erwarteten, ging die Denkschrift nicht weit genug. Weil sie von den Grenzen der Bürgerloyalität gegenüber dem Staat sprach, warf man ihr vor, sie sei in der Einschärfung des Gehorsams gegenüber dem Staat nicht konsequent. Weil sie die Demokratie für eine verbesserungsbedürftige und verbesserungsfähige Ordnung hielt, merkte man ironisch an, die Autoren wollten offenbar «noch mehr Demokratie» wagen; gerade deshalb aber handle es sich nicht um ein «klares Ja zur freiheitlichen Demokratie».

Nun bekenne ich gern, dass ich selbst als damaliges Mitglied der Kammer der EKD für öffentliche Verantwortung zu den Autoren der Denkschrift gehörte, die «mehr Demokratie» für nötig hielten und sich im Übrigen auch in dieser kirchlichen Äußerung manches deutlicher, profilierter und anstößiger gewünscht hätten. Doch denen, die von der Kirche wie von den Bürgern «unbedingten» Gehorsam gegenüber dem Staat verlangen, muss man eine historische Binsenweisheit in Erinnerung rufen. Wer nur den Gehorsam gegenüber dem Staat zum Thema macht, der meint nicht die freiheitliche Demokratie im Besonderen, sondern die staatliche Ordnung schlechthin. Er wünscht sich aufs Neue eine kirchliche Lehre vom Staat, wie ich sie von Adolf von Harleß zitiert habe: Der Christ soll jeder staatlichen Ordnung den gleichen Gehorsam entgegenbringen. Vom Obrigkeitsstaat unterscheidet sich die Demokratie jedoch nicht dadurch, dass sie mehr Gehorsam fordert, sondern dass sie mehr freie Verantwortung ermöglicht.

Zustimmung zur Demokratie

Es muss also mehr gemeint sein, wenn von der Zustimmung der evangelischen Kirche zur Demokratie die Rede ist. Es muss besondere Gründe geben, wenn die Denkschrift eine besondere Nähe zwischen dem christlichen Glauben und den Spielregeln der Demokratie geltend macht. Sie tut das mit folgenden Worten:

Als evangelische Christen stimmen wir der Demokratie als einer Verfassungsform zu, die die unantastbare Würde der Person als Grundlage anerkennt und achtet. Den demokratischen Staat begreifen wir als Angebot und Aufgabe für die politische Verantwortung aller Bürger und so auch für evangelische Christen. In der Demokratie haben sie den von Gott dem Staat gegebenen Auftrag wahrzunehmen und zu gestalten.

Eine besondere Zustimmung der Christen verdient die Demokratie also deshalb, weil sie ausdrücklich eine Würde des Menschen anerkennt, die aller staatlichen und gesellschaftlichen Macht vorgeordnet ist. Dass die Würde der menschlichen Person nicht vom Staat hervorgebracht oder entzogen werden kann, ist dem christlichen Glauben besonders wichtig – versteht er doch den Menschen als Gottes Ebenbild und zugleich als den Sünder, der von Gott angenommen, trotz aller Sünde also von ihm selbst mit Würde und Anerkennung bedacht wird. Von der Unverfügbarkeit der menschlichen Würde geht jede christliche Beschäftigung mit der Demokratie aus. Deshalb aber beginnt das Verständnis der Demokratie mit der Einsicht in die Grenzen, die dem Staat gesetzt sind.

Ich ziehe aus dieser Überlegung eine erste Folgerung: Zustimmung aus Gründen des christlichen Glaubens kann ein Staat umso mehr erwarten, je deutlicher er die Grenzen anerkennt, die seinen Verfügungsansprüchen gezogen sind. Zustimmung aus Gründen des christlichen Glaubens kann ein Staat umso weniger erwarten, je totaler seine Herrschaftsordnung ist, je umfassender er über die Menschen verfügen will. Die Bindung staatlichen Handelns an die Menschen- und Grundrechte ist der entscheidende kritische Maßstab für eine christliche Zustimmung zur Demokratie.

Die Würde des Menschen anzuerkennen, heißt: allen die gleiche Freiheit zuzusprechen. Deshalb verdient eine Staatsordnung die christliche Zustimmung, die für die aktive Mitwirkung aller am politischen Entscheidungsprozess offen ist. In der parlamentarischen Demokratie wird diese Mitwirkung vorrangig auf den Wegen der Repräsentation kraft allgemeiner Wahlen und der Mehrheitsentscheidung wahrgenommen. Beide bilden das entscheidende Verfahrensmodell der Demokratie. So wichtig es ist, so darf doch dieses Verfahrensmodell nicht zur Substanz der Demokratie erklärt werden. Der Gleichheitsgrundsatz und die aktive Teilhabe aller am politischen Entscheidungsprozess bilden die Substanz der Demokratie. Mehrheitsregel und repräsentatives Verfahren gehören zu ihren Instrumenten. Doch mindestens so wichtig wie der Hinweis auf diese Instrumente ist heute die Erinnerung daran, dass die Teilhabe der Bürger an der öffentlichen Gewalt sich nicht auf die Beteiligung an Wahlen beschränken lässt. Die öffentliche Diskussion ist vielmehr ein Lebenselement der Demokratie; sie aber schließt auch die Mittel der Demonstration und des Protests ein. Wenn Protestbewegungen als «Druck der Straße» abgetan werden, ist das immer ein Verstoß gegen die Freiheit und Gleichheit aller Bürger, ein Verstoß gegen den Geist der Demokratie.

Für das christliche Bild vom Menschen ist es kennzeichnend, dass die von Gott verliehene Würde des Menschen nicht überschwänglich genug gepriesen, zugleich aber auch die Sündhaftigkeit und Fehlerhaftigkeit des Menschen nicht nüchtern genug eingeschätzt werden können. In beiden Richtungen plädiert aufgeklärtes christliches Denken für einen menschlichen, einen menschengemäßen Staat. Nachdem ich bisher gefragt habe, wie der demokratische Staat die Würde des Menschen achtet, ist die Frage an der Zeit, wie er auf die Fehlerhaftigkeit des Menschen Rücksicht nimmt.

Dass es die Aufgabe des Staates sei, die Folgen der menschlichen Bosheit einzudämmen, ist Gemeingut des christlichen Nachdenkens über den Staat seit dem Apostel Paulus, der erklärte: Die Obrigkeit «ist Gottes Dienerin, dir zugut. Tust du Böses, so fürchte dich; denn sie trägt das Schwert nicht umsonst: sie ist Gottes Dienerin und vollzieht das Strafgericht an dem, der Böses tut».

Die staatliche Aufgabe, dem Bösen entgegenzutreten, ist keine spezifische Entdeckung der Demokratie. Dass das staatliche Gewaltmonopol hierin seine Aufgabe hat, verbindet vielmehr den demokratischen Staat mit vordemokratischen Staatsformen. Kennzeichnend für die Demokratie aber ist es, auf eine andere Seite menschlicher Verführbarkeit aufmerksam zu machen: auf die Gefahr des Machtmissbrauchs. Die Kontrolle der Macht durch Teilung der Gewalten ist ein besonderes Kennzeichen der Demokratie. Sie ist darin menschlich, dass sie die Verführungen der Macht nicht leugnet, sondern ihnen vorzubeugen sucht. Sie ist darin menschlich, dass sie politischen Entscheidungen nicht Unfehlbarkeit unterstellt, sondern sie für Revisionen offenhält. Sie orientiert sich an der Endlichkeit des Menschen, indem sie denen, die politische Verantwortung tragen, nicht fehlerloses Handeln abverlangt. Die Demokratie wendet der Sicherung gegenüber staatlichem Machtmissbrauch hohe Aufmerksamkeit zu. Ich wünsche mir deshalb noch immer, dass man als «Sicherheitsgesetze» vor allem solche Gesetze bezeichnet, die Bürgerinnen und Bürger vor der Übermacht des Staats und vor staatlichem Machtmissbrauch schützen.

Eine humane Staatsform anerkennt die Grenzen des Menschen, seine Verletzlichkeit und Fehlerhaftigkeit. Nach der Katastrophe von Tschernobyl besteht aller Anlass, hinzuzusetzen: Eine humane Technik anerkennt ebenfalls die Grenzen des Menschen, seine Verletzlichkeit und Fehlerhaftigkeit. Eine Technik, die menschliche Fehler mit schweren Gefährdungen des menschlichen und außermenschlichen Lebens bestraft, ist nicht human; sie überschreitet menschliches Maß. Denn es gehört zu diesem Maß, dass staatliche Einrichtungen wie technische Mittel «fehlerfreundlich» sind, wie Christine und Ernst Ulrich von Weizsäcker das genannt haben: dass menschliche Fehler durch Teilung der Gewalt und Kontrolle der Macht aufgedeckt und vermieden, dass aber auch ihre Folgen in Grenzen gehalten werden. Die eigentliche Provokation des Reaktorunglücks von Tschernobyl liegt in der Frage: Welche Form von Energieversorgung, ja welche Technik im Ganzen ist am ehesten mit dieser demokratischen und humanen Idee der Fehlerfreundlichkeit vereinbar? Der christliche Glaube hat zu dieser Idee eine unmittelbare Nähe. Deshalb sollten auch Menschen, die sich nicht an Demonstrationen beteiligen, verstehen, warum gerade bewusste Christen die Entwicklung technischer Großprojekte und großtechnischer Rüstungssysteme mit wacher und kritischer Aufmerksamkeit verfolgen. Sie warnen vor einer Entwicklung, die die Leistungsfähigkeit des Menschen überfordert, ja ihm Unfehlbarkeit abverlangt und darin gegen die elementare christliche Einsicht in die Begrenztheit des Menschen verstößt.

Meine Folgerung aus dieser Überlegung heißt: Zustimmung aus Gründen des christlichen Glaubens kann ein Staat umso eher erwarten, je mehr er auf die Grenzen der Verlässlichkeit von Regierenden und Regierten Rücksicht nimmt. Zustimmung aus Gründen des christlichen Glaubens kann ein Staat umso weniger erwarten, je weniger er die Kontrolle und Verteilung von Macht sichert und dadurch die Folgen menschlicher Fehler in Grenzen hält.

Die Demokratie ist nach ihrem Selbstverständnis eine vorläufige und relative Staatsform. Weder für die Werte, die sie vertritt, noch für die Form, in der sie verfasst ist, beansprucht sie letzte Gültigkeit. Vielmehr achtet sie die Glaubensfreiheit der Bürger auch darin, dass sie ihnen keinen Glauben an den Staat abverlangt. Die Überzeugung, dass die Politik keine Heilsgewissheit vermitteln kann, folgt unmittelbar aus der reformatorischen Einsicht, dass nur Gott den Menschen zu rechtfertigen vermag. Im demokratischen Rechtsstaat findet diese Überzeugung einen angemessenen Ausdruck, solange er seine Grenzen nicht vergisst. Gerade dann, aber nur dann nimmt man die Demokratie ernst, wenn man sie als zugleich verbesserungsfähige und verbesserungsbedürftige Staatsform begreift. Deshalb ist die Zustimmung zur Demokratie etwas anderes als der überlieferte Obrigkeitsgehorsam. Die Denkschrift der EKD von 1985 beschreibt diesen Unterschied so:

Charakteristisch für die Geschichte des deutschen Protestantismus ist die Bejahung der jeweils bestehenden Staatsform. Über diese Tradition führt eine positive Bewertung der freiheitlichen Demokratie dadurch hinaus, dass sie auch die gegebene Form der Demokratie daraufhin befragt, an welchen Stellen sie so verändert werden kann, dass Freiheit und Menschenwürde besser gewahrt, dass Gerechtigkeit und Frieden wirksamer gefördert werden können. Um dieser Aufgaben willen trägt auch die christliche Annahme der freiheitlichen Demokratie notwendigerweise den Charakter kritischer Solidarität mit einer verbesserungsfähigen, aber auch verbesserungsbedürftigen Ordnung.

Angesichts der großen Herausforderungen unserer Gegenwart ist es alles andere als eine akademische Frage, wie die Instrumente der Demokratie möglichst schnell und wirksam verbessert werden können. Angesichts der Auseinandersetzungen um Rüstungsmaßnahmen und technische Großprojekte, angesichts der Debatte um die Verantwortbarkeit der Gentechnik und der neuen Informationstechniken wird die Forderung nach Instrumenten dringlich, durch die solche gesellschaftlichen Dialoge mit dem politischen Entscheidungsprozess wirksam verbunden werden können. Wenn aus all diesen Anlässen der verstärkte Ausbau von Volksbefragung und Volksabstimmung gefordert wird, so liegt darin zumindest ein Signal für ein Defizit der gegenwärtigen politischen Verfahren. Die Gleichgültigkeit, mit der viele politische Amtsträger über solche Forderungen hinweggehen, ist alles andere als ein Zeichen demokratischer Besonnenheit. Bisweilen drückt sich darin pure Denkfaulheit aus, bisweilen sicher auch die richtige, aber kurzatmige Einsicht, dass mehr Demokratie anstrengender ist als weniger.

Doch so wie die Revolution unserer Lebensverhältnisse durch neue Technologien nach effektiver Bürgerbeteiligung förmlich schreit, so wirft die Konzentration von wirtschaftlicher Macht oder Medienmacht in neuer Weise die Frage nach der Verteilung von Macht und nach der Kontrolle der Machtausübung auf. Die Phänomene, die ich damit benenne, lassen sich nur schwer leugnen. Manche sprechen deshalb beschwörend von einer Krise der demokratischen Staatsform. Doch die geschilderten Entwicklungen müssen nicht unausweichlich in eine Krise der Demokratie führen, solange diese als eine entwicklungsfähige Staatsordnung begriffen wird, die auf neue Herausforderungen durch eine Erweiterung der Instrumente für die Beteiligung aller Bürger zu reagieren vermag.

Politik als Beruf

Politische Mitverantwortung, so erklärt die Denkschrift der EKD von 1985, bildet für jeden Christen einen Teil seines weltlichen Berufs. Im Beruf nimmt, Luthers schöner Wortprägung zufolge, der Christ seine Verantwortung vor Gott im Dienst des Nächsten wahr. Darin sind sich alle Berufe gleich. In allen Berufen haben Christen teil am Beruf zur Politik.

Das ist eine ungewohnte Behauptung. Denn im Zeitalter der Berufspolitiker spricht man den Beruf zur Politik nur noch wenigen zu, denen nämlich, die Politik zum Inhalt ihres Lebens wie ihrer Karriere machen. Am eindringlichsten hat Max Weber diesen Beruf zur Politik beschrieben.

Unter den angespannten und knisternden Bedingungen des Jahres 1919 stellte Weber einen Vortrag in München unter den

Titel «Politik als Beruf». Noch heute wird dieser Vortrag immer wieder zitiert, weil man ihm gern die Entgegensetzung von Gesinnungs- und Verantwortungsethik entlehnt, deren Gegensatz Weber in die beiden Maximen fasste: «Der Christ tut recht und stellt den Erfolg Gott anheim» und «Man hat für die (voraussehbaren) Folgen seines Handelns aufzukommen». Doch weit wichtiger als die – von Weber im selben Text alsbald relativierte – Entgegensetzung von Gesinnungs- und Verantwortungsethik ist die Beschreibung politischen Handelns, die der Soziologe mitten in den von ihm als «Karneval» empfundenen Münchener Revolutionswirren gibt. Die Fähigkeit zur Politik misst er an drei Qualitäten: der Leidenschaft für eine «Sache»; dem Verantwortungsgefühl für die betroffenen Menschen und die voraussehbaren Folgen; und schließlich dem Augenmaß, das die großen politischen Ziele durch das «starke langsame Bohren von harten Brettern» in das jeweils Erreichbare umsetzt.

Weber hat in seinen Begriff der Politik integriert, was man heute oft zu Unrecht als «Gesinnungsethik» in Misskredit bringt: die Orientierung an großen, als unerreichbar erscheinenden Zielen. Denn das Mögliche erreicht man nur, wenn man scheinbar utopische Ziele im Auge behält. Doch zur Politik taugt zugleich nur, wer dem Scheitern großer Ziele standhalten kann. «Nur wer sicher ist, dass er daran nicht zerbricht, wenn die Welt, von seinem Standpunkt aus gesehen, zu dumm oder zu gemein ist für das, was er ihr bieten will, dass er all dem gegenüber ‹dennoch› zu sagen vermag, nur der hat den ‹Beruf› zur Politik.»

Weber wollte diesen Beruf zur Politik wenigen, einer Elite vorbehalten. Eine Beschäftigung mit der Demokratie aus der Perspektive christlicher Ethik geht dagegen davon aus, dass der Beruf zur Politik allen Bürgerinnen und Bürgern zukommt. Diejenigen, die in politische Mandate und Ämter gewählt werden, nehmen diese Aufgaben nur stellvertretend für die Gesamtheit wahr. Auch die Kehrseite trifft zu: Beim Scheitern großer Ziele steht nicht nur die kleine Zahl der Berufspolitiker, es stehen vielmehr alle vor der Frage, wie sie in diesem Scheitern «dennoch» sagen können. Das Scheitern des Friedens oder der Versöhnung mit der Natur, das Scheitern von Gleichheit der Bildungschancen und Gerechtigkeit im Weltmaßstab fordert nicht nur von politischen Amtsinhabern ein mutiges «dennoch». Viele, die in den letzten Jahrzehnten einen weiteren Rüstungswettlauf verhindern, eine entschiedene Entwicklungspolitik fördern oder den Vorrang ökologisch und human angepasster Technologien erreichen wollten, waren auf ein solches «dennoch» dringend angewiesen.

Am Beruf zur Politik haben alle Anteil. Die besondere Aufgabe politischer Repräsentanten wird damit nicht geleugnet. Die Demokratie vertraut ihnen vielmehr ein hohes Maß an Macht und Verantwortung an. Es klingt wie ein Kommentar zu manchen Affären der letzten Jahre, wenn die Denkschrift der EKD in diesem Zusammenhang bemerkt: «Das demokratische Gemeinwesen braucht … vertrauenswürdige Repräsentanten, also verantwortliche Frauen und Männer, die Führungsaufgaben so verlässlich wahrnehmen, dass die Bürger sich an Person und Position orientieren können. … Der demokratische Staat ist darauf angewiesen, dass Politiker sich an ethischen Maßstäben messen und von anderen darauf ansprechen lassen.»

Kirche in der Demokratie

In der Bundesrepublik, so sagen manche, ist die Verfassung an die Stelle getreten, an der in der Tradition das Vaterland stand. Für uns Deutsche ist die Einheit von Staat und Nation zerbrochen. Deshalb ist die demokratische Verfassung zu einem wichtigen Angelpunkt für die kollektive Identität geworden. Es ist ein historischer Glücksfall, dass das Grundgesetz diese Last zu tragen vermag. Mit guten Gründen kann man in der Bundesrepublik Verfassungspatriot sein. Doch kollektive Identität kann eine Verfassung nur vermitteln, wenn sie gelebt wird. Deshalb ist eine Weiterentwicklung des Verfassungsverständnisses an der Zeit; nicht von der streitbaren, von der gelebten Demokratie ist zu reden. Zu ihr können auch die Kirchen beitragen: durch eine Kultur der Rücksichtnahme und des friedlichen Streits, die auf Staat und Gesellschaft ausstrahlt. Vielleicht lag die Bedeutung der Kirchentage während der letzten Jahre vor allem anderen in ihrem Beitrag zur Kultur der gelebten Demokratie.

Die Alternative zu dieser politischen Rolle der Kirche ist ebenfalls in Sicht. Unter dem Titel der «bürgerlichen Religion» *(civil religion)* wird sie zum Programm erhoben. Religion als Kitt des gesellschaftlichen Bestandes, als Überhöhung eines neuen Nationalgefühls wird gefordert. Die Kirche soll sich ihrer integrativen Rolle erinnern; für ihre kritische Funktion besteht kein Bedarf. Unter den Bedingungen der wechselseitigen Unabhängigkeit von Staat und Kirche soll die Kirche wieder in eine vordemokratische Legitimationsfunktion einrücken. Staatliche Herrschaft und gesellschaftliche Grundwerte sollen aufs Neue mit religiöser Weihe versehen werden.

Gegenüber der Forderung nach «bürgerlicher Religion» verfechte ich die These von der kritischen Funktion der Kirche in der Demokratie. Nicht eine vordemokratische Legitimationsfunktion, sondern eine demokratische Partizipationsfunktion kommt der Kirche im politischen Prozess der Demokratie zu. Dabei sollte man sich freilich vor dem Missverständnis, dass christlicher Glaube nur in der parlamentarischen Demokratie praktiziert werden kann, ebenso hüten wie vor einem christlichen Monopolanspruch in der Begründung der Demokratie. Denn die Demokratie ist so wenig ein christlicher Staat wie die Monarchie des 19. Jahrhunderts, die auch schon viele dafür hielten. Sie verdient die kritische Solidarität der Christen und der Kirchen, nicht weniger, aber auch nicht mehr.

Die wechselseitige Unabhängigkeit von Kirche und Staat gehört zur Demokratie. Die Kirche hat für ihren Verkündigungsauftrag keinerlei staatliche Autorität in Anspruch zu nehmen; der Staat muss darauf verzichten, seine Herrschaft auf geistlichen Zwang zu stützen. Doch wechselseitige Unabhängigkeit ist nicht dasselbe wie gleichgültige Beziehungslosigkeit. Die Bundesrepublik Deutschland ist als Staat nicht für die besonderen Aufgaben der Kirchen farbenblind. Und Christen erwarten zu Recht von der Kirche, dass sie an den politischen Grundkonflikten der Gegenwart Anteil nimmt, dass sie nach Wegen sucht, wie Frieden und Gerechtigkeit zu fördern sind und wie die Schöpfung bewahrt werden kann. Wenn von Staats wegen eine politische Abstinenz der Kirche gefordert wird – und das kann man von vielen Seiten hören –, dann spricht daraus die Tradition des Obrigkeitsstaats stärker als das Verständnis für die Rolle der Kirche in der Demokratie. Doch vor einem sollten amtierende Politiker sich hüten: Sie sollten nicht die Zustimmung der Kirche zur Demokratie dankbar begrüßen, um dann ihre Stellungnahmen zu Fragen von Frieden und Umwelt als unzulässige Einmischung zurückzuweisen.

Die Kirche als Anwalt der Freiheit

Theologische Entwürfe sind immer auch Antworten auf die weltgeschichtliche Stunde, der sie entstammen. Mit dem Seismographen religiöser Rede zeichnen sie die Erschütterungen und Hoffnungen ihrer Gegenwart auf und stellen sie in den Horizont des Glaubens. Im 20. Jahrhundert bietet sich Theologie vor allem anderen als Theologie der Krise dar; darin liegt also ein Hinweis auf die innere Verfassung ihrer Zeit. Beispiele sind leicht zu nennen.

Die frühe Dialektische Theologie Karl Barths und seiner Mitstreiter verstand sich selbst als «Theologie der Krise»: der Krise – zunächst – jenes Kulturoptimismus, dessen Berechtigung in der Erfahrung des Ersten Weltkriegs zutiefst fraglich geworden war; der Krise – genauer – aller Formen der Selbstmächtigkeit des Menschen. Die Dialektische Theologie beschrieb die Krise, die sich daraus ergab, dass zwischen Gott und dem Menschen nicht in der nötigen Weise unterschieden wurde.

Die Existenztheologie, für die der Name Rudolf Bultmanns steht, verlagerte das Bewusstsein der Krise in die Subjektivität. Erst im Durchgang durch die Krise des Ich kann sich kraft der Entscheidung des Glaubens Zukunft eröffnen. Jürgen Moltmanns *Theologie der Hoffnung*, zunächst als Zeichen des Aufbruchs konzipiert, entwickelte sich bald zu einer Theologie der Krise weiter: Sie beschrieb die Teufelskreise unserer Gegenwart und nahm die Identitäts- und Relevanzkrise des Christentums zum

Ausgangspunkt theologischen Nachdenkens. Aber auch die politischen Theologien der folgenden Jahrzehnte – Theologie der Revolution, Theologie der Befreiung, Schwarze Theologie, Theologie des Volkes – sind Theologien der Krise: Die Erfahrung, dass die politische Verfassung unserer Welt in einer Krise steht, dass sie nämlich durch Ungerechtigkeit und Ausbeutung, durch Unfreiheit und Entfremdung, durch Friedlosigkeit und Gewalt gekennzeichnet ist – diese Erfahrung bildet den Grund dafür, dass die Forderung nach befreiender Veränderung ins Zentrum dieser theologischen Konzeptionen rückt.

Noch einmal: Theologische Entwürfe sind immer auch Antworten auf die weltgeschichtliche Stunde, der sie entstammen. Häufig jedoch legt man sich von diesem Wechselverhältnis zwischen geschichtlicher Lage und theologischer Reflexion keine ausreichende Rechenschaft ab; dann wird gerade verdeckt, inwieweit die konkrete Gestalt theologischen Redens eine Antwort auf die Erfahrungen der je eigenen Gegenwart darstellt. Wollen wir diesem Fehler entgehen, so müssen wir uns klarmachen, wodurch die Krisenerfahrungen unserer Gegenwart ihr besonderes Gepräge und ihren bedrängenden Charakter erhalten.

In Europa steht die Geschichte des 19. und 20. Jahrhunderts unter dem Leitstern des Fortschritts. Fortschritt soll Freiheit ermöglichen – Freiheit von entwürdigender menschlicher Arbeit und Freiheit von überflüssiger menschlicher Herrschaft zugleich. Schleiermacher hat dieser Hoffnung am Vorabend des 19. Jahrhunderts bereits beredten Ausdruck gegeben; in seinen *Reden über die Religion* liest man:

> Jetzt seufzen Millionen von Menschen beider Geschlechter und aller Stände unter dem Druck mechanischer und unwürdiger Arbeiten ... Es gibt kein größeres Hindernis der Religion als dieses, dass wir unsere eigenen Sklaven sein müssen; denn ein Sklave ist jeder, der etwas verrichten muss, was durch tote Kräfte sollte bewirkt werden können. Das hoffen wir von der Vollendung der Wissenschaften und Künste, dass sie uns diese toten Kräfte werde dienstbar machen, dass sie die körperliche Welt und alles von der geistigen, was sich regieren lässt, in einen Feenpalast verwandeln werde, wo der Gott der Erde nur eine Feder zu drücken braucht, wenn geschehen soll, was er gebeut.[1]

Diese von Schleiermacher wie von vielen anderen formulierte Hoffnung auf eine Zeit, in welcher der Mensch sich zum Gott dieser Erde erhebt, ist nicht sehr weit entfernt von der Hoffnung auf eine allseitige Entfaltung des Menschen, der Karl Marx Ausdruck gegeben hat.

Freiheit im Bereich der materiellen Produktion besteht nach Marx darin, dass die Menschen «ihren Stoffwechsel mit der Natur rationell regeln, unter ihre gemeinschaftliche Kontrolle bringen, statt von ihm als von einer blinden Macht beherrscht zu werden, ihn mit dem geringsten Kraftaufwand und unter den, ihrer menschlichen Natur würdigsten und adäquatesten Bedingungen vollziehen. Aber es bleibt dies immer ein Reich der Naturnotwendigkeit. Jenseits desselben beginnt die menschliche Kraftentwicklung, die sich als Selbstzweck gilt, das wahre Reich der Freiheit, das aber nur auf jenem Reich der Notwendigkeit als seiner Basis aufblühn kann.»[2]

Die rationelle Regelung des Stoffwechsels mit der Natur ist die Voraussetzung dafür, dass das Reich der Freiheit sich entfalten kann: So wird der Mensch zum Gott dieser Erde. In diesem Fluchtpunkt treffen sich die Hoffnungen, denen Schleiermacher und Marx Ausdruck verliehen haben. Hoffnungen waren dies, die – im buchstäblichen Sinn – Berge versetzt und Täler zugeschüttet haben. Dass der Mensch zum Gott dieser Erde werden wolle, stellte er damit unter Beweis, dass er diese Erde einem Umbau von Grund auf unterzog. Herrschaftssteigerung war dessen Ziel. Expandierende Produktion, größere Mobilität, höherer Konsum, bessere Kommunikation waren die Mittel. Die Steigerung von Herrschaft und die Ermöglichung von Freiheit galten als identisch.

Solche Hoffnungen geraten ins Wanken: Der Götze wackelt – das ist die Krise unserer Gegenwart. Der Mensch, der zum Gott dieser Erde werden wollte, zerstört die Erde; er gefährdet in eine unabsehbare Zukunft hinein die Lebensbedingungen auf diesem Planeten. Der Mensch, der über die Erde verfügen will, gewinnt eine negative Verfügungsgewalt über seine eigene Geschichte. Er häuft Massenvernichtungsmittel auf, mit denen das Leben auf der Erde gleich mehrfach ausgelöscht werden kann. Die gewaltigen Wahrzeichen der Erdherrschaft des Menschen – Industrieanlagen und Raketen, Kernkraftwerke und Autobahnen – werden plötzlich zu Anzeichen der Gefahr. Der Götze wackelt; es rächt sich, dass der Mensch zum Gott dieser Erde werden wollte. Die wichtigste Aufgabe theologischen Nachdenkens aber gewinnt an Dringlichkeit: die Aufgabe nämlich, den Unterschied zwischen Gott und dem Menschen einzuschärfen und so den Menschen zu bewahren vor der Selbstüberhebung, deren Opfer er wird. Um dieser Differenz willen müssen wir es «Gott *selbst,* Gott *allein* in seinem durch Schrift und Geist verkündigten *Worte* überlassen, *die* Wahrheit zu sein», wie Karl Barth 1923, in einem frühen Vorgriff auf die erste These der Barmer Theologischen Erklärung von 1934, formulierte.[3]

Fortschritt soll Freiheit ermöglichen: Das ist, wie wir sahen, die Lehre der Neuzeit. Diese Neuzeit ist allerdings zugleich von der Erfahrung bestimmt, dass Freiheit der institutionellen Sicherungen bedarf. Sie braucht ökonomische, rechtliche und politische Garantien. An der Geschichte der Menschenrechte kann man sich dies verdeutlichen; sie wurden entwickelt, um solche institutionellen Sicherungen der Freiheit einzuklagen. Deshalb umgab man das Verlangen nach Freiheit mit einer Reihe weiterer Forderungen. Die Französische Revolution brachte dies auf eine einleuchtende Formel, als sie die Garantie von Gleichheit, Sicherheit und Eigentum der Garantie von Freiheit zur Seite stellte. Gleichheit kann dabei verstanden werden als die rechtliche Gewährleistung von Freiheit, Eigentum als die ökonomische Bedingung der Freiheit, Sicherheit als die politische Voraussetzung der Freiheit. Auch dieses wohldurchdachte Gebilde aber gerät in unserer Gegenwart in eine Krise, die mit der Fraglichkeit des Fortschrittsbewusstseins unmittelbar zusammenhängt. Die ökonomische Expansion, so heißt die Erfahrung, unterläuft die Bemühungen um rechtliche Gleichstellung immer wieder, die Konzentration der Verfügungsgewalt über Eigentum macht dieses zum Herrschaftsinstrument.

Vor allem, aber keineswegs nur in der jüngeren Generation breitet sich dieses Misstrauen aus: Die Garantie des Eigentums, die Gewährleistung des Rechtsstaats, die Wahrnehmung staatlicher Gewaltmittel zur Aufrechterhaltung von Sicherheit – all dies erscheint vielen nicht mehr als die Ermöglichung, sondern als die Gefährdung von Freiheit. Dass gesellschaftliche Institutionen um der Freiheit willen geschaffen wurden, gerät in Vergessenheit – bei ihren Verwaltern wie bei ihren Adressaten.

Viele fragen sich darüber hinaus, ob nicht die institutionell gesicherte Freiheit in einem Land wie der Bundesrepublik Deutschland auf eine nicht leicht zu durchschauende Weise verquickt ist mit Unfreiheit in anderen Ländern. Wie aber soll man damit in Ruhe leben, wenn anders der Begriff der Freiheit und mit ihm auch der Begriff der Menschenrechte universal und unteilbar sind? Die Freiheit wird auch dann verleugnet, wenn der Wohlstand in einem Land auf Kosten von Menschen in anderen Ländern gefördert wird; das Verlangen nach Menschenrechten schließt die Verpflichtung ein, für die Verwirklichung der Menschenrechte in anderen Regionen einzutreten.[4] Ein einleuchtender Grundsatz; doch von seiner Verwirklichung sind wir weit entfernt. Diese Unglaubwürdigkeit aber schlägt bei sensibleren Zeitgenossen auf das eigene Freiheitsbewusstsein zurück. Welchen Wert, so fragen sie, hat die Berufung auf die Freiheitlichkeit eines Gemeinwesens, das doch zugleich gegen den elementaren Grundsatz verstößt, dass Freiheit unteilbar ist?

Das Freiheitsbewusstsein, das sich in den Krisenerfahrungen unserer Gegenwart zu Wort meldet, müsste in der Kirche einen Raum finden können, in dem Freiheit als unteilbar, als Freiheit aller gedacht und gelebt wird. Es müsste in der Kirche einen Anwalt dafür finden können, dass institutionelle Freiheit nicht als Selbstzweck, sondern als Ermöglichung gelebter Freiheit betrachtet wird. Wer anders könnte für ein solches Verständnis der Freiheit in der Gesellschaft eintreten wenn nicht Christen und Kirchen? Ihnen müsste bewusst sein, dass gesellschaftliche Institutionen dem Menschen und seiner Freiheit dienen sollen; denn ihnen müsste Jesu Zeichenhandlung unvergesslich sein, deren Kommentar heißt: «Der Sabbat ist um des Menschen willen da, nicht der Mensch um des Sabbats willen. Also ist der Menschensohn Herr auch über den Sabbat» (Mk 2,27 f.). Der Sabbat eben, der Tag der Ruhe, ist das Urbild einer gesellschaftlichen Institution, die um der gelebten Freiheit willen geschaffen wurde; an ihm haben alle freiheitsverbürgenden Institutionen ihr Maß.

Doch: Was verstehen wir unter Freiheit, wenn wir die Kirche als den Raum ungeteilter, unbegrenzter, gelebter Freiheit, wenn wir sie zugleich als Anwalt der Freiheit in der Gesellschaft in Anspruch nehmen? Welche Freiheit ist gemeint?

Freiheit ist die Existenzform des Glaubens. Der Glaube verlässt sich auf das Kommen Gottes. Deshalb verlässt sich der Glaubende selbst; so wird er frei. Der Glaubende kann sich lassen; die Lebensart des Glaubens ist Gelassenheit.

Sie hat in der Zusage ihren Grund, dass der Mensch von Gott erwählt und geschaffen ist, auch wenn er noch so sehr gegen Gottes Schöpfung und Erwählung verstößt. Weder seine eigenen verkehrten Gesinnungen, Worte oder Taten noch die Schändung seiner Menschenwürde und seiner Rechte durch andere vermögen die Würde zu zerstören, die Gott ihm verleiht. Weder er selbst noch ein anderer, weder staatliche noch gesellschaftliche Mächte können ihn aus der Hand Gottes reißen; er bleibt der von Gott erwählte und geschaffene Mensch.

Gegenüber dem Freiheitsverständnis der europäischen Tradition liegt im christlichen Freiheitsgedanken ein wichtiger, ja grundlegender Perspektivenwechsel. Seit der Zeit der Griechen ist der Freiheitsbegriff durch die soziale Erfahrung bestimmt, dass die einen die Herren sind, die anderen aber Knechte. Aus dem Gegenüber von Herrschaft und Knechtschaft bestimmt sich das Wesen der Freiheit. Frei ist, wer Herrschaft ausüben, wer verfügen kann. Das gilt in der dreifachen Beziehung des Menschen zu sich selbst, zu anderen Menschen und zur Natur. Freiheit wird als Herrschaft über sich selbst gedacht: Frei ist derjenige, in dem die höheren Seelenkräfte zur Herrschaft über die niederen gelangt sind. Freiheit wird als Herrschaft über andere gedacht: Frei ist derjenige, der nicht der Verfügungsgewalt anderer ausgesetzt ist, wohl aber selbst über sie verfügen kann. Und Freiheit wird schließlich als Herrschaft über die Natur gedacht: Frei ist der Mensch, der über die Natur zu verfügen versteht, der «Meister und Besitzer der Natur» (Descartes).[5]

In diesen drei Hinsichten wird Freiheit als Herrschaft ausgelegt und der Knechtschaft gegenübergestellt. Wie anders dagegen ist der Umgang der christlichen Tradition mit dem Wort «Freiheit» – zumindest überall dort, wo sie sich ihres eigenen Begriffs von Freiheit bewusst geworden ist. In ihr nämlich wird Freiheit nicht als Herrschaft im Gegensatz zur Knechtschaft, sondern sie wird als Herrschaft und Knechtschaft zugleich ausgelegt – welch widersprüchlicher Gedanke!

Luther, an den hier vor allem zu erinnern ist, hat diesen Widerspruch keineswegs übersehen, sondern kräftig hervorgekehrt. Dies zeigen die beiden Thesen seines Traktats über die christliche Freiheit: «Ein Christenmensch ist ein freier Herr über alle Dinge und niemandem untertan. Ein Christenmensch ist ein dienstbarer Knecht aller Dinge und jedermann untertan.»[6]

Der erste Teil von Luthers Doppelthese mutet an, als sei er lediglich eine Radikalisierung der geläufigen Auffassung. Christliche Freiheit wird als Herrschaft gedeutet, die an keinem Untertansein eine Schranke findet. Doch dasselbe Subjekt, dem solche Herrschaft zugesprochen wird, soll zugleich dergestalt Knecht sein, dass niemandem gegenüber diese Unterwerfung ein Ende hat. Dies muss ohne Zweifel auf den Begriff der Herrschaft zurückschlagen. Und so ist es auch: Christliche Freiheit entsteht nicht durch die Tat der Herrschaft – weder durch Selbstbeherrschung noch durch Autorität über andere noch schließlich durch Verfügung über die Natur. Dass solche Herrschaftsansprüche nicht notwendig sind, zeichnet gerade die christliche Freiheit aus. «Dass wir keines Werks bedürfen, um Frömmigkeit und Seligkeit zu erlangen»: das ist (nach Luther) die christliche Freiheit.[7] Kein Ding kann die Gerechtigkeit des Menschen vor Gott behindern oder vereiteln: Eben darum ist der Christenmensch ein freier Herr über alle Dinge. Nicht weil er seine Freiheit nur darin realisieren könnte, dass er über die Dinge verfügte, sondern gerade weil sein Heil nicht an ihnen hängt, ist er ihr freier Herr. Zugleich aber ist er ein Knecht aller Menschen. Denn kein Grund besteht für ihn, die Freiheit in der Form des Verfügens auszuleben. Sondern christliche Freiheit gewinnt Gestalt als Freiheit, die sich hingibt, als liebende, als kommunikative Freiheit. Sie ist der geschenkte Nachvollzug der Existenz Jesu, der als Herr Knecht und zugleich als Knecht Herr ist. Dass im christlichen Freiheitsbegriff Herrschaft und Knechtschaft einander nicht antithetisch gegenübertreten, sondern paradox miteinander verschränkt sind, hat im Christusgeschehen seinen Grund.[8]

Die Differenz zur «europäischen» Tradition des Freiheitsbegriffs lässt sich in zwei Richtungen verdeutlichen. Mit dem christlichen Begriff der Freiheit verträgt sich die Vorstellung nicht, dass die umfassende Unterwerfung der Natur unter die Herrschaft des Menschen eine Bedingung und Voraussetzung der Freiheit sei. Die Bestimmung des Menschen zum «Meister und Besitzer der Natur» aber gilt neuzeitlich als Realfundament der Freiheit. Hier umzudenken nötigt uns die Krisenerfahrung unserer Gegenwart; sie ist ein heilsamer Zwang zu der Einsicht, dass Fürsorge für die Natur christlicher Freiheit eher entspricht als deren Ausbeutung. Die Folgerung hieraus heißt: Die Manipulation der Natur ist zu verhindern; nicht das jeweilige Maximum, sondern das jeweilige Minimum manipulativen Umgangs mit der Natur ist anzustreben. Dies ist die Konsequenz christlicher Freiheit für den Bereich der Technik, oder zugespitzt: Dies ist der technische Sinn christlicher Freiheit. Angepasste Technologien, dezentralisierte Industrieanlagen, umweltschonende Energieträger sind technische Perspektiven, die sich aus ihm ergeben. Der Umgang der Kirche mit elektrischer Energie, der Stil kirchlicher Bauten und der Lebensstil kirchlicher Veranstaltungen könnten kleine Felder sein, auf denen in der Kirche mit dem Umdenken zu beginnen wäre, das aus dem technischen Sinn christlicher Freiheit kommt.

Ein zweiter Aspekt tritt daneben. Die Französische Revolution hielt es für nötig – und sie hatte wirklich Grund dazu! –, dem Begriff der Freiheit den Begriff der Brüderlichkeit zur Seite zu stellen. «Freiheit, Gleichheit, Brüderlichkeit» hieß ihre Parole. Denkbar war das nur, weil Freiheit als Selbstverfügung gedacht war, die nun in der Brüderlichkeit ein an Gemeinschaft orientiertes Gegengewicht bekommen musste. Den christlichen Begriff der Freiheit durch den der Brüderlichkeit zu ergänzen, muss dagegen als sinnlos erscheinen (sinnvoll freilich wäre es, manche Formen vermeintlicher «Brüderlichkeit» in Freiheit umzuwandeln). Denn Freiheit meint nicht Selbstverfügung, nicht Selbstbesitz, sondern die dem Kommen Gottes verdankte Identität und damit eine radikale Unverfügbarkeit der menschlichen Person: Weder ich selbst noch ein anderer, weder eine gesellschaftliche noch eine politische Macht kann über mein Personsein verfügen. Politische Institutionen und rechtliche Regeln haben gerade dieser Unverfügbarkeit zu dienen und sie zu schützen. Dies ist die politische Konsequenz des christlichen Freiheitsbegriffs, oder zugespitzt: Dies ist der praktische Sinn der christlichen Freiheit.

Die Freiheitsbewegungen der Neuzeit, die sich auf den Gedanken der Selbstverfügung des Menschen berufen, müssen aufgrund dieser Einsicht neu interpretiert werden. Denn das Verlangen nach Freiheit ist tiefer begründet, als sie dachten. Die Forderungen der Freiheit aber werden durch eine solche *interpretatio christiana* nicht abgeschwächt – ganz im Gegenteil. Radikal ist Freiheit dann verstanden, wenn sie in der Unverfügbarkeit der menschlichen Person gründet und auf umfassende Gemeinschaft zielt. Verglichen hiermit sind die neuzeitlichen Freiheitsauffassungen, die auf der Selbstverfügung des Menschen gründen und vielfach auf durchaus klassenbezogene Freiheiten zielen, eher begrenzt zu nennen. Jenen radikalen, umfassenden, unbegrenzten Begriff der Freiheit zur Geltung zu bringen: Darin besteht die gesellschaftliche Diakonie der Kirche.

Charakterisiert man die politische Rolle der Kirche so, dann entspricht dem ein Verhältnis von Kirche und Staat, das Gustav Heinemann im Anschluss an Karl Barth auf die Formel brachte: Die Kirche ist das Organ der göttlichen Rechtfertigung des Menschen, der Staat hingegen das Organ menschlichen Rechts.[9] Als Organ der göttlichen Rechtfertigung tritt die Kirche ein für die Unverfügbarkeit der menschlichen Person; sie tritt für eine umfassende Freiheit ein, die allen in gleichem Maße gilt.

Die jüdisch-christliche Tradition beschreibt Freiheit als Bewegung. Sie umfasst den Abschied vom Verfügen und den Aufbruch zum Leben. Das biblische Urbild dieser Bewegung ist Abraham: «Und Jahwe sprach zu Abraham: Zieh hinweg aus deiner Heimat, aus deiner Verwandtschaft und aus deinem Vaterhaus in ein Land, das ich dir zeigen werde» (Gen 12,1). Die Bewegung, die Abraham zugemutet wird, wiederholt sich im Auszug Israels aus Ägypten. In diesem Exodus wird die Wüste zum Symbol der Befreiung. Sie symbolisiert die Absage an alles Haben um des Verfügen-Wollens; denn jeder Besitz, der nicht unmittelbar dem Leben dient, ist in ihr offenkundig schädlich. Die Wüste ist das «Symbol des freien, durch keinen Besitz beschwerten Lebens».[10] Im Neuen Testament wird diese Vorstellung von Freiheit aufgenommen und fortgeführt. Distanz zum Besitz, Absage an die Feindschaft und Verzicht auf Gewalt sind charakteristisch für die Lebensform, in der die Freiheit Jesu praktisch wird. Segen wird gerade denen zugesprochen, die sich Glück durch keine Form des Habens verschaffen können: den Armen, den Hungernden, den Trauernden (Mt 5,3.4.6). Gerade die Nacktheit ihrer Existenz zieht Segen auf sich. Und Freiheit wird definitiv nicht mehr als Herrschaft ausgelegt: «Wer groß sein will unter euch, soll euer Diener sein; wer unter euch Erster sein will, soll der Sklave aller sein» (Mk 10,43 f. und Parallelen). Diese Umkehrung der Sozialbeziehungen gehört zu den Möglichkeiten, die mit dem Kommen Gottes verbunden sind.

Welche Folgerungen ergeben sich aus dieser Bewegung der Freiheit für die Kirche? Wie bringt sie ihre eigene Existenzform in Entsprechung zu der Wahrheit, die sie verkündigt? «Die Kirche als Raum und als Anwalt der Freiheit»: Diese Formel ist ein Versuch, den Imperativ für die Existenz der Kirche zu formulieren, der sich aus dem Indikativ christlicher Freiheit ergibt. Wenn wir die Bewegung christlicher Freiheit richtig verstanden haben, dann bedeutet sie für die Kirche zuallererst, dass sie auf die Krisenerfahrungen der Gegenwart nicht mit Positionskämpfen und Bestandssicherungen, sondern mit Gelassenheit und mit dem Mut zum Risiko der Freiheit antwortet.

Zum Anwalt der Freiheit kann die Kirche nur werden, wenn sie selbst ein Raum gelebter Freiheit ist; ihre gesellschaftliche Diakonie ist nur so glaubwürdig wie ihr gelebtes Leben. Nur eine Kirche, in der Menschen frei miteinander umgehen können, kann für gesellschaftliche Freiheit eintreten; nur wenn in innerkirchlichen Konflikten Gelassenheit zu spüren ist, kann die Kirche zur Entkrampfung gesellschaftlicher Auseinandersetzungen beitragen. Anwalt der Freiheit kann die Kirche nur sein, wenn der Unterschied zwischen kirchlicher und staatlicher Ordnung, zwischen der Suche nach Wahrheit und dem Kampf um die Macht, zwischen dem Bemühen um Einheit und dem Ringen um Mehrheiten, zwischen der konziliaren Ordnung der Kirche und der parlamentarischen Ordnung des Staates nicht verwischt wird.[11] Die Kirche muss diese Differenz zu Staat und Gesellschaft bewahren, wenn sie den Menschen in Staat und Gesellschaft helfen will.

Die Entwicklung des deutschen Protestantismus in den letzten Jahren aber scheint in besonderem Maß durch positionelles Denken und durch das Interesse an Bestandssicherung als solcher gekennzeichnet zu sein; daneben war die Gelassenheit oft zu vermissen, und das Risiko der Freiheit erschien häufig als zu hoch. Die Konflikte zwischen Evangelikalen und Ökumenikern, zwischen Christen, die sich in Bürgerinitiativen organisieren, und solchen, die um das wirtschaftliche Investitionsklima besorgt sind: Dies sind Beispiele für Polarisierungen, in denen sich bisher häufig eher Positionen verhärtet als Kommunikationen eröffnet haben. Das neue Interesse am Begriff der Volkskirche, das sich seit der Kirchenaustrittswelle der ausgehenden sechziger und beginnenden siebziger Jahre geregt hat, ist ein Ausdruck dafür, dass der Bestandssicherung im kirchlichen Denken und Handeln Vorrang eingeräumt wird.

Für diese Entwicklung gibt es einsehbare historische Gründe. Die Nachkriegsentwicklung in Deutschland hat den evangelischen Kirchen in der Bundesrepublik ein Maß an institutioneller Sicherheit, politischer Resonanz und gesellschaftlichem Einfluss eröffnet, wie dies seit den Zeiten der Reformation ohne Beispiel ist. Die Vorstellung konnte sogar vertreten werden, die Kirchen ständen als öffentliche Hoheitsmächte partnerschaftlich neben dem Staat. Ihre reale Grundlage hatte diese Sonderstellung der Kirchen in der Ausnahmesituation der Nachkriegszeit. Deshalb musste diese Position der Kirchen einen Wandel erfahren, als die Nachkriegsära zu Ende ging. Die Sonderstellung der Kirchen in der Wiederaufbauphase wurde abgelöst durch die Normalsituation einer modernen Industriegesellschaft. In ihr geraten die Kirchen in Konkurrenz zu anderen gesellschaftlichen Verbänden; die Mitgliedschaft in einer Kirche gilt nicht mehr für jedermann als selbstverständlich, sondern wird für Teile der Bevölkerung zum Thema bewusster Entscheidung. In der Umbruchsituation der ausgehenden sechziger und beginnenden siebziger Jahre trat diese Verschiebung deutlich hervor; die wachsenden Kirchenaustritts- zahlen gaben ihr einen dramatischen Akzent. Sie signalisieren einen seitdem anhaltenden Prozess, in dem sich die Zahlen der Kirchenmitglieder vermindern, sich der politische Einfluss der Kirchen nivelliert und die verfügbaren Finanzmittel nicht mehr in dem aus der Nachkriegsära bekannten Umfang steigen. Diese Vorgänge unter den Begriff einer, vermeintlich unaufhaltsamen, «Entkirchlichung» zu stellen, haben sich die meisten Beobachter abgewöhnt. Dafür sind die gegenläufigen Entwicklungen zu of- fenkundig: Ein in vielen Bereichen steigendes, wenn auch häufig punktuelles oder diffuses Interesse an «Religion», die Suche nach erfahrener Gemeinschaft des Glaubens und die daraus folgende Bereitschaft zum Engagement, die steigenden Zahlen von Theo- logiestudenten und die zunehmende Bereitschaft zu aktiver Mit- arbeit in Gemeinden und Initiativgruppen zeigen eine neue Auf- merksamkeit für den christlichen Glauben; in der Entwicklung des Kirchentags haben sich diese Veränderungen während der letzten Jahrzehnte besonders deutlich niedergeschlagen.

Doch zum dominierenden Motiv kirchlichen, vor allem kir- chenleitenden Handelns sind die Erfahrungen, die man mit dieser Gegenbewegung machen konnte, bisher noch kaum geworden. Der Eindruck von der Erosion der Volkskirche blieb vielmehr weithin bestimmend; die vorherrschende kirchliche Reaktion vollzog sich als Versuch, den Bestand der Volkskirche zu erhal- ten.[12] Das Problem des Kirchenaustritts gilt als dominierendes Motiv kirchenleitenden Handelns; die Kirche selbst wird als «mis- sionarische Versorgungskirche» konzipiert.[13] Andere sprechen hier schnöder von der «Servicekirche».[14] Auch in der Bestimmung der Pfarrerrolle schlägt sich die Verschiebung nieder, die sich da- bei unter der Hand vollzieht: Nicht mehr vom Pfarrer und der Gemeinde, sondern vom Pfarrer und seiner Klientel ist nun die Rede. Theologische Ausbildung soll die Fähigkeiten vermitteln, die der Pfarrer braucht, um auf die Bedürfnisse seiner Klientel sachgerecht eingehen zu können.[15]

Auf die Krisenerfahrungen der Gegenwart wird hier mit einer Strategie der Anpassung reagiert, die überlieferte Strukturen erhalten soll. Ein anderes Konzept begegnet dort, wo der Übergang zu einer Minoritätskirche, einer bekennenden Gemeinde bewusst ins Auge gefasst wird. Nicht Anpassung, sondern Distanzierung heißt das Programm. Nicht die Servicekirche, sondern die Sektenkirche wäre das Ergebnis.[16] Das befreiende und versöhnende Wort des Evangeliums würde für eine Minderheit derer, «die mit Ernst Christen sein wollen», reserviert; sein alle Grenzen überschreitender Charakter würde gerade geleugnet.

Servicekirche oder Sektenkirche – dies scheinen die Positionen zu sein, von denen aus heute häufig über die Zukunft der Kirche gestritten wird. Will man es härter ausdrücken, so kann man mit Begriffen des späten Karl Barth sagen: Die Kirche schwankt zwischen den Extremen einer «Kirche im Exzess» und einer «Kirche im Defekt».[17] Die «Kirche im Exzess» verhält sich so, als hinge das Heil der Menschen unweigerlich von ihrer eigenen Entfaltung, ihrem Einfluss, ihrer organisatorischen Expansion ab. Die «Kirche im Defekt» aber vergisst, dass ihr das Wort vom Heil für alle Menschen aufgetragen ist, und beschränkt sich auf den Kreis der Frommen.

Sollte es nicht möglich sein, beide Positionen zu verlassen und nach Alternativen für das Bild der Kirche von morgen Ausschau zu halten? Sowenig es zur Zeit von Nutzen ist, mit großem polemischem Aufwand gegen den Begriff der Volkskirche Front zu machen, so wenig ist es doch auch förderlich, diesen schillernden, höchst vielfältig verwendbaren Begriff zum Ausgangspunkt eines kirchlichen Handelns zu wählen, das an künftigen Aufgaben orientiert ist. Und sowenig es angebracht wäre, eine Orientierung der Kirche am Bekenntnis zu kritisieren, so wenig ist es doch auch sachgemäß, den kommunikativen Charakter des Bekenntnisses zu verkennen und den Weg der Kirche ins Ghetto der Wirkungslosigkeit bewusst zum Programm zu erheben. Deshalb muss man nach Alternativen zu diesen festgefahrenen Positionen der Servicekirche und der Sektenkirche Ausschau halten.

Ausgangspunkt einer solchen Alternative kann die Einsicht sein: Die Kirche ist der *Raum gelebter Freiheit*.[18] Sie verfügt nicht über die Freiheit, sondern sie ist der Raum der Freiheit, weil in ihr das Wort von der Befreiung verkündigt wird. Die Freiheit, die sie so erfährt, ist kommunikative Freiheit; deshalb befähigt das befreiende Wort die Kirche dazu, eine *Zeugnis- und Dienstgemeinschaft* zu sein, eine zugleich *offene und bekennende Kirche für andere*. Von hier aus bestimmt sich auch ihr Verhältnis zu Gesellschaft und Staat; sachgemäßerweise trägt es weder den Charakter der Anpassung noch der Beziehungslosigkeit, sondern der produktiven Unterschiedenheit. Nur aus einer bleibenden Differenz zu Gesellschaft und Staat heraus kann die Kirche zum *Anwalt der Freiheit* werden.

Die Kirche als Raum gelebter Freiheit ist eine Zeugnis- und Dienstgemeinschaft. Diese aus der dritten Barmer These entwickelte ekklesiologische Grundbestimmung bezieht sich auf die Kirche in all ihren Gestalten und Lebensformen; und sie bezieht sich auf alle Glieder der Kirche. Dieser Grundbestimmung entspricht die Kirche nur dann, wenn sie die Fähigkeiten und Kompetenzen all ihrer Glieder ernst nimmt. Mit dem verbreiteten Missstand, dass im kirchlichen Sprachgebrauch die Kirche mit ihren hauptamtlichen Mitarbeitern oder auch mit den Pfarrern allein gleichgesetzt wird, müsste es dann freilich ein Ende haben. Denn die Vorstellung, die hauptamtlichen Mitarbeiter der Kirche verträten das Christliche schlechthin, die Verwechslung also von christlicher Praxis mit theologischer Berufspraxis ist das Ende jeder Lehre von der Kirche. Versteht man die Kirche als Zeugnis- und Dienstgemeinschaft, dann gewinnen dagegen die gelebte Frömmigkeit christlicher Gemeinden, das fröhliche Zusammenleben und der aktive Einsatz christlicher Dienstgruppen, das Engagement christlicher Friedens- und Umweltinitiativen, die vielfältigen Gestaltungsformen christlichen Lebens, wie sie etwa auf den Kirchentagen zusammentreffen, zentrale Bedeutung für das Kirchenverständnis. Zeugnishafte Frömmigkeit, heitere Gelassenheit, selbstloses Handeln und furchtloser Einsatz aber strahlen aus: Sie sind Zeichen kommunikativer, kommunikabler Freiheit. Viele Versuche in Gottesdiensten und in der Konfirmandenarbeit, in Nachbarschaftsgruppen und Kommunitäten weisen in diese Richtung. Auf allen Ebenen, in allen Gestalten kann die Kirche zum Raum gelebter Freiheit werden: in Ortsgemeinden und Initiativgruppen, auf dem Land und in der Großstadt. Sie wäre dann nicht ein ängstlich um seinen Bestand besorgter Verband, sondern eine offene und einladende, eine helfende und Konflikte austragende Gemeinschaft.

Eine Kirche, die in all ihren Gestalten ein Raum gelebter Freiheit ist, kann auch zum Anwalt der Freiheit werden. Schon immer haben die Kirchen hierin eine vorrangige Aufgabe gesehen: Die Intervention für Menschen, die ihrer Freiheit beraubt wurden, das stellvertretende Reden für die, die sich nicht selbst Gehör verschaffen können, die Parteinahme für Fremde und ausländische Mitbürger, für Unterdrückte und Arbeitslose stehen deshalb auf der Tagesordnung der Kirche. Noch immer sind wir allerdings daran gewöhnt, diese Aufgaben allenfalls im engen nationalen Rahmen wahrzunehmen. Vor uns steht noch die Aufgabe, die parochiale Struktur der Gewissen zu durchbrechen, sensibel zu werden für die Forderungen der Freiheit an allen Orten. Denn die Freiheit ist unteilbar und unbegrenzt. Gottesdienste und Bildungsveranstaltungen haben hier eine wichtige Aufgabe. Noch immer ist der Nord-Süd-Konflikt der wichtigste Testfall für die Frage, wie ernst es uns mit der Freiheit ist.

Die jüdisch-christliche Tradition beschreibt Freiheit als Bewegung; sie umfasst den Abschied vom Verfügen und den Aufbruch zum Leben. Eine Kirche, die sich als Raum und als Anwalt der Freiheit verstehen will, muss selbst zu jenem Abschied und zu diesem Aufbruch bereit sein. Doch der Abschied vom Verfügen bedeutet nicht den geschichtslosen Abschied von Tradition. Denn den Raum der Freiheit erreicht man durch Erinnerung: durch die gefährliche Erinnerung an die freiheitliche Geschichte Jesu. In einer Kirche, die aus dieser Erinnerung lebt, ist die Hoffnung stärker als die Angst; in ihr ist die Gelassenheit stärker als die Sorge; in ihr ist der Mut der Freiheit stärker als die Erfahrung der Krise.

Öffentliche Kirche in pluralen Öffentlichkeiten

Streiflichter

Das öffentliche Handeln der Kirche ist durch Rollenunsicherheit geprägt. Solche Entwicklungen können die Kirche zur Flucht aus der Öffentlichkeit verleiten. Der Rückzug auf das Leben im Kreis der treuen Gemeinde und die Rückbesinnung auf die vermeintlich unumstrittenen binnenkirchlichen Funktionen von Verkündigung, Unterricht und Seelsorge scheinen ein behaglicheres Leben zu verheißen als die exponierte Existenz in der Zugluft der Öffentlichkeit. Doch die Bastionen für ein solches vermeintlich sturmgeschütztes Leben werden kleiner; und der Wind der Öffentlichkeit weht auch in sie hinein: Kirchensteuer und Diakonie, Religionsunterricht und Militärseelsorge, Schwangerschaftsabbruch und Sterbehilfe sind Themen, die irgendwann einmal auch die dicksten Mauern einer für sicher gehaltenen kirchlichen Festung durchdringen. Und nicht zu vergessen: Wer an einer staatlichen Universität Theologie lehrt oder studiert, ist durch seine bloße Existenz in die Wirbel der Frage nach dem Verhältnis von Kirche und Öffentlichkeit einbezogen.

Eine der Antworten auf solche Turbulenzen heißt nach wie vor: Flucht in die Kontrastgesellschaft.[19] Diese Flucht wird vor allem in zwei Variationen versucht. In der einen – scheinbar entpolitisierten, auf ihre Weise aber durchaus politischen – Variante erscheint die Kirche als Hüterin tradierter Glaubensüberzeugungen und moralischer Werte, die dem Wandel der Zeiten gegenüber resistent sind (heilige Kontrastgesellschaft oder Heiligkeitsmodell). In der anderen – hoch politisierten, auf ihre Weise aber auch wieder ganz unpolitischen – Variante tritt die Kirche als eine Minorität auf, die für sich eine exklusive Einsicht in die Funktionsweisen des Weltsystems und seines diabolischen Charakters in Anspruch nimmt, aber leider nicht über die Macht verfügt, es zu ändern (prophetische Kontrastgesellschaft oder prophetisches Modell).

Eine grundsätzlich andere Antwort liegt überall dort vor, wo der Versuch unternommen wird, sich auf die differenzierte Situation einer komplex gewordenen Gesellschaft einzulassen. Auch diese Zuwendung der Kirche zur gesellschaftlichen Öffentlichkeit wird heute in zumindest zwei Hauptvarianten angeboten: Die eine plädiert für eine (oft als Volkskirche bezeichnete) Gesellschaftskirche, die sich ihre Aufgaben von den Funktionserfordernissen einer differenzierten Gesellschaft vorgeben lässt und sich in den Inhalten ihrer Verkündigung diesen Funktionserfordernissen geschmeidig anpasst (Modell der Gesellschaftskirche). Die andere beharrt darauf, dass die Kirche ihrem Öffentlichkeitsauftrag nur gerecht wird, wenn sie das Evangelium von Jesus Christus als eine für diese wie für jede Gesellschaft fremde Wahrheit verkündigt, sich aber zugleich der Frage nach dem Gestaltwerden dieser Wahrheit unter den Bedingungen der Gegenwart mit nüchternem Wirklichkeitssinn und kritischer Solidarität stellt (Modell der öffentlichen Kirche).

Idealtypen der skizzierten Art beziehen ihren Reiz gerade daraus, dass lebende Personen und geschichtliche Beispiele in keine der so beschrifteten Schubladen vollständig hineinpassen. Der Streit um den Weg der Kirche ist weitaus verwickelter, als es eine solche Schematisierung andeuten kann. Doch die zweimal zwei Haupttypen, die ich vorgeschlagen habe, können vielleicht als Orientierungsraster in diesem Dickicht dienen.

Drei Grundfragen treten in diesem Streit in den Vordergrund. Sie lassen sich so formulieren:

Soll die Kirche sich überhaupt auf die Öffentlichkeit einlassen, die sie umgibt?

Worauf lässt die Kirche sich ein, wenn sie an der Öffentlichkeit teilnimmt?

Welches sind die Kriterien kirchlicher Teilnahme an der und Einwirkung auf die Öffentlichkeit?

Am leichtesten ist die erste dieser drei Fragen zu beantworten. Dass die Kirche Jesu Christi eine öffentliche Größe ist,
dass sie in der Öffentlichkeit wirkt und einen Auftrag hat, ist
offenkundig, seit es sie gibt. Dieser Öffentlichkeitsauftrag ist in
der biblischen Tradition breit verankert; man kann zum Beleg an
das öffentliche Wirken der Propheten ebenso denken wie an wichtige Beschreibungen der Kirche, die in der Öffentlichkeit der Welt
von der in Christus geschehenen Versöhnung Zeugnis ablegt.[20] In
eindrucksvoller Bündelung bringt der neutestamentliche Mis-
sionsbefehl den öffentlichen Charakter kirchlichen Handelns
zum Ausdruck: «Mir ist gegeben alle Gewalt im Himmel und auf
Erden. Darum gehet hin und machet zu Jüngern alle Völker: Tau-
fet sie auf den Namen des Vaters und des Sohnes und des Heiligen
Geistes und lehret sie halten alles, was ich euch befohlen habe.
Und siehe, ich bin bei euch alle Tage bis an der Welt Ende.»[21]

Auch wenn in diesen Sätzen aus Gründen, die sich im Lauf der
folgenden Überlegungen noch aufklären werden, ein unserem
Wort «Öffentlichkeit» vergleichbarer Ausdruck nicht fällt, so ist
doch kein Zweifel daran, dass Mission und Ausbreitung des Christentums diesem frühen Text zufolge in der denkbar umfassendsten
Öffentlichkeit verankert sind. Sie erhalten ihren Ort in einer Öffentlichkeit, die den Kosmos im Ganzen als Herrschaftsraum Jesu
Christi umgreift und alle Zeit bis an das Ende der Welt umfasst.
Diese Himmel und Erde umspannende, die Zeit bis an die Grenze
der Ewigkeit erfüllende Öffentlichkeit bildet den Horizont für
alles Leben der Kirche, für ihre Verkündigung und ihre Lehre, für
ihren Gottesdienst und ihr soziales Handeln. Das ist der für sie
verbindliche Öffentlichkeitshorizont.

Gleichwohl bleibt es der Kirche nicht erspart, an besonderen
Orten heimisch und ihrer jeweiligen Zeit gerecht zu werden.
Doch richtet sie sich auf diese Weise in begrenzten sozialen Um-
welten ein, so kann diese Anpassung an vorgegebene Öffentlichkeiten immer nur von relativer und vorläufiger Bedeutung sein;
gegenüber der säkularen Öffentlichkeit von Gesellschaft und

Staat kennt die Kirche gerade keine unumschränkte, sondern immer nur eine begrenzte, zur kritischen Prüfung verpflichtende Loyalität.

Der Öffentlichkeitsauftrag der Kirche ist im Neuen Testament, der Gründungsurkunde der Kirche, in eindrucksvoller Weise verankert. Dennoch kann kein Zweifel daran bestehen, dass das Verständnis, das sich im Wandel der Zeit innerhalb der Kirchen von ihrem Öffentlichkeitsauftrag bildet, ganz entscheidend dadurch mitgeprägt ist, wie in ihrer Umwelt die Konstitution und die Funktionsweisen von Öffentlichkeit wahrgenommen werden. Mehr noch: Erst unter bestimmten geschichtlichen Bedingungen und angesichts konkreter geschichtlicher Herausforderungen wird sich die Kirche ihres Öffentlichkeitsauftrags als einer eigens zu reflektierenden und zu klärenden Verantwortung bewusst.

Für den deutschen Protestantismus war diese Entwicklung mit besonderen Verzögerungseffekten verbunden. Die lange Symbiose zwischen Kirche und Staat unter dem Dach des landesherrlichen Kirchenregiments hatte für ihn eine Doppelwirkung. Zum einen hatte die Rolle der Landesherren als oberste Bischöfe der evangelischen Kirchen zur Folge, dass eine eigenständige Funktion der Kirchen gegenüber der Öffentlichkeit sich allenfalls in sehr verhaltenen Formen ausbilden konnte. Zum anderen aber bewirkte diese staatlich-kirchliche Symbiose, dass auch noch nach ihrem Ende der komplexe Öffentlichkeitsbezug der Kirche zumeist nur in dem vereinfachenden Dual von Kirche und Staat gedacht wurde.

Das lässt sich eindrücklich am Grunddokument des Kirchenkampfs, der Barmer Theologischen Erklärung von 1934, zeigen. Deren fünfte These konkretisiert die öffentliche Verantwortung der Christen und der Kirche in einer ausschließlichen Konzentration auf die Probleme staatlicher Existenz und auf das Gegenüber von Staat und Kirche.[22] Deshalb hat man auch in der Auslegungsgeschichte der zweiten Barmer These, die in so eindrücklichen Worten sagt, dass Jesus Christus als Gottes Zuspruch der Vergebung aller unserer Sünden auch Gottes Anspruch auf unser ganzes Leben ist, zumeist diesen Anspruch auf unser ganzes Leben doch nur in einer eigentümlichen Einschränkung interpretiert, nämlich auf die Probleme staatlicher Existenz und der damit gegebenen politischen Verantwortung bezogen.[23] Man kann sich das leicht daran illustrieren, dass die genuinen Probleme einer Gesellschaftsethik, insbesondere die Probleme der Wirtschaftsethik, im deutschen Protestantismus nach 1945 ein Schattendasein geführt haben.

Die Konzentration auf den Dual von Kirche und Staat zeigte sich besonders markant, als im Westen Deutschlands nach 1945 nicht nur die Folgerungen aus dem bereits 1918 eingetretenen Ende des landesherrlichen Summepiskopats, sondern zugleich die Konsequenzen aus den Erfahrungen der Nazi-Diktatur zu verarbeiten waren. Das Resultat der 1945 fälligen Neuorientierung zeigt sich vor allem in zwei Formeln von einprägsamer Kürze. Die eine sprach von der nach der Kirchenfeindlichkeit des Nazi-Regimes neu errungenen «Partnerschaft zwischen Staat und Kirche». Die andere bestand in der nun erst neu geprägten und schnell durchgesetzten Rede vom «Öffentlichkeitsauftrag» und vom «Öffentlichkeitsanspruch» der Kirche.[24]

Die durch diese beiden Formeln in der alten Bundesrepublik entstandene Situation habe ich zum ersten Mal in einer 1973 veröffentlichten Studie untersucht und kritisch gewürdigt.[25] Aus theologischen Gründen drängte ich auf eine Revision der in diesen beiden Formeln gewonnenen Konzeption. Ich war – und bin noch immer – davon überzeugt, dass der Öffentlichkeitsauftrag der Kirche nicht nur im Gegenüber zum Staat, sondern zugleich im Blick auf die Gesellschaft geklärt werden muss. Ebenso war und bin ich davon überzeugt, dass die Formel von der «Partnerschaft zwischen Staat und Kirche» zu viel Harmonie und zu wenig Distanz enthält. Dennoch erscheint es mir an der Zeit, die Kategorien, mit denen ich damals gearbeitet habe, kritisch zu überprüfen. Dazu geben neue theologische und gesellschaftstheoretische Einsichten ebenso Anlass wie die veränderte geschichtliche Lage.

Öffentlichkeit

«Öffentlichkeit» ist in der deutschen Sprache ein Kunstwort des späten 18. Jahrhunderts.[26] Es gehört zu den Neubildungen dieser Schwellenzeit, die auf die politisch-gesellschaftlichen

Verschiebungen der Neuzeit reagieren. Diese Verschiebungen sind vor allem dadurch gekennzeichnet, dass die bürgerliche Gesellschaft als eigenständige Größe zwischen die Sphären des Staates auf der einen und des Hauses auf der anderen Seite tritt. Mit diesem Umbau der sozialen Verhältnisse werden alle diejenigen Bestandteile der politischen Sprache fragwürdig und revisionsbedürftig, die auf der Zweipoligkeit zwischen Staat und Haus beziehungsweise auf der Dreipoligkeit zwischen Staat, Haus und Kirche aufgebaut waren.

Die Bipolarität von Staat und Haus, von *polis* und *oikos*, von *praxis* im politischen Gemeinwesen und *poiesis* in der wirtschaftlich-familiären Einheit des Hauses bestimmte die Lebenswirklichkeit wie die Theoriebildung in den Stadtstaaten der griechischen Antike. Ihr entspricht ein Sprachgebrauch, der zwischen dem Politischen und dem Öffentlichen nicht unterscheidet. Auch die römische Antike differenziert nicht zwischen diesen beiden Perspektiven, wie die Rede von der *res publica*, der Republik, besonders anschaulich vor Augen führt.

Das Eintreten der Kirche in die geschichtliche Wirklichkeit des römischen Reiches hatte im Blick auf das Gegenüber von Staat und Haus zwei konzeptionelle Folgen: Die Kirche, die zunächst in die Sphäre des Hauses verbannt war, bahnte sich in mühsamen Auseinandersetzungen den Weg zur Anerkennung ihres politisch-öffentlichen Anspruchs. Die daraus entstehenden Konflikte wurden in der Lehre von den zwei Schwertern in ein eindrückliches, keineswegs unrealistisches Bild gebracht. Dass die Verantwortung der Kirche sich weiterhin auf das Haus genauso bezog wie auf den Staat, kam in den Konzeptionen zum Ausdruck, die eine dreifache Gliederung des Gemeinwesens enthielten. Unter ihnen ist die Lehre von den drei Ständen – *politia, oeconomia, ecclesia* – die auch für den Protestantismus folgenreichste geworden.

Die tektonischen Verschiebungen im Übergang zur Neuzeit ergeben sich aus einem doppelten Vorgang: Einerseits emanzipiert sich die Wirtschaft vom Haus und wird zu einer eigenständigen gesellschaftlichen Größe; der (in sich widersprüchliche) Begriff der National-Ökonomie kommt auf. Andererseits weitet der Staat seine Funktionen so aus, dass er das Funktionieren dieser von

Grund auf veränderten Ökonomie sicherzustellen vermag; der die legitime Gewaltausübung monopolisierende moderne Staat entsteht. Das Resultat dieser Verschiebungen ist etwas, das es in vergleichbarer Form zuvor nicht gab: die Gesellschaft.

Hannah Arendt hat in *Vita activa* diese Entstehung der Gesellschaft als eine Zerstörung des öffentlichen Raums beschrieben.[27] Nach ihrer Auffassung ist der Begriff des Öffentlichen durch seinen Gegensatz zum Privaten konstituiert. Diese Entgegensetzung aber hat ihre geschichtliche Basis im Gegenüber von *polis* und *oikos*. Die *polis* ist der Raum eines gemeinsamen Handelns auf der Basis der Gleichheit. Der *oikos* ist derjenige Bereich, in dem sich die Ungleichheit der Menschen entfalten kann. Indem die Gesellschaft als eine eigenständige Größe entsteht und im öffentlichen Bereich den Vorrang beansprucht, lösen sich die Bedingungen gemeinsamen Handelns auf; an seine Stelle tritt bloßes «Sichverhalten». Da die modernen Massengesellschaften keinen Raum mehr für *praxis* im emphatischen Sinn des Wortes lassen, zerfällt der öffentliche Raum.

Die von Hannah Arendt vorgeschlagene Kategorie des öffentlichen Raumes beruht auf der Gleichsetzung des Öffentlichen mit dem Politischen; die griechische *polis* bildet das maßstabsetzende Modell. Diese begriffliche Vorentscheidung hat zur Folge, dass in der modernen Gesellschaftsgeschichte nur eine Zerstückelung der Vergangenheit, ein Zerreißen des Traditionsfadens gesehen werden kann.

Obwohl die Diagnose des Traditionsabbruchs heute noch mehr Plausibilität beanspruchen kann als zu Hannah Arendts Lebzeiten, ist doch eine Gegenüberlegung angezeigt. Sie knüpft an die sprachgeschichtliche Beobachtung an, dass ein eigenständiger Begriff der Öffentlichkeit überhaupt erst angesichts der Differenzierung von Staat und Gesellschaft auftritt. Das Neuartige an diesem Begriff ist alsbald bemerkt worden, wie ein von mir geliebter Spottvers Samuel Gottlieb Bürdes aus dem Revolutionsjahr 1789 deutlich macht:

Das große Losungswort, das jetzt ein jeder kräht,
Vor dem in ihren Staatsperücken

Sich selbst des Volkes Häupter bücken,
Horch auf! es heißt: Publizität.[28]

Die Worte «öffentlich» und «Öffentlichkeit» sind – wie auch
ihre französischen oder englischen Äquivalente – für die poli-
tisch-gesellschaftliche Sprache seit dem 18. Jahrhundert eben deshalb so attraktiv, weil sie eine Vielfalt von Bedeutungsnuancen
und Referenzbereichen miteinander verbinden. Die Bedeutungsnuancen kann man bereits ahnen, wenn man sich daran erinnert,
dass «öffentlich» ein Gegenbegriff keineswegs nur zu «privat»,
sondern auch zu «geheim» ist.[29] Die Vielfalt der Referenzbereiche
will ich daran verdeutlichen, dass ich vier Bedeutungsstränge von
«Öffentlichkeit» hervorhebe, die im Laufe der Begriffsgeschichte
in den Vordergrund traten und heute alle miteinander die Konno-
tationen von «Öffentlichkeit» prägen:
    1. Im 18. Jahrhundert gewinnt zunächst, vor der Einführung des
Substantivs «Öffentlichkeit», das Adjektiv «öffentlich» an Boden.
Es wird dabei vorrangig synonym mit «staatlich» verwendet.
Christian Wolff spricht vom «öffentlichen Regiment» und von
«öffentlichen Geschäften» und meint damit die staatliche Herr-
schaftsausübung.[30] Diesem Wortgebrauch entspricht es, dass das
Staatsrecht in Deutschland seit dem ausgehenden 18. Jahrhundert
als «Öffentliches Recht» bezeichnet wird.[31]
    2. Doch ebenfalls bereits im 18. Jahrhundert bahnt sich ein
Sprachgebrauch an, der als öffentlich dasjenige bezeichnet, was
dem Interesse aller Mitglieder einer Sozietät entspricht und den
Nutzen aller Einzelnen zu fördern vermag. Dieser Öffentlich-
keitsbegriff ist nicht an der Hoheitsgewalt des Staates, sondern an
der Gesellschaft als dem System der Bedürfnisse der einzelnen
Gesellschaftsmitglieder orientiert.[32] Die spätere deutsche Staatslehre hat daraus die Folgerung abgeleitet, dass gerade diejenigen
Institutionen als öffentlich anzusehen sind, in denen sich die Bedürfnisse der Gesellschaftsmitglieder organisieren und artikulie-
ren: Unternehmungen und Verbände, Parteien und Medien.[33] In
diesem Fall ist der Begriff der Öffentlichkeit nicht an der Hoheits-
macht des Staates, sondern am Marktmodell orientiert: Öffentlichkeit konstituiert sich durch denjenigen Austausch, der durch

die Bedürfnisse und Interessen der Gesellschaftsglieder gesteuert wird. Das Profil dieses Öffentlichkeitsbegriffs wird im konservativen Protest von Friedrich Julius Stahl besonders anschaulich. Im Widerspruch gegen das Marktmodell der Öffentlichkeit formuliert er: «Das Öffentliche ist nicht bloß, was dem Nutzen aller, sondern was einer höheren Ordnung über allem Nutzen dient.»[34]

3. Das in solchen Worten erkennbare Bemühen, einer Verselbständigung des Marktmodells von Öffentlichkeit zu wehren, war nie auf Konservative vom Schlage Stahls beschränkt. Auch Liberale versuchten, daran festzuhalten, dass Öffentlichkeit mehr ist als die Summe privater Interessen. Das Öffentliche hat einen konstitutiven Bezug auf das Allgemeine, also allen Gemeinsame. In Friedrich Christoph Dahlmanns *Politik* ist in diesem Sinne vom «Öffentlichen und Ganzen» die Rede.[35] Bei Carl Theodor Welcker bezeichnet «öffentlich» die «gemeinschaftlichen Verhältnisse, Rechte und Pflichten, Bedürfnisse und Interessen» des Volkes im Sinne der «Staatengesellschaft».[36]

4. Diese auf das Allgemeine gerichtete Öffentlichkeit ist auf eine öffentliche Meinung angewiesen, die als das «gemeinsame Bewusstsein, Gewissen und Wollen» der Bürger gedacht ist.[37] Auf dieser Ebene meint Öffentlichkeit gestaltete Publizität. Das ist weit mehr als der Bereich der Massenmedien und der medialen Kommunikation im technischen Sinn. Öffentlichkeit in diesem Sinn umfasst vielmehr den Gesamtbereich kultureller Kommunikation, durch welche Menschen sich einen Begriff des Allgemeinen bilden und sich über ihren je besonderen Ort in diesem Allgemeinen verständigen. Denn nur durch kulturelle Verständigung in diesem umfassenden Sinn kann sich ein «gemeinsames Bewusstsein, Gewissen und Wollen» der Bürgerinnen und Bürger bilden.

Ich halte als Zwischenergebnis fest: Der Begriff Öffentlichkeit bildet sich im Zuge der Differenzierung von Staat und Gesellschaft und ist auf beide gleichermaßen bezogen. Vier Referenzbereiche treten im Lauf der Begriffsgeschichte in den Vordergrund, die in einer systematischen Betrachtungsweise gerade nicht gegeneinander ausgespielt, sondern aufeinander bezogen werden müssen. Diese Referenzbereiche sind die Ausübung und Kontrolle staatlicher Herrschaft, die durch den Markt vermittelte Befriedigung von Bedürfnissen und Verfolgung von Interessen, die Gestaltung der für alle Bürgerinnen und Bürger gemeinsamen Verhältnisse und schließlich die Herstellung von Publizität durch kulturelle Kommunikation.

Pluralität

Von pluralen Öffentlichkeiten zu reden ist in einer ersten Annäherung also schon deshalb angezeigt, weil der Begriff Öffentlichkeit sich auf eine Pluralität von Referenzbereichen bezieht. In einer zweiten Annäherung aber ist zu zeigen, dass die neuzeitliche Entwicklung in all diesen vier Bereichen durch bestimmte Pluralisierungsschübe gekennzeichnet ist. Pluralität wird in all diesen vier Bereichen in spezifischer Weise gestaltet. Ich will dies in einem (notwendigerweise wieder) knappen und skizzenhaften Durchgang durch die vier Referenzbereiche von «Öffentlichkeit» verdeutlichen:

1. Der demokratische Rechtsstaat zielt darauf, die Entfaltung von Pluralität möglich zu machen.[38] Sein freiheitlicher Charakter zeigt sich gerade daran, dass er das Zusammenleben der Verschiedenen sichert. Dem dient der staatliche Schutz der Grundrechte, die zusammen mit der Gleichheit vor dem Gesetz auch die freie Entfaltung der Persönlichkeit sichern sollen. Der Sinn der Rechtsordnung besteht darin, genau dasjenige Maß an für alle Verbindlichem festzulegen, das die Pluralität lebbar macht. Deshalb ist die Rechtsordnung aber zugleich dazu verpflichtet, sich mit denjenigen Freiheitseinschränkungen zu begnügen, die um der Freiheit selbst willen notwendig sind.

Eine bewusste und konsequente Weiterführung dieser Gestaltungsform von Pluralität auf der Ebene staatlichen Lebens würde heute auf eine Stärkung der Grundrechtsorientierung des Staates, auf eine Dezentralisierung staatlicher Machtausübung im Interesse der Mitwirkungsmöglichkeiten der Betroffenen und auf eine Erweiterung der partizipatorischen Momente des politischen Prozesses zielen. Schon auf dieser staatlichen Ebene gilt heute, dass Öffentlichkeit nicht mehr auf den Bereich des Nationalstaates begrenzt werden kann, sondern diesen übergreift. Öffentlichkeit ist tendenziell Weltöffentlichkeit.

2. Die Öffentlichkeit der Wirtschaftsgesellschaft wird durch den Eigensinn und den Wettkampf konkurrierender Interessen bestimmt.[39] Dieser Wettkampf bezieht sich zum einen auf die gegenläufigen Interessen von Kapital und Arbeit und äußert sich in den dadurch ausgelösten Verteilungskämpfen. Er bezieht sich zum anderen auf die Konkurrenz von Anbietern um die Kaufbereitschaft von Konsumenten. Daran, dass die bestimmenden Entscheidungen über die Gestaltung der Wirtschaft eine öffentliche – und nicht etwa eine private – Angelegenheit sind, kann heute kein Zweifel sein; soweit es sich um die Entscheidungen transnational operierender Unternehmen handelt, ist der Bezugshorizont dieser Entscheidungen oft die Weltgesellschaft im Ganzen. Verglichen mit dieser Reichweite ist das Ausmaß an öffentlicher Kontrolle solcher Entscheidungen selbst dann sehr beschränkt, wenn – wie in Deutschland – die Marktwirtschaft in einer sozial gebändigten Variante herrscht und das Alleinverfügungsrecht von Kapital und Management durch die Mitbestimmungsbefugnisse von Arbeitnehmervertretern eingeschränkt ist. Eine bewusste und konsequente Gestaltung von Pluralität im Bereich des Marktgeschehens müsste auf eine weiterreichende Demokratisierung von Unternehmensmacht und damit eine demokratieverträgliche Gestaltung der Wirtschaft zielen. Sie hätte zudem zur Voraussetzung, dass der Marktmechanismus nicht die unumschränkte Führungsrolle in der Konstitution von Öffentlichkeit erhält, sondern durch politisch gesetzte Rahmenbedingungen ebenso begrenzt wird wie durch die Selbständigkeit zivilgesellschaftlicher Assoziationen und die Eigenständigkeit kultureller Kommunikation.[40] Eine unumschränkte Führungsrolle der Wirtschaft für die Konstitution von Gesellschaft im Ganzen hat nämlich, wie sich schon jetzt mit unübersehbarer Deutlichkeit abzeichnet, eine ungehemmte Individualisierung der Lebensformen und eine Aufzehrung derjenigen Solidarität zur Folge, die das notwendige Gegengewicht zur Individualisierung des menschlichen Selbstverständnisses darstellt. Wenn und soweit gesellschaftlicher Pluralismus nach dem

Modell des unbeschränkten Marktes gedacht ist, nimmt er unweigerlich die Gestalt eines ungehemmten Individualismus an. Diesem Individualismus ist die Frage nach dem Gemeinwohl nur noch als unverdautes Relikt sozialromantischer Borniertheiten verständlich.[41]

3. In Osteuropa wurde in den letzten Jahrzehnten die Eigenständigkeit der Zivilgesellschaft im Gegenüber zu den Allmachtsansprüchen eines totalitären Staates entdeckt. Im Widerstand gegen die Meinungsdiktatur kommunistischer Regime wuchs die Erkenntnis, dass eine diskursive, auf den freien Austausch von Argumenten ausgerichtete Öffentlichkeit nur entstehen kann, wenn sich freie, staatsunabhängige Vereinigungen bilden und diese ihre Unabhängigkeit vom Staat auch gegen Anfeindungen und Repression selbstbewusst durchhalten.

Im Westen ist die Wiederentdeckung der Zivilgesellschaft aus einem anderen Grund notwendig. Hier muss die Freiheit der gesellschaftlichen Kommunikation gegenüber den funktionalen Imperativen und den Verwertungsinteressen des Marktmechanismus wiedergewonnen werden. Die Aufgabe, die Herrschaftsansprüche des Marktes zu begrenzen, erfordert nicht nur eine klare politische Rahmensetzung, sondern zugleich eine öffentliche Diskussion darüber, worin die universalistischen, an den gemeinsamen Interessen aller orientierten Prinzipien bestehen, die der Selbstdurchsetzung der wirtschaftlichen Interessen grenzziehend entgegentreten müssen.

Wie vollzieht sich unter den Bedingungen von Pluralität die Artikulation dessen, was alle angeht? Wie kommen diejenigen Ziele zur Geltung, die nicht mit den partikularen Interessen am Markt konkurrierender Individuen, Unternehmen oder Verbände identisch sind? Die bürgerliche Theorie der Öffentlichkeit antwortete: Dies geschieht durch das öffentliche Räsonnement des Publikums, moderner gesagt: durch den herrschaftsfreien Diskurs vernünftiger Subjekte. Diese Vorstellung ist nicht erst seit dem «Strukturwandel der Öffentlichkeit» obsolet, den Jürgen Habermas beschrieben hat, sondern trug von Anfang an illusionäre Züge.[42] Das illusionäre Moment lag in der Vorstellung, dass sich ein allgemeines Publikum durch den Zusammentritt von Individuen bildet. Eine solche Vorstellung sieht davon ab, dass sich die Urteilsfähigkeit und damit auch die Fähigkeit zur verantwortlichen Mitgestaltung des Gemeinwesens zuerst in überschaubaren Gruppierungen bildet, die sich auf eine gemeinsame Interpretation der Wirklichkeit verständigen, die ihre Aufmerksamkeit auf bestimmte Aufgaben in dieser Wirklichkeit konzentrieren und gerade so zu einer reicheren und gehaltvolleren Wahrnehmung der allen gemeinsamen öffentlichen Aufgaben beitragen. In Interpretationsgemeinschaften bilden sich unsere Auffassungen von Würde, unsere Gedanken über ein gutes und gelingendes Leben, unsere Verpflichtungen zur Anerkennung der anderen und zum Respekt vor den Fremden.[43]

Der Raum des Öffentlichen, in dem die allen gemeinsamen Aufgaben artikuliert werden und um ihre Lösung gestritten wird, bildet sich also durch die Interaktion zwischen einer Vielzahl von Gemeinschaften, die die Fähigkeit zu verantwortlichem Urteilen und Handeln zunächst im überschaubaren Bereich von *face-to-face communities* ausbilden. In diesem Sinn ist die Öffentlichkeit eine *community of communities*,[44] ein «Handlungsraum von Handlungsräumen»,[45] eine «Öffentlichkeit von Öffentlichkeiten».

Dieses Moment am Begriff der Öffentlichkeit ist in der deutschen Tradition bisher noch nicht recht heimisch geworden. Es hat seine erste konsequente Ausarbeitung bei dem amerikanischen Pragmatisten John Dewey gefunden[46] und ist in unserer Gegenwart vor allem von denjenigen kommunitaristischen Philosophen aufgenommen worden, die das liberale Projekt universalistischer Grundrechte mit der Einsicht verknüpfen, dass sich das Identitätsbewusstsein von Menschen wie ihre Vorstellung vom guten Leben nicht in isolierter Individualität, sondern in der Zugehörigkeit zu einer Mehrzahl von Interpretationsgemeinschaften bildet.[47]

Die Zivilgesellschaft als das Ensemble derjenigen Assoziationen, die weder durch Staatsmacht oktroyiert noch durch Wirtschaftsmacht erzwungen sind, sondern sich der freien Zustimmung ihrer Mitglieder verdanken, ist nach dieser Vorstellung der Ort der Konstitution und Rekonstruktion einer Öffentlichkeit, in der nach dem Gesamten, nach den um des Gemeinwohls willen notwendigen Aufgaben und ihrer Lösung gefragt wird. Diese

Zivilgesellschaft ist in sich selbst plural strukturiert. Aber sie ist in diesem Verständnis gerade nicht ein Gegenkonzept zum freiheitlichen, grundrechtsverbürgenden Staat, sondern dessen notwendige Entsprechung.

4. Es gibt Gestaltungsformen der Zivilgesellschaft, die auf einer weitgehenden kulturellen Homogenität aufbauen, sich also im Rahmen einer kulturell monozentrischen Situation entfalten. Sie repräsentieren eine gemäßigte Form des Pluralismus. Der in der deutschen Öffentlichkeit verbreitete Wunsch, dass es bei dieser gemäßigten Variante des Pluralismus bleiben möge, ist verständlich, aber nicht sehr wirklichkeitsnah. Denn dieser gemäßigte Pluralismus ist zum einen durch die Erosionsprozesse gefährdet, die mit den Individualisierungsschüben der vergangenen Jahrzehnte verbunden sind; wer meint, der gesellschaftliche Pluralismus müsse nur genutzt, er brauche aber nicht gepflegt zu werden, sollte nicht zu spät anfangen, sich auf ein unsanftes Erwachen vorzubereiten. Der gemäßigte Pluralismus ist zum anderen aber vor allem durch die radikalere Form der Pluralität herausgefordert, die heute in der Gestalt der multikulturellen Gesellschaft vor uns steht.[48] Beide Entwicklungen nötigen dazu, der kulturellen Kommunikation als eigenständigem Referenzbereich von Öffentlichkeit besondere Aufmerksamkeit zuzuwenden.

Das Stichwort der «Multikulturalität» ist heute schnell zur Hand, aber zugleich von vielen missbräuchlichen Verwendungen und Missdeutungen umstellt. Gefährdet ist das Konzept multikultureller Kommunikation einerseits durch einen Relativismus, der jede Suche nach Prinzipien für das Zusammenleben der Verschiedenen für obsolet erklärt und aus solcher Gleichgültigkeit auch noch den möglichen Wahrheitsanspruch der eigenen Kultur verspielt. Die diesem Missverständnis zugrunde liegende Verwechslung von Pluralismus mit individualistischem Relativismus zehrt systematisch alle kulturellen Ressourcen für die Erneuerung gesellschaftlicher Kommunikation auf, ohne zur Regeneration dieser Ressourcen irgendetwas beizutragen. Gefährdet ist das Konzept multikultureller Kommunikation andererseits durch eine Sehnsucht nach Homogenität, die alle Kulturen an ein und derselben Werteskala misst und dadurch allzu leicht die

Würde der Fremden verletzt und gegen ihre elementaren Rechte verstößt. Gefährdet ist das Projekt einer multikulturellen Gesellschaft also durch relativistische Gleichgültigkeit einerseits und andererseits durch das Beharren auf einem monozentrischen Gesellschaftsbild. Dabei bietet die multikulturelle Befindlichkeit unserer Gesellschaft einen Ernstfall für gesellschaftlichen Pluralismus, demgegenüber dessen bisherige Entwicklungsstufen sich noch als vergleichsweise harmlos erweisen könnten. Ob die deutsche Gesellschaft in ihrer gegenwärtigen Verfassung diesem Ernstfall gewachsen sein wird, ist eine offene Frage. Offen ist auch, ob die Kirchen imstande sind, zur Lösung dieser Aufgabe beizutragen.

Ich halte erneut für eine Zwischenbilanz inne: Die Unterscheidung zwischen vier Referenzbereichen von Öffentlichkeit hat uns dazu verholfen, ein vielfältigeres Bild des gesellschaftlichen Pluralismus zu entwerfen, als es gewöhnlich gezeichnet wird. Ich habe unterschieden zwischen den in der freiheitlichen Verfassungsordnung verankerten Bedingungen für gelebte Pluralität, dem Interessenpluralismus des Marktes, dem Pluralismus der Interpretationsgemeinschaften in der Zivilgesellschaft und schließlich dem darüber noch einmal hinausweisenden Problem multikultureller Kommunikation.

Meine Analyse hat zugleich zu einer These hingeführt, die lautet: Wenn die öffentliche Kommunikation einseitig durch die Dominanz ökonomischer Interessen geprägt und nach dem Vorbild des Marktmodells organisiert wird, löst sie sich in einen Individualismus auf, den Robert N. Bellah und andere in der Doppelgestalt des utilitaristischen und des expressiven Individualismus eindrücklich beschrieben haben.[49] Soll dagegen der Pluralismus als eine Lebensform verstanden werden, in der Kommunikation zwischen den Verschiedenen möglich ist, muss die Öffentlichkeit als das, was alle angeht, zum Zuge und zur Geltung gebracht werden. Können die Kirchen dazu etwas Spezifisches beitragen? Damit stehen wir vor der Frage, die ich oben an dritter Stelle genannt habe: Welches sind die Kriterien kirchlicher Teilnahme an der und Einwirkung auf die Öffentlichkeit?

Jede Erwägung über die Teilnahme der Kirche an pluralen Öffentlichkeiten muss mit der Feststellung einsetzen, dass die Rede von der «Kirche» im Singular nur auf dem Wege der Abstraktion möglich ist. Geschichtlich existieren die Kirchen im Plural. Ihre öffentliche Rolle in Deutschland ist wesentlich durch ihre Mehrzahl geprägt. Sie ist historisch dadurch bestimmt, dass zwei große Kirchen überall, wo sie zugleich präsent waren und anerkannt wurden, mit dem Anspruch auf Parität auftraten; und sie ist dadurch gekennzeichnet, dass die kleineren Glaubensgemeinschaften christlicher wie nichtchristlicher Art, auch soweit ihnen die Rechte von Körperschaften des öffentlichen Rechts zuerkannt wurden, nur einen geringeren Anspruch auf öffentliche Wirksamkeit erheben konnten als die katholische und die evangelische Kirche.

Neben diese äußere tritt eine innere Pluralität der Kirchen. Im Prozess der Modernisierung hatten auch die Kirchen an der Pluralisierung gesellschaftlicher Lebenslagen und Orientierungen Anteil. Mit charakteristischen Einschränkungen gilt beispielsweise, dass die Pluralität der in der Gesellschaft vorhandenen ethisch-politischen Orientierungen sich auch in den großen Kirchen wiederfindet. Darüber lagern sich dann häufig kirchenspezifische Konflikte, die sich zum Beispiel an den Streit um die wörtliche Geltung biblischer Weisungen oder an Differenzen über die Verbindlichkeit ökumenischer Gemeinschaft anschließen. Zugleich jedoch ist eine christliche Kirche dadurch ausgezeichnet, dass sie auf eine bestimmte Wahrheit verpflichtet ist. Pluralitäten der geschilderten Art können deshalb für sie keine letzte Gültigkeit haben; sie bilden Zwischenstadien im Streit um die Wahrheit, Etappen auf der Suche nach gemeinsam erkannter und anerkannter Wahrheit. Ein Kirchenverständnis, das den kirchlichen Pluralismus unabhängig von der Suche nach einer für alle verpflichtenden Wahrheit beschreiben würde, gäbe damit den Wahrheitsbezug des christlichen Glaubens und der kirchlichen Existenz preis. Dieser Wahrheitsbezug nötigt dazu, der Pluralität in der Kirche nur eine begrenzte und vorläufige Bedeutung zuzuerkennen. Umso dringlicher ist die Frage, über welche Kriterien zum Umgang mit (innerkirchlicher wie gesellschaftlicher) Pluralität die Kirche verfügt.[50]

Zwar ist die Kirche eine gesellschaftliche Organisation; und eine Außenperspektive mag sie als eine Organisation im Rahmen des Religionssystems beschreiben. Diese Außenperspektive mag sich dabei auch mit einem allgemeinen Religionsbegriff zufriedengeben, der Religion als Bewältigung von Endlichkeitserfahrungen versteht.[51] Doch indem wir die Kirche als Organisation zur Bewältigung von Endlichkeitserfahrungen verstehen, indem wir sie neben Philosophie und Religion als eine der «kulturellen Interaktionsordnungen zur Erzeugung und Bearbeitung von lebensorientierenden Einstellungen» bezeichnen,[52] haben wir noch keine zureichenden Kriterien dafür gewonnen, wie die Kirche auf die gesellschaftlichen Entwicklungen antworten soll, die wir uns mit Hilfe eines vierfach gegliederten Begriffs der Öffentlichkeit vor Augen geführt haben.

Was die Kirche zur Kirche macht, lässt sich nicht durch Ortsbestimmungen bezeichnen – mögen diese «Kirche im Sozialismus» oder «Kirche im Pluralismus» heißen.[53] Es lässt sich nur durch die Vergegenwärtigung ihres Grundes aussagen. Diese Vergegenwärtigung geschieht in der gottesdienstlichen Versammlung der Glaubenden, in der das Evangelium verkündigt und die Sakramente gefeiert werden.[54] Die Wirklichkeit des menschlichen Lebens erfährt in der Verkündigung des Evangeliums und in der Feier der Sakramente eine Deutung, die von der Selbstoffenbarung Gottes in Jesus Christus bestimmt ist. Damit verbinden sich für die Wahrnehmung der menschlichen Existenz vorrangig vier wichtige Klärungen:

- Der Mensch ist Teil der von Gott geschaffenen, im Widerspruch gegen die menschliche Selbstsucht versöhnten und zur Freiheit bestimmten Welt. Bevor der Mensch die Freiheit wahrnehmen kann, von sich aus etwas anzufangen, ist er durch die Wahrheit des Glaubens dazu befreit, von Gott her mit sich selbst etwas anzufangen.[55]
- Diese Befreiung zu sich selbst ist zugleich eine Befreiung für den Nächsten. Als menschlich und menschenwürdig gilt deshalb ein

Leben, das durch Beziehungen wechselseitiger und vorbehaltloser Anerkennung unter Gleichen gekennzeichnet ist.

- Für ein Leben in wechselseitiger und vorbehaltloser Anerkennung liegen die härtesten Herausforderungen in allen Erfahrungen erzwungener Ungleichheit, also verweigerter Anerkennung. Deshalb nimmt der Glaube die gesellschaftliche
Wirklichkeit mit dem «Blick von unten»[56] wahr, also aus jener
Perspektive, die zuerst von der lateinamerikanischen Befrei-
ungstheologie als «vorrangige Option für die Armen»[57] beschrieben wurde.

- Die vorrangige Option für die Schwachen und Gedemütigten ist
nicht auf die Mitmenschen beschränkt, sondern bezieht die Welt
der nichtmenschlichen Kreaturen mit ein. Sie bewusst wahrzunehmen, wird umso dringlicher, je weiter sich die menschlichen
Verfügungsansprüche und Herrschaftsmittel erstrecken. Der
verantwortliche Gebrauch menschlicher Herrschaftsmittel, der
die Selbstbegrenzung menschlicher Verfügungsansprüche voraussetzt, wird zu einer konstitutiven Dimension des Bekenntnisses zu Gott als dem schöpferischen und in seiner Schöpfung
gegenwärtigen Geist.[58]

Die Deutung der Wirklichkeit im Licht der Gottesbeziehung, die
wechselseitige Anerkennung, die Hinwendung zu den Schwachen
und die bewusste Wahrnehmung menschlichen Lebens inmitten
der Schöpfung sind, wie sich im Anschluss an Untersuchungen
Michael Welkers sagen lässt, Grundmerkmale für die Existenz des
Volkes Israel wie der christlichen Kirche.[59] Sie machen geltend,
dass menschliche Lebensformen verarmen, wenn sie diese Dimensionen nicht in ihrer Zusammengehörigkeit zur Geltung kommen
lassen. Zu den Aufgaben der Kirche gehört es, solchen Verarmun-
gen entgegenzuwirken. An dieser Aufgabe beteiligt die Theologie
sich in der Gestalt «öffentlicher Theologie».[60] Unter «öffentlicher
Theologie» verstehe ich, Formulierungen von Wolfgang Vögele
aufnehmend, die kritische Reflexion über das Wirken und die
Wirkungen des Christentums in die gesellschaftliche Öffentlichkeit hinein wie die dialogische Teilnahme am Nachdenken über
die Identität und die Krisen, die Ziele und die Aufgaben der Ge-

sellschaft. Aus den vier Grundzügen christlicher Verkündigung, die ich hervorgehoben habe, ergeben sich Grundrichtungen öffentlicher Theologie sowie Akzente für die Existenz einer öffentlichen Kirche, die ich im Folgenden so charakterisieren will, dass ich den Referenzbereichen pluraler Öffentlichkeit in umgekehrter Reihung folge:

1. Nicht nur die Glieder der Kirche, sondern alle Menschen sind darauf angewiesen, «in der Wahrheit zu leben».[61] Deshalb widerspricht die Kirche der Tendenz zur kommunikativen Enthaltsamkeit über Wahrheitsfragen, die den gesellschaftlichen Dialog von allen Wahrheitsansprüchen entlasten soll.[62] Vielmehr will sie zu einer Form kultureller Kommunikation beitragen, in der Menschen sich wechselseitig Wahrheitsfähigkeit unterstellen, gemeinsam nach der Wahrheit suchen, unterschiedliche Wahrheitsansprüche austragen und sich dabei in ihrer Würde achten. Die Möglichkeit, «in der Wahrheit zu leben», hängt entscheidend davon ab, dass der Staat als Rechtsstaat die Freiheit der Wahrheitssuche – also die Freiheit des Gewissens, des Glaubens und der Religion – achtet und darauf verzichtet, bestimmte Formen der Wahrheitserkenntnis staatlich zu privilegieren und andere mit den Mitteln staatlicher Gewalt auszuschließen. Die Bereitschaft der Kirche, zur bewussten Gestaltung von Multikulturalität beizutragen, verbindet sich deshalb mit einer entschiedenen Stärkung derjenigen Institutionen des freiheitlichen Staates, ohne die das Zusammenleben der Verschiedenen nicht gelingen kann.[63]

2. Wenn die wechselseitige Anerkennung der Menschen als gleiche gelingen soll, müssen Prozesse der Verständigung darüber organisiert werden, worin die gemeinsamen Interessen der Gesellschaftsglieder bestehen und wie sie gefördert werden können. An diesen Überlegungen beteiligen sich auch die Kirchen; die Evangelische Kirche in Deutschland tut dies vor allem in ihren Denkschriften,[64] mit ihnen leistet sie einen Beitrag zur zivilgesellschaftlichen Kommunikation. Ist diese Funktion von Denkschriften erst einmal erkannt, müsste es auch möglich sein, ihr Profil und ihre Resonanz über das heute übliche Maß hinaus zu erhöhen.

3. Solche Prozesse zivilgesellschaftlicher Verständigung zielen
darauf, Notwendigkeit und Grenzen marktförmig verfassten
Wirtschaftens deutlicher wahrzunehmen, als dies bisher weithin geschieht. Das lässt sich im Blick auf die Denkschrift der
EKD *Gemeinwohl und Eigennutz* von 1991 beispielhaft illustrieren. Diese Denkschrift weist zu Recht darauf hin, dass der
Bereich wirtschaftlichen Handelns nicht länger einer vermeintlichen Eigengesetzlichkeit überlassen bleiben darf. Sie unter-
streicht, dass die heute «vorherrschenden Ziele und Wertvor-
stellungen die Zukunftsfähigkeit der Zivilisation gefährden».[65]
Doch sie bringt die Parteinahme für die Schwachen und für die
Bewahrung der Natur als Kriterien christlicher Orientierung
weit verhaltener ins Spiel, als von einem kirchlichen Beitrag zur
zivilgesellschaftlichen Kommunikation erwartet werden kann.
Die Denkschrift klingt in manchen ihrer Teile so, als hätte
sie selbst die Aufgabe, die Diskussion in der Zivilgesellschaft im
Ganzen zu resümieren; sie ist weniger deutlich darauf angelegt,
auch auf das Risiko des Widerspruchs hin zu dieser Diskussion
einen weiterführenden Beitrag zu leisten. In dieser Zurückhaltung spiegelt sich eine Situation öffentlicher Kommunikation,
die selbst durch die Dominanz des Marktmechanismus gekennzeichnet ist und deshalb kritische Überlegungen zu diesem Bereich unter besonders erschwerte Bedingungen stellt. Doch die
Kirche wird sich gerade hier der Aufgabe einer zugleich differenzierten und klaren Urteilsbildung nicht entziehen können.

4. Der Auftrag der Kirche bezieht sich auf alle Referenzbereiche
der Öffentlichkeit. Er ist nicht darin begründet, dass sie selbst
nur einem dieser Referenzbereiche zugehört. Zwar ist sie selbst
am stärksten im Bereich kultureller Kommunikation verankert
und leistet von hier aus einen spezifischen Beitrag zur zivilgesellschaftlichen Verständigung. Doch sie bildet zugleich, gerade
in der Bundesrepublik Deutschland, einen wirtschaftlichen
Faktor, der bisher von Finanzwissenschaft, Nationalökonomie
und Betriebswirtschaftslehre in einem erstaunlichen Umfang
ignoriert worden ist.[66] Und nicht nur durch das Phänomen sich
überschneidender Mitgliedschaft, sondern auch durch ihre Beteiligung an sozialstaatlichen Aufgaben und insgesamt durch

die ihr aufgegebene kritische Loyalität ist sie mit der Sphäre des Staates verbunden, dessen freiheitlichen und friedensorientierten Charakter sie aus spezifischen Gründen stützt und zu fördern sucht.

Die Aufgaben der öffentlichen Kirche beziehen sich nicht nur auf einen der Referenzbereiche von Öffentlichkeit; sie lassen sich vom Dual von Staat und Kirche her nicht zureichend erfassen. Sie müssen vielmehr auf alle vier Referenzbereiche dessen, was ich als plurale Öffentlichkeiten bezeichnet habe, zugleich bezogen werden. Welche Folgerungen ergeben sich daraus für die öffentliche, staatlich gewährleistete Stellung der Kirchen?

Kirche ohne Privilegien

Der öffentliche Status der Kirchen muss aus einer Außen- und einer Innenperspektive zugleich wahrgenommen werden. In der Außenperspektive ist die Förderung der Kirchen durch den Staat unter dem Gesichtspunkt zu würdigen, ob sie dessen freiheitlichem Charakter entspricht, insbesondere ob sie mit der Religionsfreiheit vereinbar ist.[67] In der Innenperspektive ist die Förderung der Kirchen durch den Staat unter dem Gesichtspunkt zu prüfen, ob sie dem der Kirche eigenen Auftrag – der in der Gottesbeziehung gesetzten Wahrheitsorientierung, der Verpflichtung auf die gleiche Freiheit aller Menschen, der Parteinahme für die Schwachen und dem Eintreten für die Bewahrung der Natur – gemäß ist. Das Interesse der Kirche wird es sein, diejenigen – und nur diejenigen – Handlungsmöglichkeiten zu erhalten, auszubauen und zu stärken, die mit der Religionsfreiheit und mit der christlichen Freiheit zugleich vereinbar sind.

Sie wird von sich aus mit dem Abbau oder der Umgestaltung von Handlungsmöglichkeiten einverstanden sein, die sich nicht aus Gegenwartserfordernissen, sondern nur historisch erklären lassen und in diesem Sinn als «Privilegien» zu bezeichnen sind.

Ich will diese Überlegung nicht im Einzelnen hinsichtlich der besonders umstrittenen Elemente im öffentlichen Status der

Kirchen durchführen. Ich beschränke mich vielmehr darauf, mit wenigen Bemerkungen die Grundorientierung zu konkretisieren. Ich wähle dafür Beispiele aus den vier Referenzbereichen von Öffentlichkeit:[68]

1. Für den Beitrag der Kirche zur kulturellen Kommunikation ist es erforderlich und angebracht, dass die Kirche und die Interpretation des christlichen Glaubens als einer gelebten – nicht nur als einer historisch tradierten – Lebensform an den Orten der Weitergabe von Kultur präsent ist. Daraus legitimiert sich der schulische Religionsunterricht ebenso wie die Aufnahme kirchlicher Sendungen in den Medien. Mit der Religionsfreiheit vereinbar ist diese Präsenz aber nur, wenn Schule und Medien auch für andere Glaubens- und Weltanschauungsgemeinschaften offen sind, die von ihrer Zahl und Dauerhaftigkeit her für die kulturelle Kommunikation in der Gesellschaft wichtig sind. Dass es an Schulen mit einem Ausländeranteil von 50 Prozent und einem entsprechenden Anteil muslimischer Schüler noch keinen muslimischen Religionsunterricht gibt, ist deshalb zu bedauern. Doch dieser Mangel an verwirklichter Religionsfreiheit sollte nicht durch den Abbau des christlichen Religionsunterrichts, sondern durch die Öffnung der Schule für andere Glaubensrichtungen behoben werden. Die Kirchen aber müssen sich fragen, ob es nicht an der Zeit ist, die konfessionelle Begrenzung des Religionsunterrichts zu mildern und ihn, zumindest in bestimmten Altersstufen, ökumenisch stärker zu öffnen, als dies bisher der Fall ist. Unter Berücksichtigung der allfälligen Unterschiede gilt für die theologischen Fakultäten an staatlichen Universitäten Vergleichbares wie für den Religionsunterricht an staatlichen Schulen.

2. Durch kaum etwas anderes trägt die Kirche stärker zum Aufbau der Zivilgesellschaft bei als durch ihre diakonische Präsenz. Es verstößt nicht gegen die Religionsfreiheit, wenn diese Präsenz im Rahmen des Subsidiaritätsprinzips durch staatliche Unterstützung und Kostenerstattungen aus dem öffentlichen Versicherungswesen unterstützt wird. Vielmehr gefährdet die Kirche ihre Freiheit selbst, wenn sie die Fähigkeit verliert, über die Prioritäten diakonischen Handelns selbst zu entscheiden und

ihrer diakonischen Präsenz in der Gesellschaft ein klares, vom Evangelium bestimmtes Profil zu geben. Die Ausdehnung diakonischen Handelns in alle Bereiche, für die eine öffentliche Finanzierung angeboten wird, hat sich unter diesem Gesichtspunkt als Holzweg erwiesen. Soweit das diakonische Handeln der Kirche einfach zu einem verwechselbaren Teil des Sozial- und Wohlfahrtsstaates geworden ist, sind dafür kirchliche Entscheidungen ausschlaggebend, die keineswegs als zwangsläufig und irreversibel bezeichnet werden können.

3. An dem durch wirtschaftliches Handeln geschaffenen gesellschaftlichen Reichtum partizipieren die Kirchen in Deutschland vor allem durch ein Kirchensteuersystem, für das es kaum irgendwo in der Welt eine Parallele gibt. Dieses Kirchensteuersystem ist historisch, was oft vergessen wird, als ein Schritt der Entflechtung von Staat und Kirche entstanden. Als die Kirchensteuer in der zweiten Hälfte des 19. Jahrhunderts allgemein eingeführt wurde, löste sie einen Teil der unmittelbaren Staatsleistungen für die Kirchen ab; seitdem bildet sie den wichtigsten kircheneigenen Bestandteil des kirchlichen Finanzsystems. Die staatliche Verwaltungshilfe bei ihrem Einzug ändert daran nichts. Es war fahrlässig, dass die Kirchen der irreführenden Darstellung des Wesens der Kirchensteuer (als Ausdruck einer besonderen Abhängigkeit der Kirche vom Staat) während der letzten Jahrzehnte oft nicht energisch genug entgegengetreten sind. Und es ist weise, sich rechtzeitig auf ein kirchliches Finanzierungssystem einzustellen, in dem der Kirchensteuer eine geringere Bedeutung zukommt, als dies heute der Fall ist. Aber weder Gründe der inneren Freiheit der Kirche noch Gründe der Religionsfreiheit nötigen dazu, sich von der Kirchensteuer zu verabschieden. Das kirchliche Finanzsystem befindet sich hinsichtlich der Ausgaben in einem größeren Rechtfertigungsnotstand als hinsichtlich der Einnahmen. Sollten andere Institutionen der Zivilgesellschaft beim Staat eine Verwaltungshilfe zum Einzug ihrer Mitgliederbeiträge erbitten, so sollte dies die Unterstützung der Kirche finden. Die Kirchensteuer ist nicht illegitim; ihre Sonderstellung im deutschen Steuersystem ist freilich nur historisch zu erklären.

4. In keinem Bereich ist die enge Verbindung zwischen Kirche und Staat problematischer als im Bereich der Militärseelsorge. Nicht nur in Deutschland ist die Militärseelsorge staatlich finanziert und organisiert. Vielmehr kennen sogar Staaten wie die USA, die von der prinzipiellen Trennung zwischen Staat und Kirche ausgehen, Systeme der Militärseelsorge, in denen die Verquickung von Seelsorge und Militär und damit von Staat und Kirche weiter reicht, als dies in Deutschland der Fall ist. Doch dieser Vergleich sollte für die Schwächen des deutschen Systems nicht blind machen. Es erklärt sich aus der Vorstellung vom Militär als einem besonderen Gewaltverhältnis; es verbindet sich mit dem Gedanken, dass in den bewaffneten Streitkräften besondere Geheimhaltungsvorschriften herrschen, deretwegen nur Staatsbeamte den Zugang zu militärischen Einrichtungen haben dürfen; es lebt von einer vordemokratischen Auffassung militärischer Sicherheitspolitik. In der Militärseelsorge werden kirchliche Ämter in einer Weise vergeben, die mit der Garantie der Selbständigkeit der Kirche in der Vergabe ihrer Ämter nicht vereinbar ist; durch die kirchliche Zustimmung hierzu wird der verfassungsrechtliche Schaden zwar geheilt, die Lage aber nicht verbessert. Durch die Organisationsform der Militärseelsorge werden Erwartungen an die militärkonformen Inhalte kirchlicher Verkündigung, Unterweisung und Seelsorge geweckt, die mit deren Freiheit nur schwer zu vereinbaren sind. Die evangelische Kirche sollte sich nach meiner Überzeugung durch Erwägungen der konfessionellen Parität nicht davon abhalten lassen, die Seelsorge an Soldaten konsequent als einen Bestandteil des kirchlichen Verkündigungs- und Seelsorgeauftrags neu zu ordnen und dafür die Zustimmung des Staates zu suchen. Dabei sollte jeder Zweifel daran ausgeräumt werden, dass die Seelsorge an Soldaten genauso in die kirchliche Gesamtverantwortung eingefügt ist wie die Seelsorge an allen anderen Gliedern der Kirche; der Einsatz hauptamtlicher Seelsorger für Soldaten ist durch eine solche konsequente Integration in den kirchlichen Seelsorgeauftrag im Ganzen natürlich keineswegs ausgeschlossen.

Diese vier Beispiele mögen einen Weg dafür andeuten, wie die Kirche in der Wahrnehmung ihres Öffentlichkeitsauftrags den Dual von Staat und Kirche hinter sich lassen kann. Einem Abschied von diesem Dual wäre es angemessen, wenn die Kirche ihre Stellung in der gesellschaftlichen Öffentlichkeit als Verband unter Verbänden und nicht als von anderen Verbänden geschiedene «Körperschaft des öffentlichen Rechts» verstehen würde.[69] Für eine Rechtsstellung der Kirche, die in der geschilderten Weise mit ihrer eigenen Freiheit wie mit der staatlich zu gewährleistenden Religionsfreiheit vereinbar ist, ist der Körperschaftsstatus nicht dauerhaft notwendig. Doch wichtiger als diese Frage ist die der öffentlichen Kirche gestellte Aufgabe, ihre Existenz in pluralen Öffentlichkeiten bewusst und theologisch reflektiert wahrzunehmen.

Neue Religionskonflikte und staatliche Neutralität

Die christliche Theologie hat für die Verhältnisbestimmung zwischen Staat und Religion einen klaren biblischen Ausgangspunkt in dem so genannten «Zinsgroschenwort» Jesu: «Gebt dem Kaiser, was des Kaisers ist, und Gott, was Gottes ist» (Mt 22,21). Die in diesen Worten angelegte Unterscheidung zwischen dem Politischen und dem Göttlichen ist maßgeblich dafür, wie das Verhältnis zwischen Staat und Religion in der kulturellen Überlieferung betrachtet und behandelt wurde, die wir mit Heinrich August Winkler als «den Westen» bezeichnen.[70] Zusammen mit dem Prinzip, dass der einzelnen menschlichen Person von Gott her ein unbedingter Wert zukommt, bildet diese Unterscheidung zwischen den Sphären des Politischen und des Religiösen die fundamentale Voraussetzung für die Ausbildung politischer wie religiöser Freiheit.

Für den Staat bedeutet dies, dass er Religion respektiert, ohne sich mit ihr zu identifizieren, dass er den Glauben achtet, ohne über ihn zu verfügen, dass er Glaubensgemeinschaften Raum gewährt, ohne sie in seine Abhängigkeit oder sich in ihre Abhängigkeit zu bringen. Die Neutralität, zu der er um der Religionsfreiheit willen verpflichtet ist, trägt deshalb, wie das Bundesverfassungsgericht gesagt hat, den Charakter einer «offenen und übergreifenden, die Glaubensfreiheit für alle Bekenntnisse gleichermaßen fördernden» Neutralität.

Für religiöse Institutionen bedeutet diese Unterscheidung, dass sie die ihnen anvertraute Botschaft verkündigen, komme sie gelegen oder ungelegen, dass sie für die göttlich verbürgte Würde des Menschen eintreten, auch wenn sie das in Konflikt mit herrschenden Mächten führt, dass sie sich dabei aber nicht staatliche Macht oder Art anmaßen, weil die ihnen anvertraute Wahrheit sich durch das Wort durchsetzt, nicht mit den Mitteln politischen Zwangs.

Die Religionsfreiheit ist nicht nur aus rechtlicher, sondern auch aus theologischer Sicht universal. Deshalb respektieren die christlichen Kirchen das Existenzrecht anderer Religionen, einschließlich ihres Anspruchs auf ein Wirken in der gesellschaftlichen Öffentlichkeit. Dies war nicht immer so. Die uns heute so selbstverständlich erscheinende Anerkennung der Religionsfreiheit als Menschenrecht ist in den christlichen Kirchen das Ergebnis eines langen historischen und theologischen Entwicklungs- und Lernprozesses.

Die christlichen Kirchen sehen in der Religionsneutralität des Staates eine notwendige Voraussetzung für die Gewährleistung der Religionsfreiheit. Diese hat ihre Bedeutung keineswegs nur darin, dass sie ein Minderheitenrecht ist, sondern stellt auch eine angemessene Antwort auf die heute zu beobachtende Pluralisierung von Religion dar. Die Verbindung zwischen Religionsfreiheit und staatlicher Religionsneutralität bildet auch heute eine tragfähige Grundlage für die Ausgestaltung des Verhältnisses von Staat und Religion.

Das Eintreten der christlichen Kirchen für die Religionsfreiheit als Menschenrecht gründet in der christlichen Glaubensgewissheit, um deretwillen der Mitmensch als Nächster geachtet und in seiner abweichenden Glaubensweise respektiert wird. Für Glaubende kommt es darauf an, von der eigenen Religionsfreiheit einen aktiven Gebrauch zu machen, aber ebenso die Religionsfreiheit anderer zu achten. Dazu gehört, dass Menschen sich erkennbar machen, also auch in religiöser Hinsicht «Gesicht zeigen». Wo Menschen ihr Gesicht stattdessen verhüllen, ist eine offene gesellschaftliche Debatte über das Thema selbst weit dringlicher als die Diskussion über staatliche Verbote.

Die Religion meldet sich in verstärktem Maß auf der öffentlichen Bühne. Heute geschieht das allerdings so, dass wir die Pluralität von Religionen wahrzunehmen haben. Neuerdings verstärken sich im Blick auf die Integrations- und Demokratiefähigkeit der Religionen die skeptischen Stimmen. Diese Skepsis hat es im Kern mit der Frage zu tun, ob und wie sich der gegenwärtige Islam diesen Aufgaben zu stellen vermag. Die Evangelische Kirche in Deutschland hat auf die mit der wachsenden Präsenz des Islam in unserem Land verbundenen Herausforderungen in den letzten Jahren mehrfach aufmerksam gemacht.[71]

Die Konflikte verstärken sich dadurch, dass religiöse Überzeugungen und religionsbestimmte Verhaltensweisen keineswegs nur das private, sondern auch das öffentliche Leben betreffen. Der moderne Staat erwartet, dass dies in einer Form geschieht, die mit der Pluralität in der Gesellschaft vereinbar ist. Das ist nur möglich, wenn Toleranz als das Komplementärprinzip zur Religionsfreiheit akzeptiert wird.

Religiöse Toleranz in einem ernsthaften Sinn meint das Aushalten und Austragen von Differenzen in Anerkennung der Verbindlichkeit von religiösen Überzeugungen. Eine freiheitliche Gesellschaft, in der religiöse Überzeugungen ernst genommen werden, braucht eine wache, selbstbewusste Toleranz, die den Dialog einfordert, um gemeinsam Antworten auf die für alle wichtigen Fragen zu suchen, und bleibend unvereinbare Positionen auf diese gemeinsame Aufgabe bezieht. Im Blick auf das bleibend Unvereinbare erscheint mir allerdings die Definition von Toleranz als unzureichend, die sich in der Charta der Toleranz der UNESCO findet: «Toleranz bedeutet Respekt, Akzeptanz und Anerkennung der Kulturen unserer Welt, unserer Ausdrucksformen und Gestaltungsweisen unseres Menschseins in all ihrem Reichtum und ihrer

Vielfalt. Toleranz ist Harmonie über Unterschiede hinweg.» Dem will ich entgegenhalten: Wo Harmonie herrscht, braucht man keine Toleranz. Als Toleranz lässt sich eher mit Nikolaus Knoepffler eine Einstellung bezeichnen, «wonach eine andere Überzeugung bzw. Praxis zwar falsch eingeschätzt wird, aber andererseits doch nicht als derart falsch, dass es nicht möglich wäre, diese Überzeugung und Praxis zu dulden».[72]

Zur Toleranz gehört aber auch der klare Widerspruch gegen Überzeugungen und Haltungen, die die Voraussetzungen der Toleranz aufheben, weil sie es an der Anerkennung der Personen und ihrer Würde fehlen lassen. Gruppenbezogene Menschenfeindlichkeit, fundamentalistische Überlegenheitsbehauptungen oder die Rechtfertigung von Gewalt zur Durchsetzung der eigenen Überzeugungen oder Ziele sind Haltungen, die elementare Bedingungen von Toleranz negieren und deshalb auch ihrerseits keine Toleranz verdienen. Nicht nur von Staats wegen muss klargestellt werden, dass die offene, übergreifende Toleranz nicht die Förderung von religiösen Einstellungen meinen kann, die den Grundlagen einer solchen Toleranz feindlich gegenüberstehen. Sondern auch die Religionsgemeinschaften müssen sich darüber verständigen, dass die Inanspruchnahme von Religionsfreiheit Konsequenzen hat. Sie setzt nämlich das Ja zu den Bedingungen der Freiheit voraus.

Wenn der Staat seine Religionsneutralität nicht wie in Frankreich distanzierend-laizistisch, sondern offen, übergreifend und fördernd versteht, ermöglicht er die Wahrnehmung der Religionsfreiheit nicht nur im privaten, sondern auch im öffentlichen Raum, ohne in sie zu intervenieren. Da eine solche Religionsneutralität des Staates im wohlverstandenen Interesse der Religionen liegt, ist es ebenso in deren eigenem Interesse, dass Vertreter des Staates in der Bekundung ihrer religiösen Überzeugungen einem Mäßigungsgebot unterliegen. Das schließt für Vertreter des Staates – also auch Lehrerinnen und Lehrer – die Selbstzurücknahme bei religionsbestimmten Handlungen wie dem Tragen eines Kopftuchs ein. Die Art, in welcher in Deutschland der Kopftuchstreit durch alle Instanzen getragen wurde, war in meinen Augen kein

Dienst an der Religionsneutralität des Staates und damit auch nicht an der Religionsfreiheit.

Der säkulare Charakter des Staates ist auch von den Religionen als Bedingung gleicher Freiheit zu bejahen und zu respektieren. Das führt jedoch nicht zwingend zu der These, dass auch die Gesellschaft säkular ist. Vielmehr ist die Gegenwartsgesellschaft durch eine religiöse Pluralisierung gekennzeichnet, innerhalb deren die säkulare Option eine markante Rolle spielt. Markant ist sie vor allem deshalb, weil in Europa, vor allem auch in Deutschland, die Pluralisierung sich auf den antikirchlichen Charakter der neuzeitlichen europäischen Revolutionen sowie auf den epochalen Traditionsabbruch in den letzten Jahrzehnten des vergangenen Jahrhunderts aufgelagert hat. Trotz der zum Teil dramatischen Entkirchlichungsprozesse der vergangenen Jahrzehnte ist es jedoch unzutreffend, wenn von der säkularen Option in der Gesellschaft auf einen säkularen Charakter der Gesellschaft geschlossen und dieser mit dem säkularen Charakter der staatlichen Rechtsordnung parallelisiert wird.

Viel eher muss man eine Polarisierung des religiösen Bewusstseins in Rechnung stellen, die sich besonders in der jungen Generation zeigt, wie die 16. Shell-Jugendstudie deutlich gemacht hat: Während – mit einem deutlichen Gefälle zwischen West und Ost – in der deutschgebürtigen jungen Generation nur eine Minderheit Religion als ein wichtiges Thema ansieht, handelt es sich bei der Mehrheit der Jugendlichen muslimischer Herkunft um ein Thema von hoher Bedeutung. Diese Polarisierung ist es vor allem, die dem Thema der Religion auch in unserer Gesellschaft neue Aufmerksamkeit verschafft. Wenn dies nicht zu einer Vorherrschaft fundamentalistischer Positionen und einer Abkehr vom freiheitlichen Geist der Demokratie führen soll, stellen sich den Religionsgesellschaften selbst, aber auch den öffentlichen Schulen große Bildungsaufgaben. Dass es einen guten, in der Schule fest verankerten Religionsunterricht, den islamischen Religionsunterricht eingeschlossen, gibt, liegt im wohlverstandenen Interesse der Religionsgemeinschaften wie des Staates. Dafür ist es dringend zu wünschen, dass auch die Selbstorganisation des Islam sich dahin entwickelt, dass Religionsgemeinschaften ihn öffentlich vertreten und die Verantwortung für die Grundsätze übernehmen, nach denen islamischer Religionsunterricht erteilt wird. Denn es ist meine feste Überzeugung, dass ein ordentlicher Religionsunterricht auch für die Integration des Islam in das schulische Bildungsangebot der bessere Weg ist als ein staatlich verantworteter Ethikunterricht für alle.

Das Gutachten von Christian Waldhoff schließt im Unterschied zum Religionsunterricht einen Weltanschauungsunterricht an staatlichen Schulen aus.[73] Soweit er nach Landesrecht zulässig ist, muss er an die strukturellen Voraussetzungen gebunden werden, die für den Religionsunterricht gelten. Auch ist dafür Sorge zu tragen, dass er nicht mit einem staatlichen Ethikunterricht verwechselt wird. Dort, wo verschiedene Unterrichtsangebote im Bereich Religion/Ethik nebeneinanderstehen, kommt es besonders auf deren Verhältnis zueinander an. Zu empfehlen ist die Einrichtung einer Fächergruppe mit projektorientierten Unterrichtsphasen.

Doch der Bildungsauftrag der Religionsgemeinschaften reicht weiter. Er ist umso unentbehrlicher, als alle Sozialisationsinstanzen es heute weit schwerer haben als früher; denn sie konkurrieren mit «heimlichen Erziehern», unter denen die Massenmedien und ganz besonders das Internet eine beherrschende Rolle wahrnehmen. Es hat keinen Sinn, vor dieser Situation zu kapitulieren, sie muss vielmehr aktiv angenommen werden. Die christlichen Kirchen stellen sich deshalb gerade heute ihrem Bildungsauftrag auf neue Weise. Es kommt nicht von ungefähr, dass die Kirchen in unserem Land zu den größten Trägern von Kindergärten gehören. Es ist kein Zufall, dass sich evangelische wie katholische Schulen einer Nachfrage gegenübersehen, die die Aufnahmemöglichkeiten weit übersteigt.

Die Beteiligung des Islam an solchen Bildungsaufgaben in einer unseren allgemeinen Verfassungs- und Bildungsgrundsätzen entsprechenden Weise ist bisher eingeschränkt. Ein Grund dafür liegt darin, dass der Islam in anderer Form organisiert ist als die christlichen Kirchen. Dies ist aber kein Grund dafür, das geltende Staatskirchenrecht insgesamt umzustellen. Denn dieses lässt Raum für unterschiedliche Formen der Selbstorganisation von

Religion. Die besondere Verfasstheit des Islam rechtfertigt nicht eine generelle Abschwächung der Möglichkeiten korporativer Religionsfreiheit sowie des korporativen Wirkens von Religionsgemeinschaften in der Öffentlichkeit. Wenn islamische Vereinigungen den Schritt zur anerkannten Religionsgemeinschaft nicht gehen wollen, so ist dies ihr gutes Recht, sosehr man ihnen einen anderen Weg empfehlen möchte.

Unabhängig davon ist die Erwartung berechtigt, dass Religionsgemeinschaften sich nicht nur äußerlich der Ordnung eines freiheitlichen und demokratischen Rechtsstaats fügen, sondern dass sie die Ordnung auch innerlich bejahen, wenn sie von der in ihr umfassend gewährleisteten Religionsfreiheit Gebrauch machen. Es ist deshalb nachzuvollziehen, ja sogar zu erwarten, dass der Staat bei der konkreten Ausgestaltung seiner «fördernden Neutralität» die Frage einbezieht, ob eine Religionsgemeinschaft die freiheitliche Ordnung bejaht, die Gleichberechtigung von Mann und Frau respektiert, die schulische Integration von Jungen und Mädchen fördert usw. Doch unabhängig von solchen staatlichen Entscheidungen ist die Klärung der hiermit verbundenen Fragen zugleich ein notwendiges Element des interreligiösen Dialogs. Natürlich muss jede monotheistische Religion, die sich selbst ernst nimmt, daran festhalten, dass es nur einen Gott gibt und nicht mehrere. Aber das schließt nicht aus, sondern ein, dass es unterschiedliche Gottesvorstellungen gibt und dass aus diesen unterschiedliche Folgerungen für die großen Fragen des Zusammenlebens gezogen werden.

Zur korporativen Religionsfreiheit gehört auch das Recht, Moscheen zu bauen. Ich habe dieses Recht immer wieder bejaht, zugleich aber darauf hingewiesen, dass im Blick auf Zahl, Größe und städtebauliche Dominanz dieser Gebäude ein maßvolles, auf Dialog und Transparenz angelegtes Verhalten zu empfehlen ist. Es wäre gut, wenn eine Verständigung über solche Grundsätze die deutsche Antwort auf den schweizerischen Bürgerentscheid zum Minarettverbot wäre.

Eine gute Nachbarschaft zwischen den Religionen erfordert von ihnen selbst eine Kultur des wechselseitigen Respekts und des Streits um die Wahrheit; sie bilden die zwei Seiten aktiver Toleranz. Angesichts der wachsenden Bedeutung des Islam in der deutschen Gesellschaft ist, wie vom Wissenschaftsrat empfohlen, die Etablierung von islamischer Theologie an deutschen Universitäten zu fördern. Sie dient nicht nur der Erfüllung praktischer Ausbildungsbedürfnisse, sondern auch der Entwicklung einer religiösen Diskussionskultur.

Der Staat hat die Religionsfreiheit in dieser Weite zu achten; aber er hat auch das Recht und unter Umständen die Pflicht, Institutionen zu achten, die ihren Ursprung in der jüdisch-christlichen Tradition haben und vom jüdischen und christlichen Glauben her nach wie vor eine spezifische Sinngebung erhalten.

Dafür ist die Pflicht des Staates zum Schutz der Sonn- und Feiertage ein deutliches Beispiel. Dessen Aktualität ist im Zusammenhang mit der Liberalisierung der Ladenöffnung wieder ins Bewusstsein getreten. Das Bundesverfassungsgericht hat in seinem Urteil vom 1. Dezember 2009 die bleibende Bedeutung des Sonntags als eines «Tags der Arbeitsruhe und der seelischen Erhebung» (Art. 139 der Weimarer Reichsverfassung) ausdrücklich bestätigt und dabei die Bedeutung dieses Tages im Zusammenhang der Religionsfreiheit ebenso hervorgehoben wie seine Bedeutung für die Familie, aber ebenso auch für die Demokratie. Gewiss muss der staatliche Schutz für die Institution des Sonntags in einer Form erfolgen, die mit der Religionsneutralität des Staates vereinbar ist. Das ist so lange der Fall, wie der Staat nicht seinerseits religionsbestimmte Handlungen am Sonntag zur Pflicht macht. Aber zu den staatlichen Pflichten gehört es, dafür zu sorgen, dass Interessen von Kommerz und Konsum nicht den Vorrang erhalten vor der Wahrung der Religionsfreiheit, dem Schutz der Familie und der Förderung der Demokratie (deren üblicher Wahltermin bekanntlich der für die allermeisten arbeitsfreie Sonntag ist). Deshalb halte ich das Urteil des Bundesverfassungsgerichts zu dieser Frage für wegweisend.

Insgesamt geht es darum, dass die individuelle wie die korporative Religionsfreiheit mitsamt der religiösen Neutralität des Staates und der gemeinsamen Verantwortung von Staat und Religion für das Gemeinwesen geachtet werden. Ebenso notwendig ist, dass alle Formen einer religiösen Legitimation von Gewaltanwendung, von Herabsetzung Andersglaubender und anderen Formen von Diskriminierung überwunden werden. Darin liegen wichtige Folgerungen aus den Religionskonflikten unserer Zeit; Vorschläge zu einer grundlegenden Veränderung der verfassungsrechtlichen Rahmenregeln für das Verhältnis von Staat und Religion lenken von diesen Aufgaben dagegen eher ab.

Der christliche Glaube und die politische Kultur in Europa

Der christliche Beitrag zu Pluralität und Säkularität in Europa

Kulturelle und religiöse Vielfalt, das Prinzip des Pluralismus, waren keineswegs immer selbstverständliche Elemente der politischen Kultur in Europa. Sie sind ein christliches Erbe. Das Christentum hat wesentlich zur europäischen Pluralität beigetragen und ist auch weiterhin Garant und Prägekraft für die politische Kultur in der EU. Die christliche Mitgift Europas ist gleichzeitig ein wichtiges Unterpfand für Gegenwart und Zukunft. Die christlichen Prägungen sind wesentliche Grundlagen der politischen Kultur auch der Europäischen Union, ob das den Politikern oder den europäisch Handelnden bewusst ist oder nicht, ob sie es wahrnehmen und negieren, ob sie es zur Geltung bringen oder aus ihrem Bewusstsein und der Präambel der geplanten europäischen Verfassung verbannen wollen.

Neben der wirtschaftlichen Funktion des vereinigten Europa müssen die Grundlagen und Voraussetzungen seiner politischen Kultur verstärkt bewusst gemacht und erneuert werden. Aus der Sicht der Kirchen sollte außerdem noch stärker als bisher deutlich werden, dass die Europäische Union als gemeinsamer geistig-kultureller Raum zu verstehen ist, der mehr sein will als ein politischer Zusammenschluss mit vornehmlich kommerziellen Absichten. Als kultureller Raum aber ist Europa nicht nur durch das Christentum geprägt: Athen, Rom, Jerusalem lassen sich symbolisch als drei Namen für die Pluralität kultureller Prägungen nennen: für die Offenheit gegenüber Wissenschaft und Künsten, für die rechtliche Gestaltung politischer Herrschaft, für die jüdische und christliche Religion.

Auch wenn wir die Umstände, unter denen manche Teile des Kontinents christianisiert wurden, als problematisch empfinden, können wir doch die Augen nicht davor verschließen, dass es kein europäisches Land gibt, das nicht spätestens vor einem Jahrtausend zum Christentum übergetreten ist. Diese Bindung an das Christentum stellt ganz unausweichlich einen wichtigen Bestandteil der europäischen Identität dar. Das Gesicht Europas ist durch das Christentum mitgeprägt. Der Kontinent ist überzogen von Marksteinen christlicher Präsenz, von Kirchen und Klöstern, Schulen und Hospitälern, Wegkreuzen und Kapellen. Der Rhythmus der Zeit trägt eine christliche Gestalt, von der Siebentagewoche, die mit dem Tag der Auferstehung Christi ihren Anfang nimmt, bis zum liturgischen Kalender, der den Jahreslauf bestimmt. Und vor allem: Das Bild vom Menschen ist von hier aus geprägt: das Bild von der menschlichen Person, die aus dem Gegenüber zu Gott ihre unantastbare Würde empfängt.

Aber der christliche Glaube verband sich von Anfang an mit den unterschiedlichen regionalen Kulturen Europas. Er wurde eingebettet in die Lebenswelten der – lateinischen oder keltischen, germanischen oder slawischen – Völker, die zusammen Europa bildeten. Im Westen entstand ein Mosaik benachbarter, aber getrennter Mikro-Christenheiten, wie Peter Brown das genannt hat.

Die Entwicklung der westlichen Christenheit war zugleich über lange Jahrhunderte durch die beständige Spannung zwischen einer sich hierarchisch verfestigenden Kirche und sich dagegen auflehnenden Erneuerungsbewegungen bestimmt. Was Petrus Waldus, Urahn der jetzigen italienischen evangelischen Waldenserkirche, oder der Prager Theologe Jan Hus bereits versuchten, gewann in der Reformation des 16. Jahrhunderts dann weltgeschichtliche Bedeutung. Dabei hatte es die Reformation auch der politischen Konstellation zu verdanken, dass sie nicht wie die

Erneuerungsbewegungen des Mittelalters als Ketzerei niedergeschlagen wurde. Als die «Protestanten» auf dem Reichstag in
Speyer 1529 sich einem Mehrheitsbeschluss der Reichsstände in
Fragen des Glaubens widersetzten, fügten sie zur abendländi-
schen Unterscheidung zwischen weltlicher und geistlicher Gewalt
einen weiteren Baustein für das Gebäude des modernen Verfas-
sungsstaats hinzu. Sie verlangten die Anerkennung der Gewissensfreiheit und die Selbstbeschränkung der politischen Autorität
in Fragen der Religion. Sie ebneten damit den Weg zur Aufklärung ebenso wie zur Anerkennung von religiöser Pluralität. So
wurden am Übergang zur Neuzeit weitere wichtige Grundlagen
für den christlichen Beitrag zur europäischen Werteordnung gelegt.

Wenn man das sagt, ist freilich ein kritischer Vorbehalt angebracht. Der christliche Glaube hat mehr zum Inhalt als nur kulturelle Werte. Sein Kern ist die Gottesbeziehung und damit eine
«wertlose» Wahrheit. Wenn nach dem Beitrag der christlichen
Tradition zu den christlichen Werten Europas gefragt wird, so ist
immer darauf zu achten, dass sich das Verhältnis zwischen der
Wahrheit des Glaubens und den Werten, die sich aus ihr ergeben,
nicht umkehrt. Wenn das geschähe, würde der Glaube sich selbst
scheinbar überflüssig machen. Aber die Werte, die in seinem Namen vertreten werden, würden auch ihre Grundlage einbüßen.
Die moralische Bedeutung des christlichen Glaubens hängt un-
aufgebbar an seinem transmoralischen Kern.

Um welche Werte handelt es sich dabei? Welche Werte und
Normen sind im Blick, wenn in Deutschland beispielsweise das
Bundesverfassungsgericht davon spricht, dass auch heute die
«überragende Prägekraft» anzuerkennen sei, die dem christlichen
Glauben und den christlichen Kirchen für das politische Zusammenleben zukommt? An der Spitze dieser Werte steht die Würde
des Menschen, die darin begründet ist, dass der Mensch von Gott
geschaffen und im schöpferischen Wort zur Antwort befähigt und
berufen ist. Diese göttliche Anrede gilt jedem Menschen in gleicher Weise; daraus ergibt sich die grundsätzliche Gleichheit in der
Rechtsstellung jedes einzelnen Menschen. Dass keinem Menschen
das Recht vorenthalten werden soll, Rechte zu haben, ergibt sich

daraus ebenso wie eine Ausgestaltung der Menschenrechte, in der Freiheit und Gleichheit miteinander verbunden sind. Zwar sind die Menschenrechte historisch weithin zunächst gegen die Kirchen oder in Distanz zu ihnen formuliert und durchgesetzt worden; dennoch verdanken sie sich Impulsen, die unlöslich mit dem christlichen Bild vom Menschen zusammenhängen.

Ähnliches lässt sich für den Grundsatz der Toleranz sagen. Im christlichen Verständnis hat er seinen Ursprung in der Vorstellung von der «Toleranz Gottes». Damit ist gemeint, dass Gott den Menschen, der sich in seiner Gottlosigkeit von ihm abgewandt hat, gleichwohl «erträgt», ihn also nicht seiner Gottlosigkeit überlässt. Da es niemanden gibt, der von dieser göttlichen Toleranz ausgeschlossen wäre, kennt der christliche Glaube einen genuinen Zugang zur Toleranz, der darin gründet, dass jeder Mensch – unabhängig von seinen subjektiven Voraussetzungen, also auch von den Voraussetzungen seines persönlichen Bekenntnisses – im Wirkungshorizont der göttlichen Liebe existiert. Aber auch im Blick auf diesen Grundsatz der Toleranz gilt, dass er in einer innerchristlichen Konfliktgeschichte gegen eine im Namen der Kirche selbst praktizierte Intoleranz zur Geltung gebracht werden musste. In ihr sind Einzelpersonen und christliche Minoritäten den großen Kirchen vorangegangen. Die Befürworter der Toleranz konnten sich dabei mit Recht vor allem auf die christlichen Reformbewegungen berufen, die Reformation des 16. Jahrhunderts eingeschlossen. Luthers These von der Freiheit des in Gottes Wort gebundenen Gewissens hat sich dadurch in besonderer Weise auf die Entwicklung der neuzeitlichen politischen Kultur ausgewirkt.

Zwar sind Luthers eigene Äußerungen – insbesondere über die Juden, die Papisten oder die Bauern – nicht gerade von Toleranz geprägt; und die Reformation insgesamt hat zu äußerst intoleranten Akten – bis hin zur Verbrennung von Dissidenten – geführt. Aber der Ansatz der Reformation enthält in seiner Konsequenz nicht nur die Möglichkeit, sondern auch die Verpflichtung zur Toleranz. Dies ergibt sich aus der Art und Weise, in welcher schon bei Luther Gewissensbildung und Gewissensfreiheit miteinander verknüpft sind. Dies geschieht nämlich in einer Weise, die jeden

Gewissenszwang ausschließt. Der Kirche wird aufgetragen, für die Wahrheit des Evangeliums «ohne Zwang, allein durch das Wort» einzutreten. Im Blick auf den Staat aber stellt Luther klar, dass dessen legitime Macht an der Gewissensbindung des Einzelnen seine Grenzen hat; soweit er den Versuch unternimmt, einen Zwang in Glaubensfragen auszuüben, ist man ihm deshalb nicht zum Gehorsam verpflichtet. «Hier stehe ich, ich kann nicht anders»: Es ist nicht illegitim, dass Luthers Aussage vor dem Reichstag in Worms im Jahre 1521 zum Anknüpfungspunkt für eine Kultur der Gewissensfreiheit und der Toleranz erklärt wurde.

Blickt man auf die spätere Entfaltung des Toleranzgedankens, so kann man in ihm systematisch drei Ebenen unterscheiden: die persönliche, die gesellschaftliche und die politische Toleranz.

Die persönliche Toleranz ist dabei zu verstehen als eine überzeugte, nicht als eine indifferente Toleranz. Denn sonst wäre es keine Toleranz, die aus der Gewissensfreiheit folgt; handelt es sich bei ihr doch gerade um die Freiheit zur Bildung eigener Überzeugung und zur Bindung an sie. Die gesellschaftliche Toleranz, die aus ihr folgt, zielt auf eine wechselseitige Achtung von Überzeugungen und Lebensformen, nicht auf den Verzicht darauf. Die politische Toleranz schließlich hat ihren Sinn darin, solche gesellschaftliche Toleranz zu ermöglichen, also einen gesellschaftlichen Raum zu schaffen, in dem sich Überzeugungen bilden und entfalten können. Dem dient die Gewährleistung der Religionsfreiheit, die eben nicht nur – negativ – die Freiheit von der Religion, sondern ebenso – positiv – die Freiheit zur Religion meint.

Ein solches Konzept von Toleranz legt ein Verhältnis von Staat und Kirche nahe, das – um es zurückhaltend auszudrücken – nicht allein im Laizismus seine adäquate Entsprechung finden kann. Allgemein lässt es sich vielmehr als ein Verhältnis wechselseitiger Unabhängigkeit und staatlicher Religionsneutralität verstehen, das eine staatliche Anerkennung gelebter Überzeugungen und ihrer gesellschaftlichen Bedeutung einschließt. Doch vorausgesetzt ist dabei die Nichtidentifikation des Staates mit solchen Überzeugungen. Das erfordert von den Repräsentanten des Staates Zurückhaltung in der Vertretung und Präsentation ihrer persönlichen Glaubenshaltungen. Um dieses Verhältnis zwischen positiver Religionsfreiheit und Mäßigungsgebot geht es in einer Reihe europäischer Länder gegenwärtig beispielhaft im Streit um das Kopftuch muslimischer Lehrerinnen. In einer sehr spezifischen Weise steht dabei die Zukunft der Toleranz auf dem Spiel.

Die Art und Weise, in der Freiheit und Bindung oder, moderner formuliert, Freiheit und Verantwortung durch die Reformation im Begriff des Gewissens miteinander verknüpft wurden, hat dazu beigetragen, dass auch im Blick auf das gesellschaftliche Handeln insgesamt Eigenverantwortung mit Solidarität und Gerechtigkeit verknüpft wurde. Das Bild von Ehe und Familie, all seine Wandlungen eingerechnet, ist davon ebenso geprägt wie das Konzept einer «sozialen Marktwirtschaft», bei dessen Entstehung christlich motivierte Denker eine erhebliche Rolle spielten. Von daher haben die Kirchen zu der Aufgabe, eine soziale Gesellschaft und einen sozialen Staat zu entwickeln und zu erhalten, eine besondere Affinität. Neben dieser Orientierung an den Aufgaben der sozialen Gerechtigkeit haben die Verantwortung für den Frieden und die Bewahrung der Natur im christlichen Sozialethos der vergangenen Jahrzehnte eine herausragende Bedeutung gewonnen.

Freiheit und Verantwortung gehören in diesem Bild vom Menschen unmittelbar zusammen. Sie miteinander zu verbinden, ist aber ebenso die Grundidee der Demokratie. Nachdem mit dem Ende der kommunistischen Diktaturen in Europa auch das kollektivistische Menschenbild ein Ende gefunden hat, besteht die große Aufgabe darin, ein Menschenbild zu entwickeln und zu fördern, welches Freiheit und Verantwortung in ihrem Zusammenhang sieht. Daraus, dass der Kollektivismus hinter uns liegt, folgt keineswegs zwangsläufig, dass nun einem isolierten Individualismus das Feld zu überlassen sei. Denn eine Freiheitsauffassung, für welche das Wesen der Freiheit in ihrem willkürlichen Gebrauch besteht, löst sich nicht nur aus der Verbindung mit einem christlichen Begriff der Freiheit, sondern aus der europäischen Tradition überhaupt. Auch die Aufklärung beispielsweise bekennt sich dazu, dass der vernünftige Gebrauch der Freiheit dem gemeinsamen Leben mit anderen nicht entgegensteht. Gerade in ihrer Freiheit ist die einzelne Person auf ihr Zusammensein mit anderen angelegt. Deshalb hebt die Vorstellung von der Autonomie der freien und selbstbestimmten Person die Verantwortung für das gemeinsame Leben nicht auf, sondern begründet sie. In diesem Sinn erwächst die Verantwortung aus der Freiheit.

Schließlich bringt der christliche Glaube auch in die Welt des Rechts, der Ausübung der Macht und der Verfolgung des eigenen Vorteils das Motiv der Nächstenliebe ein. In ihm hat das Ethos der zehn Gebote seine christliche Zusammenfassung gefunden. Zu seinen grundlegenden Impulsen gehört die Aufforderung, eine Situation aus der Perspektive des anderen, des Unterlegenen, des Schwächeren anzusehen. Die Goldene Regel – nach welcher man den anderen so behandeln soll, wie man auch selbst behandelt zu werden erhofft (Mt 7,12) – ist wohl das wirksamste Moralprinzip geworden, das, wenn nicht allein christlichen Ursprungs, doch durch das Christentum vermittelt wurde. Die Kultur des Helfens, die vor allem durch die karitativen Einrichtungen der christlichen Kirchen gefördert worden ist und auch heute durch solche Einrichtungen in großer Breite repräsentiert wird, bildet eine unentbehrliche Stütze für die Humanität in der Gesellschaft.

Wenn man sich an solche tragenden und prägenden Elemente des christlichen Sozialethos erinnert, darf man freilich nicht die Kämpfe und Auseinandersetzungen aus den Augen verlieren, die für den Weg des Christentums gerade in Europa charakteristisch waren. Die Konfessionskriege der nachreformatorischen Zeit, an die man dabei zuallererst denken muss, nötigten zu einer Neukonstruktion eines europäischen Friedens, der nicht unmittelbar auf der Religion beruhte, sondern auch dann Bestand haben sollte, wenn man annähme, dass es Gott nicht gäbe. Insofern führte die Unversöhnlichkeit der konfessionell bestimmten Kriegsparteien selbst zu einer Friedensordnung, die auch gegen die Konfessionen durchgesetzt werden konnte.

Daran muss man sich immer wieder erinnern, wenn die These vertreten wird, der Frieden zwischen den Völkern setze den Frieden zwischen den Konfessionen und Religionen voraus: «kein Weltfrieden ohne Religionsfrieden» (Hans Küng). Gegebenenfalls muss der Frieden – Gott sei's geklagt – auch gegen Konfessionen und Religionen durchgesetzt werden. Auch das gehört zu den

Lehren der europäischen Entwicklung. Die Kirchen selbst müssen ein Interesse daran haben, dass der Rechtsfrieden gegen diejenigen behauptet wird, die ihn gefährden – und sei es unter Inanspruchnahme religiöser Motive. Gerade die europäische Erfahrung spricht dafür, die Bedeutung der Religion für die Gesellschaft und den weltlichen Charakter der Rechtsordnung deutlich voneinander zu unterscheiden. Diese Einsicht wird insbesondere das Gespräch zwischen Christentum und Islam in Zukunft stärker bestimmen müssen als in der Vergangenheit.

Von der prägenden Bedeutung des Christentums für Europa zu sprechen, bedeutet, die europäische Pluralität anzuerkennen. Denn das Christentum hat auf seine Weise zur Pluralität beigetragen. Die Toleranz gegenüber Glaubensfremden, zuerst in protestantischen Staaten gewährleistet, war dazu ein wichtiger Schritt. Er trug dazu bei, dass sich die staatsbürgerlichen Rechte von der Religionszugehörigkeit lösten.

Diese «Bresche» wurde, wie es der französische Historiker René Remond in seiner brillanten Studie über «Religion und Gesellschaft in Europa» ausdrückt, in der Französischen Revolution geschlagen.

«Niemand darf wegen seiner Ansichten, selbst religiöser Art, bedrängt werden …», heißt es erstaunlich zurückhaltend in der «Erklärung der Menschen- und Bürgerrechte» von 1789. Aber die Einsicht, dass Unterschiede des religiösen Bekenntnisses keine staatsbürgerliche Benachteiligung zur Folge haben dürfen, war weit reichend. Diese Entkoppelung setzte sich schrittweise in ganz Europa durch. Erst der Ausschluss der Juden aus der Staatsbürgerschaft im Deutschland der Nazizeit – aber auch im Frankreich der Vichy-Regierung – war eine tragische Abweichung von dem nun errungenen Prinzip. Wer immer heute von Europa als Wertegemeinschaft spricht, wird gerade deshalb dieses Prinzip zu den Werten zählen, hinter die Europa nicht wieder zurückgehen kann. So wie durch die Reformation die Gewissensfreiheit zu einem europäischen Grundwert wurde, so durch die Französische Revolution die staatsbürgerliche Gleichheit. Es gibt jedenfalls in meinen Augen keinen Zugang zum Wertekonsens Europas an diesen beiden Weichenstellungen vorbei.

Die Kirchen haben die Unabhängigkeit des Staatsbürgerrechts von der Religionszugehörigkeit nicht selbst durchgesetzt. Auch deshalb hat dieser epochale Wandel sich in einem Säkularisierungsschub Ausdruck verschafft, der zwei Jahrhunderte – das 19. wie das 20. Jahrhundert – prägte. Nicht nur in überwiegend protestantischen Gegenden mit ihrer traditionell geringeren Kirchenbindung, sondern auch in katholischen Regionen löste sich das Deutungsmonopol der Kirchen ebenso auf wie ihr direkter Zugriff auf die Lebensorientierungen der Einzelnen. Glaubensfeindliche Ideologien haben im 20. Jahrhundert die Entkirchlichung weiter Bereiche Europas vorangetrieben. Doch diese Entkirchlichung ist nicht umstandslos mit einer Entchristlichung gleichzusetzen. Sie hat, wie der amerikanische Jurist Joseph Weiler in einer bemerkenswerten Schrift dargelegt hat, die Rede vom «christlichen Europa» keineswegs gegenstandslos gemacht.

Inzwischen überlagern sich Säkularisierung und religiöse Pluralität. Die Wanderungsbewegungen in der zweiten Hälfte des 20. Jahrhunderts führten zu einer verstärkten Präsenz nichtchristlicher Religionen in Europa, allen voran des Islam. Dass Religionsfreiheit auch die Freiheit des Andersglaubenden ist, wird zu einer täglichen Erfahrung. Auch in Europa gibt es viele Anzeichen dafür, dass das 21. Jahrhundert durch eine Wiederkehr der Religion geprägt sein wird. Nicht alle Formen von Religion, die auch in Europa eine wachsende Bedeutung gewinnen werden, sind durch ein Ja zu der aufgeklärten Säkularität geprägt, die für die neuzeitliche Entwicklung in Europa bestimmend geworden ist. Umso bedeutsamer wird die Aufgabe sein, wichtige Elemente der europäischen politischen Kultur zu bewahren und sorgsam mit den Quellen umzugehen, aus denen sie sich speisen, die christlichen Quellen eingeschlossen.

Denn auch unter veränderten Bedingungen ist an der epochalen Bedeutung des Übergangs zu gleichen Bürgerrechten festzuhalten, die von der Religionszugehörigkeit unabhängig sind. Einem Staat, der diesen Grundsatz leugnet, würden wir heute vorhalten, dass er gegen die europäische Werteordnung verstößt. Europa als Wertegemeinschaft ist durch eine Vorstellung vom Verfassungsstaat geprägt, der die gleiche Würde jedes Menschen und ebenso

die Gleichheit vor dem Gesetz unabhängig von der Religionszugehörigkeit respektiert. Denn das gehört zur Unbedingtheit der
Menschenwürde. Sosehr diese sich einem christlichen Impuls verdankt, so sehr kann sie rechtlich nur in einem säkularen Verfassungsstaat gesichert werden.

Die bleibende Prägekraft des Christentums

Wenn wir von der Prägekraft des Christentums für die politische Kultur Europas sprechen, geht es also um die Werte und
Normen, die, von Christen wie Nichtchristen unter Aufnahme
christlicher Glaubensgrundsätze entwickelt, weithin wirkungs-
kräftiges Gemeingut im demokratischen Staat und seiner Gesellschaft sind und bleiben sollen. Ich habe sie in den bisherigen
Überlegungen bereits genannt. Es geht um die Würde der menschlichen Person, die als Grenze aller staatlicher Machtausübung,
aber auch aller wirtschaftlichen Machtansprüche geltend gemacht
wird. Es geht um die elementaren Menschenrechte, die unbeschadet ihrer Wurzeln nicht als europäisches Sondergut betrachtet
werden, sondern mit der Allgemeinen Erklärung der Menschenrechte zu Grundelementen eines universalen Rechtsethos geworden sind. Es geht um eine Kultur der wechselseitigen Achtung, in
der sichergestellt wird, dass Unterschiede der Überzeugung nicht
mit Gewalt oder Unterdrückung, sondern in einer Atmosphäre
der Toleranz und des Respekts ausgetragen werden. Es geht um
Rahmenbedingungen wirtschaftlichen Handelns, die den Grund-
vorstellungen einer sozialen Marktwirtschaft entsprechen. Es geht
um eine Atmosphäre des bürgerschaftlichen Engagements, das
sich auch in der Mitwirkung und Mitbeteiligung am Aufbau und
der Entfaltung der Demokratie zeigt.
Die wirkungsvolle Mitarbeit zahlloser Christen und auch aktiver Kirchenleute am Aufbau und an der Erhaltung der Demokratie in vielen europäischen Ländern entspricht der theologisch und
ethisch begründeten positiven Beziehung von Christen zum demokratischen Staat und der Nähe seiner Grundorientierung zum
«christlichen Menschenbild». Auch so haben die Christen und

ihre Kirchen zum gedeihlichen Zusammenleben der Bürgerinnen und Bürger im demokratischen Staat viel beigetragen und tun es weiterhin.

Kirchliches Leben in Treue zum Evangelium und den in ihm begründeten religiösen Bindungen haben sehr viele Menschen während der beiden Diktaturen in Deutschland vor der Unterwerfung unter totalitäre Ansprüche bewahrt. Das mit der Demokratie unvereinbare Übel des Totalitarismus abzuwehren ist für Christen auch heute ein unabdingbar geltendes Gebot.

Solche Erfahrungen haben in Deutschland 1949 zur Aufnahme der «Verantwortung vor Gott und den Menschen» in die Präambel des Grundgesetzes geführt, die in der Erschütterung über die Schrecken des totalitären NS-Staates und seines Allmachtwahns formuliert worden ist. Die Präambel bringt damit den Horizont für die konkrete historische Verantwortung des Verfassungsgebers zur Sprache; sie macht nicht das Gottesverständnis einer bestimmten kirchlichen Lehre oder Religion für alle Bürgerinnen und Bürger verpflichtend.

Die Rede von der «Prägekraft des Christentums» bezeichnet also kein Monopol der Kirchen für die Vertretung von grundlegenden Werten und Überzeugungen in der politischen Kultur und gegenüber dem Staat. Aber sie erinnert die Kirchen an ihre Verpflichtung gegenüber dem Gemeinwohl und verpflichtet den Staat zum achtsamen Umgang mit den Voraussetzungen, auf die er selber angewiesen ist, ohne sie jedoch selbst hervorbringen zu können.

Die Verpflichtung des Staates zu religiös-weltanschaulicher Neutralität kann deswegen nicht bedeuten, dem Staat könne es völlig gleichgültig sein, in welcher Weise das Verhältnis von Religion und Staat von Seiten der Religion bestimmt wird. Für den demokratischen Rechtsstaat ist die «Prägekraft des Christentums» deswegen nicht gleichgültig, weil das Christentum als Religion von sich selbst her die Unterscheidung von Staat und Religion betont und für sich selbst als verbindlich anerkennt.

Die kulturelle «Prägekraft des Christentums» vermittelt der Säkularität des Staates also einen bestimmten inhaltlichen Bezug. Das Christentum bejaht von sich aus die aufgeklärte Säkularität des Staates. Nach evangelischem Verständnis wird der Staat nicht als eine Art «Gottesstaat» oder als verlängerter Arm der Kirche über seine weltlichen Aufgaben hinaus mit religiöser Autorität ausgestattet. Weltanschauliche Neutralität begründet aber auch keine Autoritätsmacht, die den Staat von jeder Rücksicht auf die Religion freistellt oder zum Herrscher über die in der Gesellschaft prägenden kulturellen Werte und Überzeugungen erhebt. Die so verstandene Säkularität des Staates besagt für das Verhältnis des Staates zu verschiedenen Religionen, dass es unausweichlich auf die kritische Prüfung dessen ankommt, welche Stellung die jeweilige Religion zu der Säkularität des Staates einnimmt.

Die kulturelle Prägekraft des Christentums trägt zum Verständnis der Säkularität des Staates bei und will sie um der Freiheit des Menschen willen mitverantwortlich unterstützen. Entsprechend hat der Staat gute Gründe, darauf zu achten, ob und in welcher Weise religiöse Überzeugungen dieser Säkularität des Staates in ihrem eigenen Verständnis Raum geben.

Von Bürgern, die ein öffentliches Amt als Beruf wahrnehmen wollen, wird deshalb die klare Unterscheidung zwischen ihrer persönlichen religiösen Überzeugung und ihrem Auftreten in der Ausübung eines öffentlichen Amtes erwartet. Da diese Unterscheidung selbst nicht einfach «neutral» ist, sondern aus einem bestimmten Verständnis des Verhältnisses von «Religion» und «Staat» folgt, kann das angemessene Verhalten schwerlich durch eine allgemeine Gesetzgebung im Sinne einer abstrakten Trennung von «Religion» und «Staat» festgelegt werden. Der Staat muss aber von seinen Bürgern erwarten, dass sie in der Wahrnehmung öffentlicher Ämter die Säkularität der Rechtsordnung respektieren.

Was bedeutet nun das bisher Gesagte für das Verhältnis von Christentum und politischer Kultur in Europa im Rahmen des Verfassungsprozesses?

Zur Präambel des Verfassungsvertrages

Die Ergebnisse des Verfassungskonvents enthalten wichtige Richtungsentscheidungen für die Bestimmung des Verhältnisses der Europäischen Union zu den Kirchen und Religionsgemeinschaften. Große Bedeutung dafür hat Artikel 51, Absatz 1 erkennt die Vielfalt staatskirchenrechtlicher Systeme in Europa an. Diese Vielfalt beruht auf unterschiedlichen sozialen, kulturellen und religiösen Verhältnissen. Sie prägen die jeweilige politische Kultur und sind ein tragendes Element dessen, was als nationale Identität bezeichnet werden kann.

Der Absatz 3 des Artikels 51 enthält eine institutionelle Anerkennung der Kirchen und ihrer Bedeutung als gesellschaftliche Kräfte in einer Demokratie. Dieser Absatz legt fest, dass die europäischen Institutionen einen regelmäßigen, transparenten und offenen Dialog mit den Kirchen und Religionsgemeinschaften unterhalten. Die christlichen Kirchen leisten anerkanntermaßen wichtige Beiträge zur gesellschaftlichen Verständigung.

Der Konvent hat einen Hinweis auf die religiösen Überlieferungen für die Präambel vorgeschlagen. Das ist zu begrüßen, bleibt aber zu unpräzise. Die abstrakte Rede von religiösen Überlieferungen, denen die humanistischen Überlieferungen noch betonend nachgestellt sind, relativiert die christliche Prägung Europas allzu sehr. Es entsteht der Eindruck, dass das kulturelle Gedächtnis Europas im Wesentlichen auf die Aufklärung und ihre griechische Vorgeschichte reduziert wird.

Zum einen ist also an dieser Stelle eine Präzisierung der Präambel vonnöten. Zum anderen ist die damit keineswegs identische Frage aufzunehmen, ob ein Gottesbezug in der Präambel seinen Ort finden kann. Nicht um eine *Invocatio Dei* würde es sich dabei handeln, sondern um eine Beschreibung des Verantwortungshorizonts, in dem Europa gewachsen ist und Gestalt gewinnt. Dass Menschen ihr Handeln vor Gott verantworten und ihrer Machtausübung dadurch Grenzen gesetzt wissen, ist dabei genauso zu berücksichtigen, wie die Gewissensfreiheit derer zu achten ist, die eine solche Bindung an Gott für sich nicht anerkennen oder aussprechen. «In Verantwortung vor Gott und den Menschen sowie in Achtung vor der Freiheit des Gewissens» wäre eine Formulierung, in der dies zum Ausdruck kommen könnte. Die Art, in der sich die polnische Verfassung auf «Gott als die Quelle der Werte» beruft und dabei denen Respekt zollt, die diese Werte – darunter ausdrücklich die Schönheit – aus anderen Quellen herleiten, wäre ein anderer Weg zu einem solchen Ziel.

Ohne auf die Vor- und Nachteile der einzelnen Vorschläge einzugehen, werden solche Vorschläge insbesondere von französischer Seite gern mit der Forderung nach der Aufnahme des Laizismus in die Präambel beantwortet. Frankreich beruft sich darauf, es habe für die Präambel des Verfassungsvertrages bereits mehr zugestanden als für die Präambel der Grundrechte-Charta, nämlich die Aufnahme des Begriffes «religiöse Überlieferungen». Doch es ist nicht sinnvoll, weitere Verdeutlichungen mit der Forderung nach einer Verankerung des Prinzips der Laizität zu konterkarieren. Denn dabei handelt es sich um eine der institutionellen Gestalten des Verhältnisses von Staat und Kirche. In der Präambel aber geht es um die Frage nach den geistigen Grundlagen, also nach der Seele Europas. Beide Fragen liegen auf verschiedenen Ebenen. Die eine gehört in die Präambel – jedenfalls in eine so ausführliche Präambel –, die andere nicht. Eine Bezugnahme auf das Christentum in der Präambel in der beschriebenen doppelten Weise würde keinesfalls einen besonderen Machtanspruch der Kirchen dokumentieren, sondern in sich die Forderung nach der Unterscheidung von geistlichem und staatlichem Auftrag enthalten, keine religiöse Überhöhung staatlicher Macht implizieren, sondern die Grenzen menschlicher Macht erkennbar machen, nicht die Bevormundung des Gewissens sanktionieren, sondern für die Freiheit des Gewissens stehen, keine religiöse Exklusivität beanspruchen, sondern kulturelle und religiöse Vielfalt anerkennen.

Eine für die Zukunft der Europäischen Union wichtige Frage liegt darin, ob eine Bezugnahme auf das Christentum mit der Präsenz des Islam in der Europäischen Union vereinbar ist. Bereits heute leben 15 Millionen Muslime in der Europäischen Union. Können sie sich mit einer Verfassung identifizieren, die auf das christliche Erbe verweist? Die wesentliche europäische Aufgabe, die vor uns liegt, ist, die bei uns lebenden Muslime zu integrieren und nicht auszuschließen. Von Muslimen ist nicht zu erwarten, dass sie sich zum Gott der Christen bekennen. Aber es muss von ihnen erwartet werden, dass sie die christliche Prägung Europas respektieren. Die abfällig klingende Rede vom «christlichen Club» darf über diese Seite der Integration nicht hinwegtäuschen. Integration verbindet sich mit Erwartungen an beide Seiten. Gerade angesichts der ambivalenten Entwicklungen im Islam brauchen wir in Europa einen deutlichen Hinweis auf die Unterscheidung von Staat und Religion, ein Prinzip, dessen Verankerung gerade angesichts des wachsenden Fundamentalismus und religiös begründeten Terrorismus in der Europäischen Union nötiger geworden ist als je.

Christen dienen der Gesellschaft, indem sie sich in Politik, Rechtspflege, Verwaltung, Bildung und Wirtschaft für Strukturen einsetzen, die einer ganzheitlichen menschlichen Entwicklung förderlich sind. Da, wo sie sich besonders von Gott aufgerufen fühlen, handeln sie nicht unter Aufhebung allgemein menschlicher Maßstäbe (es gibt keine Suspendierung des Ethischen durch die Religion), sondern sie werden sich über das rechtlich und menschlich Geforderte hinaus einsetzen. Ein Missbrauch der Religion für nationale und ideologische Zwecke kann nicht ein für alle Mal verhindert werden, aber er widerspricht den Grundeinsichten, denen das Christentum in seiner europäischen Inkulturation folgt. Umgekehrt ist auch der Staat vor Fehlentwicklungen nicht gefeit. Auch er lebt von der lebendig gehaltenen Grundeinsicht in die Grenzen seines Machtbereichs. Beide stehen heute mit dem Terrorismus und dem Fanatismus Mächten gegenüber, die solche Grenzen einzureißen suchen, um sich selbst Macht und Gehör zu verschaffen.

Das westliche Christentum hat einen schmerzhaften Lernprozess durchlaufen, nach dem göttliche «Anweisungen», die nicht mit unseren ethischen Grundnormen und mit der Humanität in Einklang stehen, nicht mehr vorstellbar sind. Dieser Lernprozess sollte auch in der europäischen Verfassung seinen Niederschlag finden.

Eine ökumenische Vision für Europa

Vor einiger Zeit erreichte mich ein Brief mit einer beein-
druckenden Erinnerung an das Jahr 1939. Der Briefschreiber
erinnert an die deutschsprachige evangelische Gemeinde in Cam-
bridge in den dreißiger Jahren. Er schreibt: «Die Gemeinde bestand im Wesentlichen aus Menschen, die aus politischen oder
rassischen Gründen Deutschland verlassen mussten. Man hielt
Gottesdienst in der Round Church im Stadtzentrum als Gast bei
der Church of England. Im Jahr 1939 hatte man wieder einmal
einen gemeinsamen Ökumenischen Gottesdienst verabredet.
Kurz darauf hat Deutschland dann Polen überfallen und England
erklärte uns den Krieg. Unser Pfarrer rief seinen englischen
Freund und Kollegen an und sagte, dass wohl wegen des entsetz-
lichen Geschehens aus der gemeinsamen Verabredung nichts werden könne. Die Antwort war: Es ist zwar furchtbar, aber gibt es
einen besseren Grund für gemeinsame Gebete? So haben bald
nach Kriegsbeginn England – Deutschland die beiden Gemeinden
der verfeindeten Nationen zusammen gebetet.»

Auch nach dem Ende des Zweiten Weltkriegs gab es Unfrieden,
harte Konflikte und Kriege zwischen europäischen Nachbarn.
Die fünfziger Jahre waren von der sich verschärfenden Konfron-
tation zwischen Ost und West geprägt. In dieser Zeit wurde die
Konferenz Europäischer Kirchen (KEK) gegründet. Beharrlich an
der Verbindung zwischen den Kirchen und dem Gespräch über
Grenzen hinweg festzuhalten und Impulse zur Versöhnung zu
setzen, war für die Kirchen eine ebenso wichtige wie schwierige
Aufgabe.

Später forderte die Situation von Flüchtlingen, Asylsuchenden
und Migranten die Kirchen zu abgestimmtem Handeln heraus.
Mit dem Ende der europäischen Teilung wurde die Kommunikation zwischen den Kirchen um vieles leichter; doch zugleich
gewannen die unterschiedlichen kirchlichen Traditionen und konfessionellen Profile wieder an Gewicht. Die evangelischen Kirchen stellten sich dieser Situation und machten von den mit
der Leuenberger Konkordie von 1973 gegebenen Möglichkeiten

Gebrauch. Die Leuenberger Kirchengemeinschaft entwickelte sich zur Gemeinschaft evangelischer Kirchen in Europa (GEKE) weiter.

Ökumenisch lassen sich die zwei Jahrzehnte zwischen 1990 und 2010 in Europa als eine Zeit der Selbstvergewisserung und der Orientierungssuche beschreiben. Nun ist es an der Zeit, die zentrale ökumenische Idee fur Europa zu finden und sich zur gemeinsamen ökumenischen Aktion auf den Weg machen. Einem nach Orientierung fragenden Europa können die Kirchen gemeinsam Gottes Barmherzigkeit und seinen Frieden bezeugen. Dieser ökumenische Auftrag hat in der Mitte des Evangeliums seinen Grund. Konzentration angesichts eines weiten Horizonts – darin liegt der Ausgangspunkt für eine neue ökumenische Initiative in Europa.

Dabei müssen die europäischen Kirchen sich ihrer doppelten Rolle bewusst sein: Die versöhnte Verschiedenheit der christlichen Kirchen in Europa ist zum einen von exemplarischer Bedeutung für die Aufgabe, vor der auch die europäische Gesellschaft insgesamt steht: nämlich Vielfalt auf der Grundlage gemeinsamer Werte und Überzeugungen zu gestalten. Zum anderen aber müssen die Kirchen ihre Stimme gemeinsam in die europäische Wirklichkeit einbringen. Denn es geht heute darum zu verdeutlichen, dass die Impulse des christlichen Glaubens für die europäische Gesellschaft unverzichtbar sind. Pluralität zu gestalten und eine gemeinsame Stimme zu finden: Diese doppelte Aufgabe stellt sich den europäischen Kirchen heute mit besonderem Nachdruck.

Von welchem Bild der Ökumene lassen wir uns bei solchen Überlegungen leiten? Worin besteht unsere ökumenische Vision? Viele beschreiben diese Vision im Sinn einer Einheit, die vor uns liegt, die wir anzustreben haben und der gegenüber die Spaltung der Christenheit als «Skandal» gilt. Oft wird in diesem Zusammenhang die Bitte aus dem Hohepriesterlichen Gebet Jesu zitiert, dass alle eins seien (Joh 17,21). Manchmal tritt dabei sogar in den Hintergrund, dass es sich um ein Gebet handelt; so stark wird die sichtbare Einheit als das Ergebnis unseres menschlichen Bemühens betrachtet. Persönlich möchte ich nicht nur nach dem Ziel, sondern ebenso nach dem Grund unserer ökumenischen Verbundenheit fragen. Für diese Frage lasse ich mich von dem Hohen Lied der Einheit leiten, das sich im Epheserbrief findet: «Ein Leib und ein Geist, wie ihr auch berufen seid zu einer Hoffnung eurer Berufung; ein Herr, ein Glaube, eine Taufe; ein Gott und Vater aller, der da ist über allen und durch alle und in allen» (Eph 4,4-6).

Dieser biblische Bekenntnissatz bezeugt eine ökumenische Wirklichkeit, die wir nicht erst hervorbringen, sondern die unserem Glauben selbst mitgegeben ist. Die Frage an uns heißt dann, ob wir dieser uns vorgegebenen Wirklichkeit entsprechen oder ob wir sie verfehlen. Wir sind gefragt, ob wir dieser Grundlage in der Gestalt unserer kirchlichen Gemeinschaft Ausdruck verleihen, ob wir uns in erkennbarer Weise von dem einen Geist Gottes leiten lassen, ob wir in unserer Zeit Zeugen der einen Hoffnung sind. Der eine Herr mahnt uns, auch ein Leib zu sein. Der eine Glaube verpflichtet uns dazu, uns auch von einem Geist leiten zu lassen. Die eine Taufe macht uns zu Zeugen der einen Hoffnung.

Doch so wie die Taufe den Anfangspunkt der christlichen Existenz bildet, so wie der Glaube den christlichen Lebensvollzug begründet, so wie der eine Herr den Glaubenden stets vorausgeht, so ist es auch mit der ökumenischen Gemeinschaft. Sie steht nicht zur Disposition; sie ist nicht ins Belieben gestellt. Es handelt sich nicht um eine Entscheidung, welche die Glaubenden treffen oder auch unterlassen könnten. Es handelt sich auch nicht um ein Ziel, das mit größerer oder geringerer Energie angestrebt werden kann. Die Zusammengehörigkeit der Christen und der Kirchen ist vielmehr mit dem Fundament ihres Bekenntnisses selbst gegeben: ein Herr, ein Glaube, eine Taufe.

Das Hohe Lied der Einheit im 4. Kapitel des Epheserbriefs, aus dem ich gerade zitiert habe, mündet in das Lob des einen Gottes und Vaters. Die im Christusbekenntnis, im gemeinsamen Glauben und in der einen Taufe begründete Gemeinschaft der Kirche in ihrem Zeugnis, in ihrem Dienst und in ihrer Hoffnung begründet das Lob des einen Gottes, der das All erfüllt und zur Einheit zusammenfasst.

Dieser biblische Text entwirft das Bild einer Ökumene des dankbaren Gotteslobs. Er beginnt nicht mit dem, was ökumenisch von uns gefordert ist. Er erinnert uns vielmehr daran, was uns ökumenisch anvertraut ist. Er sagt zuerst, was wir ökumenisch sind, bevor er fordert, was wir ökumenisch werden sollen. Hier begegnet uns auf großartige und eindrucksvolle Weise eine Ökumene des Indikativs. Durch die Erinnerung an das, was uns gemeinsam anvertraut ist, wird die Berufung dazu verdeutlicht, gemeinsam Leib Christi zu sein.

Die Wahl dieses Bildes erinnert daran, dass ökumenische Zusammengehörigkeit nicht Uniformität bedeutet. Nicht an einer gleichförmigen Bestimmung des Verhältnisses von Amt und Gemeinde, nicht an einer überall gleichen Gestaltung des Gottesdienstes macht der Epheserbrief diese Einheit fest. Ob die Verschiedenen sich von dem gleichen Geist leiten lassen und die gleiche Hoffnung bezeugen, ist seine ökumenische Testfrage. Dass sie in der einen Taufe verbunden sind, sich auf den einen Glauben stützen und den einen Herrn, den gekreuzigten und auferstandenen Christus, bekennen, bildet dafür eine unverbrüchliche Grundlage.

Es handelt sich nicht um eine Ökumene von oben, in der aus der Einheit Gottes auf die Uniformität der Kirche geschlossen wird. Sondern es handelt sich um eine Ökumene von unten, die der Verschiedenheit Raum gibt, dabei aber auf die Kraft der Einheit vertraut. Aus dem Dank für die vorgegebene Einheit des Christusbekenntnisses wird nach Wegen gesucht, die verschiedenen Gaben zum gemeinsamen Zeugnis für diese Einheit zusammenzuführen.

Das ist ein dynamisches Verständnis von Einheit, zu dem wir in der jüngeren europäischen Geschichte sogar politische Entsprechungen erlebt haben. Mehr als zwanzig Jahre nach der friedlichen Revolution in Europa bekennen wir dankbar, dass uns eine Einheit in Verschiedenheit geschenkt wurde, auf die wir lange Zeit kaum zu hoffen wagten. Ihr Gestalt zu geben, ist die große politische Aufgabe, vor der wir in Europa stehen. Als Kirchen wollen wir dazu unseren Beitrag leisten.

In einer solchen ökumenischen Vision können sich Vielfalt und Einheit, Weite und Konzentration neu miteinander verbinden. Die Weite der Themen und Netzwerke muss nicht verloren gehen, wenn wir uns auf unser gemeinsames Zeugnis besinnen. Unsere verschiedenen Traditionen müssen ihre Farbe nicht verlieren, wenn wir gemeinsam das eine Fundament sichtbar machen, auf dem wir stehen: ein Herr, ein Glaube, eine Taufe.

Die Einheit der Kirchen muss nicht neu erfunden werden. Diese Einheit ist der Grund, auf dem wir stehen. Dieser Perspektivenwechsel ist der entscheidende Schritt der ökumenischen Neuorientierung, die wir nach meiner Überzeugung heute brauchen. Er wird uns dabei helfen, in unserer Vielfalt nicht eine Bedrohung der Einheit, sondern deren Ausdruck zu sehen.

Ökumenisches Zusammenwirken setzt zuallererst voraus, dass wir uns immer wieder den gemeinsamen Quellen unseres Glaubens zuwenden. Denn aus ihnen wächst unserem Glauben immer wieder frische Kraft zu, aus der sich auch unser gemeinsames Zeugnis erneuert.

Ökumenisches Zusammenwirken zeigt sich ferner darin, dass ökumenische Partner im wechselseitigen Respekt vor ihrem jeweiligen Kirchesein miteinander verbunden sind. Denn sosehr ökumenisches Zusammenwirken auf der Treue der Beteiligten zur eigenen Kirche beruht, so sehr beruht es auch auf diesem wechselseitigen Respekt.

Ökumenisches Zusammenwirken kommt schließlich darin zum Ausdruck, dass gemeinsame Aufgaben auch gemeinsam wahrgenommen werden. In der Antwort auf die großen Krisen und Herausforderungen unserer Zeit muss sich deshalb unsere ökumenische Zusammengehörigkeit besonders bewähren. Die unverantwortlichen Irrwege, die 2008 in die Finanzmarktkrise geführt haben, die noch immer nicht gebannte Gefahr einer Klimakatastrophe und der fortdauernde Unfriede in vielen Teilen unserer Welt fordern uns zum gemeinsamen Zeugnis heraus.

Die Gestaltung einer gerechten Gesellschaft, die die Überwindung der Armut als zentrale Aufgabe anerkennt, und der Übergang zu einer nachhaltigen Wirtschaft als Antwort auf die drohenden Veränderungen des Klimas bewegen uns alle. Darin liegt in ganz besonderer Weise auch eine gemeinsame ökumenische Aufgabe, die wir in den europäischen Kirchen verstärkt in den Blick genommen haben.

Wir spüren, wie sehr vielfältige kulturelle Verschiebungen uns zu klarer ethischer Orientierung herausfordern. Im gesellschaftlichen Wandel wird neu nach ethischen Leitlinien für Ehe, Familie und Sexualität gefragt. Der Anfang des menschlichen Lebens gerät genauso in die Diskussion wie sein Ende; der wissenschaftliche und medizinische Fortschritt verbindet sich mit der Frage, wie der Mensch in diesem Fortschritt als Person geachtet werden kann. Wie gelingt es uns, dem Zeugnis des Evangeliums treu bleibend, Antworten zu geben, die überzeugen und orientieren?

Die gemeinsame Beratung über solche Fragen wird den europäischen Kirchen dabei helfen, ihren Glaubensüberzeugungen treu zu bleiben und den Zeitgenossen Antworten anzubieten, die über den Tag hinausweisen, weil sie Hoffnung geben über die Grenzen des menschlichen Lebens hinaus. Denn darin besteht die bleibende Aufgabe der Kirche Jesu Christi: unserer Welt den Glauben an Christus zu bezeugen, damit sie Frieden und Gerechtigkeit und darin das Leben wählt.

Die ökumenische Gemeinschaft, der wir Gestalt geben wollen, ist keine starre Schablone, sondern ein lebendiger Prozess. Sie ist ein Weg, auf dem man immer wieder zu markanten Kreuzungen und Weggabelungen kommt, an denen neue Orientierung notwendig ist. Heute stehen wir nach meiner Überzeugung an einer solchen Wegmarke.

Viele europäische Kirchen sind in diesen Jahren dabei, ihren Ort in der Gesellschaft neu zu bestimmen. Angesichts des gesellschaftlichen Umbruchs, durch den wir in Europa gegangen sind und der noch keineswegs an sein Ende gekommen ist, bestimmen sie ihre Aufgaben neu und suchen nach einer auftragsgemäßen Gestalt ihres Zeugnisses. In der Evangelischen Kirche in Deutschland orientieren wir uns dafür an einem grundlegenden Dokument aus dem Jahr 2006, das den Titel *Kirche der Freiheit* trägt. Wir wollen das Erbe der Reformation in das gemeinsame Zeugnis der Kirchen einbringen. Die besondere Glaubenseinsicht, die uns anvertraut ist, wollen wir so zum Leuchten bringen, dass auch diejenigen davon erreicht werden, denen das Bekenntnis zu dem einen Herrn, dem einen Glauben und der einen Taufe fremd geworden ist. Wir wollen die missionarische Aufgabe, die sich uns heute auch in Europa stellt, mit der ökumenischen Verpflichtung verbinden, in der wir uns als Kirchen miteinander verbunden wissen.

Zwischen der gemeinsamen Botschaft, die uns anvertraut ist, und den vielen Möglichkeiten, ihr im Leben unserer Kirchen Gestalt zu geben, müssen wir heute eine neue Balance finden. Dieses Bemühen stößt nicht überall auf Begeisterung. Viele haben sich in ihrer besonderen Nische eingerichtet, halten ihr eigenes Zimmer möglicherweise für die eigentliche Welt und haben dabei den Blick auf das eine Haus verloren. Sie machen dadurch unseren christlichen Glauben zu einer Lebenshaltung, die nur im kleinen Kreis Gleichgesinnter gepflegt und bewahrt werden kann. In dieser abgeschlossenen Welt sind sie zugleich darüber enttäuscht, dass ihre Botschaft nur noch von wenigen gehört wird. Wie relevant christliche Überzeugungen für die gesellschaftlichen Entwicklungen in Europa denn noch seien, wird dann gefragt. Als Christen sind wir davon überzeugt, dass unser Bild vom Menschen als Gottes Ebenbild, unser Vertrauen auf die Kraft von Vergebung und Versöhnung und unsere Hoffnung auf ein Leben in Gerechtigkeit und Frieden für die Zukunft Europas eine große Kraft entfalten können. Doch dafür müssen wir die Vielfalt unserer Traditionen und das Gemeinsame unseres Glaubens neu miteinander verbinden.

Aus dieser Verbindung von Vielfalt und Gemeinsamkeit kann eine neue ökumenische Vision für Europa erwachsen. Dass wir in unserer Vielfalt auf die uns vorgegebene Einheit antworten, kann zum Leitmotiv für die ökumenische Bewegung in Europa werden. Vielfalt und Einheit, Weite und Konzentration können sich dabei neu miteinander verbinden. Die Weite der Themen und Netzwerke muss nicht verloren gehen, wenn wir uns auf unser gemeinsames Zeugnis besinnen. Unsere verschiedenen Traditionen müssen ihre Farbe nicht verlieren, wenn wir gemeinsam das eine Fundament sichtbar machen, auf dem wir stehen: ein Herr, ein Glaube, eine Taufe.

Die Kirchen der Reformation sind wie die römisch-katholische Kirche Kirchen des Westens. Unbeschadet ihrer theologischen Unterschiede sind sie durch viele kulturelle Gemeinsamkeiten geprägt. Derzeit fällt es schwer, Ansatzpunkte für eine Vertiefung ihrer Gemeinschaft zu erkennen. Was auf dem Weg von Konsensdokumenten erschlossen werden kann, scheint weitgehend geklärt zu sein. Dass die wechselseitigen Verurteilungen des Reformationsjahrhunderts den heutigen ökumenischen Partner nicht mehr treffen, kann gemeinsam ausgesprochen werden. Zugleich treten bleibende Unterschiede von gravierender Bedeutung hervor. Sie haben, jedenfalls aus evangelischer Sicht, im Kern mit Fragen des Amtsverständnisses zu tun. Dass die mangelnde Übereinstimmung im Amtsverständnis die wechselseitige Wahrnehmung als Kirche deutlich erschwert, gehörte ohne Zweifel zu den belastenden ökumenischen Faktoren im ersten Jahrzehnt des neuen Jahrhunderts. Meine Hoffnung ist, dass sich im zweiten Jahrzehnt ein veränderter Umgang mit dieser Frage abzeichnet. Denn ich bin davon überzeugt: Ökumenische Fortschritte kann es nur geben, wenn die ökumenischen Partner sich in ihrem Kirchesein wechselseitig respektieren.

Doch das Bild der weltweiten Christenheit hat sich innerhalb weniger Jahrzehnte dramatisch verändert. Die Zahl der Mitglieder von charismatischen Bewegungen und pentekostalen Kirchen wächst, weltweit betrachtet, in atemberaubendem Tempo. Mit etwa 500 Millionen Christen sind diese Bewegungen und Kirchen nahezu gleich groß wie der Ökumenische Rat der Kirchen (ÖRK), zu dessen Mitgliedskirchen etwa 560 Millionen Christen gehören. Diese Entwicklungen entfalten nicht nur in Lateinamerika, Afrika und Asien eine erhebliche Dynamik. Auch in Europa ist ihre Wirksamkeit nicht zu übersehen.

Die europäische Situation ist schließlich durch eine religiöse Pluralität gekennzeichnet, die über die Vielfalt der christlichen Kirchen hinausweist. Die verstärkte Präsenz des Islam ist für diese Pluralität ebenso kennzeichnend wie die eigenständige Bedeutung der «säkularen Option», die sich auf keinem Kontinent so stark zu Wort meldet wie in Europa. So verfehlt es wäre, sich die künftige religiöse Entwicklung in Europa nach dem Modell eines unaufhaltsamen, naturgesetzlich ablaufenden Säkularisierungsprozesses vorzustellen, so verfehlt wäre es auch, das Ausmaß und die Bedeutung einer weite Gesellschaftsschichten erfassenden Säkularisierung in Europa gering zu schätzen.

Ein Dialog über die theologischen Fragen religiöser Pluralität ist dringend erforderlich. Nur so können die Gemeinden in diesen Veränderungen Orientierung finden. Nur so können die Kirchen Klarheit darüber gewinnen, auf welcher Grundlage und mit welcher Zielsetzung sie den christlichen Glauben in der europäischen Öffentlichkeit bezeugen und aus ihm heraus zu dringenden Fragen der Zeit Stellung nehmen. Dazu sind sie auf die Zusammenarbeit in den multilateralen ökumenischen Institutionen angewiesen.

In diesen Institutionen kommt die Zusammengehörigkeit von Vielfalt und Einheit, von Weite und Konzentration auf exemplarische Weise zum Ausdruck. Der Dank dafür, dass es diese Organisationen gibt, verbindet sich mit Sorgen über ihren weiteren Weg. Umso ermutigender ist die Beobachtung, dass ein neues Nachdenken über ihre Funktion wie über eine Stärkung ihrer Wirksamkeit in Gang gekommen ist.

So arbeitet die Gemeinschaft Evangelischer Kirchen in Europa zu Recht und mit Nachdruck daran, dass die Zusammengehörigkeit der evangelischen Kirchen an Verbindlichkeit gewinnt und ihre Stimme in den europäischen Zusammenhängen deutlicher hörbar wird. Dabei ist es beeindruckend, was die GEKE mit ihren begrenzten organisatorischen Möglichkeiten zu Stande bringt.

Bemerkenswert ist auch, dass die Konferenz Europäischer Kirchen mit ihrer Vollversammlung in Lyon 2009 einen Reformprozess begonnen hat. Dessen Ziel besteht darin, dass die KEK sich in ihrer Arbeit auf das konzentrieren kann, was multilateralen Organisationen in besonderer Weise möglich ist:

die Gemeinschaft untereinander durch die Entdeckung und Erneuerung von Elementen gemeinsamer Spiritualität zu fördern,

die Debatte um ethische Grundorientierungen so zu führen, dass sie in den Kulturen und Gesellschaften des zusammenwachsenden Europa gehört wird und zu ihrer Orientierung beiträgt,

die Positionen der Kirchen zu wichtigen Fragen der europäischen Entwicklung so zu bündeln, dass sie mit größerer Wirksamkeit gegenüber den europäischen Institutionen wie in der europäischen Öffentlichkeit vorgebracht werden können.

In vergleichbarer Weise gibt es Ansätze dazu, dass die Arbeit des Ökumenischen Rats der Kirchen stärker von den Mitgliedskirchen getragen wird und er dadurch seine Aufgaben besser und wirksamer wahrnehmen kann. Es ist in diesem Zusammenhang ermutigend, festzustellen, dass die Initiative zur Reform der KEK auch auf den ÖRK zurückwirkt.

Die Perspektiven für den ÖRK sind bei seiner Vollversammlung in Porto Alegre 2006 in Umrissen beschrieben worden. Doch die damals formulierten Ansätze sind in dem 2009 begonnenen Arbeitsprozess zur Neuordnung des ÖRK weiter zu präzisieren, zu konzentrieren und umzusetzen.

Solche Reformansätze sind nicht von dem Bild einer uniformen Ökumene bestimmt. Für das Zusammenwirken der Kirchen in Europa wie in der ganzen Welt gilt: Sichtbare Einheit setzt nicht das Verschwinden von Unterschieden voraus. Die Fähigkeit, sich in der jeweiligen Unterschiedlichkeit zu respektieren und mit Verschiedenheiten geschwisterlich umzugehen, wird ein besonders wichtiger Beitrag für die Zukunft des europäischen Kontinents wie des Globus im Ganzen sein. Denn darin zeigt sich, was die christlichen Kirchen, ja die Religionen überhaupt zum Zusammenhalt einer Gesellschaft beitragen können, die durch Pluralität geprägt ist.

Anhang

Anmerkungen

II. Verantwortete Freiheit

1 So die Fassung als «Grundgesetz der reinen praktischen Vernunft» (Kritik der praktischen Vernunft A 54), in: Immanuel Kant, Werke, hg. v. Wilhelm Weischedel, Bd. IV, S. 140.

2 Metaphysik der Sitten, Rechtslehre AB 44, in: Immanuel Kant, Werke, hg. v. Wilhelm Weischedel, Bd. IV, S. 344.

3 Vgl. Wolfgang Huber, Folgen christlicher Freiheit. Ethik und Theorie der Kirche im Horizont der Barmer Theologischen Erklärung, 2. Aufl. 1985, S. 53 ff.

4 Vgl. Georg Wilhelm Friedrich Hegel, Grundlinien der Philosophie des Rechts, § 141, (Theorie Werkausgabe, Bd. 7, 1970, S. 286).

5 Vgl. Joachim Ritter, Metaphysik und Politik, 1969, bes. S. 281 ff.

6 Vgl. Alexander von Oettingen, Die Moralstatistik und die christliche Sittenlehre. Versuch einer Sozialethik auf empirischer Grundlage, 1868–1873. Den verwegenen methodischen Anspruch einer empirischen Begründung einer theologischen Sozialethik hat Oettingen später fallengelassen; das Werk hieß in der 3. Auflage: Die Moralstatistik in ihrer Bedeutung für die Sozialethik, 1882.

7 Im Anschluss an einen Sprachgebrauch, der sich in Frankreich unter den Schülern Auguste Comtes ausgebreitet hatte.

8 Vgl. Alexander von Oettingen, Die Moralstatistik und die christliche Sittenlehre, Bd. 1, 1868/69, S. VI; Bd. 2, 1873, S. 24 und 79.

9 Gebräuchlich ist es zuvor für die Einsetzung der Sakramente durch Christus, für die Einweisung in ein kirchliches Amt und für den Unterricht in der christlichen Religion (vgl. Calvin). Zur Verwendung des Worts in der Confessio Augustana vgl. Wolfgang Huber, Folgen christlicher Freiheit. Ethik und Theorie der Kirche im Horizont der Barmer Theologischen Erklärung, 2. Aufl. 1985, S. 153 f.

10 Erst die dritte Auflage der Lexikonreihe *Religion in Geschichte und Gegenwart* kennt das Stichwort (bearb. v. Wolf-Dieter Marsch, in: Religion in Geschichte und Gegenwart, Bd. III, 3. Aufl. 1959, Sp. 783 ff.); der Begriff wurde durch die rechtstheologischen Gespräche im Bereich der EKD eingeführt; vgl. Hans Dombois (Hg.), Recht und Institution, Bd. 1, 1956; Bd. 2, 1969.

11 Aus der umfangreichen Literatur seien exemplarisch genannt: Maurice Hauriou, Theorie der Institution und der Gründung, hg. v. Roman Schnur, 1965; Roman Schnur (Hg.), Institution und Recht, 1968; Helmut Schelsky (Hg.), Zur Theorie der Institution, 1970; Wolfgang Lipp/Hans Dombois, Art. «Institution», in: Evangelisches Staatslexikon, 2. Aufl. 1975,

Sp. 1011 ff.; Helmut Dubiel, Art. «Institution», in: Historisches Wörterbuch der Philosophie, Bd. 4, 1976, S. 418 ff.; Walter Weymann-Weyhe, Sprache – Gesellschaft – Institution, 1978. – Hinzuweisen ist darauf, mit welcher Intensität sich die katholische Ekklesiologie dem Thema der Institution zugewandt hat. Vgl. aus der jüngsten Diskussion: Gotthold Hasenhüttl, Herrschaftsfreie Kirche. Sozio-Theologische Grundlegung, 1974; Leo Dullaart, Kirche und Ekklesiologie, 1975; Ferdinand Klostermann, Kirche – Ereignis und Institution, 1976; Medard Kehl, Kirche als Institution, 1976.

12 Für das Folgende vgl. unter der – wiederum unübersehbaren – Literatur: Heinrich Schlier, Der Brief an die Galater, 12. Aufl. 1962, S. 228 ff.; Wolfhart Pannenberg, Christlicher Glaube und menschliche Freiheit, in: Kerygma und Dogma 4 (1958), S. 251 ff.; Hans-Georg Geyer, Norm und Freiheit, in: Arnold Falkenroth (Hg.), Das gnädige Recht Gottes und die Freiheitsidee des Menschen, 1967, S. 35 ff.; Jürgen Moltmann, Die Revolution der Freiheit, in: Perspektiven der Theologie, 1968, S. 189 ff.; Jörg Baur, Freiheit und Emanzipation – ein philosophisch-theologischer Traktat, 1974; Trutz Rendtorff, Die christliche Freiheit als Orientierungsbegriff der gegenwärtigen christlichen Ethik, in: Handbuch der christlichen Ethik, Bd. 2, 1978, S. 378 ff.; Oswald Bayer, Zugesagte Freiheit. Zur Grundlegung theologischer Ethik, 1980; ders., Umstrittene Freiheit. Theologisch-philosophische Kontroversen, 1981; Manfred Josuttis, Freiheit in theologischer Sicht, in: Günter Brakelmann (Hg.), Freiheit konkret, 1979, S. 39 ff. Dem Aufsatz von Josuttis entnehme ich die (von mir variierte) Anregung zur Unterscheidung von «vier Sprachformen».

13 Vgl. zu diesem Begriff Michael Theunissen, Sein und Schein. Die kritische Funktion der Hegelschen Logik, 1978, bes. S. 37 ff., 433 ff.

14 Vgl. Karl Barth, Kirchliche Dogmatik II/1, S. 288 ff.

15 Martin Luther, Von der Freiheit eines Christenmenschen, in: Ders.: Werke in Auswahl, Bd. 2: Schriften von 1520 bis 1524, hg. von Otto Clemen, 1959, S. 11,6–9; vgl. Eberhard Jüngel, Zur Freiheit eines Christenmenschen. Eine Erinnerung an Luthers Schrift, 1978.

16 Vgl. das 14. und 15. Kapitel der Kirchlichen Dogmatik Karl Barths (KD IV/1 und IV/2).

17 Vgl. bes. Otto Hermann Pesch/Robert Spaemann/Walter Warnach, Art. «Freiheit», in: Historisches Wörterbuch der Philosophie, Bd. 2, 1972, Sp. 1064 ff.; Werner Conze/Christof Dipper/Horst Günther/Dithelm Klippel/Gerhard May/Christian Meier, Art. «Freiheit», in: Geschichtliche Grundbegriffe, Bd. 2, 1975, S. 425 ff.; Josef Simon (Hg.), Freiheit. Theoretische und praktische Aspekte des Problems, 1977.

18 Vgl. Georg Wilhelm Friedrich Hegel, Grundlinien der Philosophie des Rechts (Theorie Werkausgabe, Bd. 7, 1970), v. a. §§ 263–270.

19 Für Gehlens Institutionentheorie ist grundlegend: Arnold Gehlen, Urmensch und Spätkultur, 2. Aufl. 1964; als knappe Zusammenfassung: Mensch und Institution, in: Ders., Anthropologische Forschung, 1961, S. 69 ff. Zu den Konsequenzen für die Ethik: Ders., Moral und Hypermo-

ral. Eine pluralistische Ethik, 2. Aufl. 1970. Zu Gehlens Institutionenlehre vgl. bes.: Friedrich Jonas, Die Institutionenlehre Arnold Gehlens, 1966; Johannes Weiß, Weltverlust und Subjektivität. Zur Kritik der Institutionenlehre Arnold Gehlens, 1971; Jürgen Habermas, Philosophisch-politische Profile, 1971, S. 200 ff.; Karl-Otto Apel, Transformation der Philosophie, Bd. 1, 1973, S. 197 ff.; Falk Wagner, Ethischer Pluralismus, in: Zeitschrift für evangelische Ethik 18 (1974), S. 21 ff.

20 Arnold Gehlen, Urmensch und Spätkultur, 2. Aufl. 1964, S. 9.

21 Ders., Über die Geburt der Freiheit aus der Entfremdung, in: Archiv für Rechts- und Sozialphilosophie 40,3 (1953), S. 35 ff.

22 Vgl. Norbert Elias, Der Prozeß der Zivilisation, Nachdruck der 2. Aufl., 1976.

23 Vgl. dazu außer der in Anm. 19 genannten Arbeit von Karl-Otto Apel von demselben: Sprechakttheorie und transzendentale Sprachpragmatik zur Frage ethischer Normen, in: Ders. (Hg.), Sprachpragmatik und Philosophie, 1976, S. 111. Vgl. auch Ingolf Dalferth/Eberhard Jüngel, Sprache als Träger von Sittlichkeit, in: Handbuch der christlichen Ethik, Bd. 2, 1978, S. 454 ff.

24 Zitiert nach Peter L. Berger/Brigitte Berger, Wir und die Gesellschaft, 1976, S. 58.

25 Für diesen Aspekt ist besonders wichtig Bronislaw Malinowski, Eine wissenschaftliche Theorie der Kultur, 1949.

26 Der Begriff der «idée directrice» stammt in diesem Zusammenhang von dem französischen Juristen Maurice Hauriou, vgl. ders.: Theorie der Institution und der Gründung, hg. v. Roman Schnur, 1965.

27 Das ist ein Grundmotiv in der Darstellung der Funktion von Institutionalisierung bei Niklas Luhmann, vgl. bes.: Grundrechte als Institution, 1965; und: Institutionalisierung: Funktion und Mechanismus im sozialen System der Gegenwart, in: Helmut Schelsky (Hg.), Zur Theorie der Institution, 1970, S. 27 ff.

28 Vgl. Wolfgang Huber/Heinz E. Tödt, Menschenrechte – Perspektiven einer menschlichen Welt, 2. Aufl. 1978.

29 Zu dieser «Überdeterminiertheit» von Institutionen: Helmut Schelsky, Zur soziologischen Theorie der Institution, in: Ders. (Hg.), Zur Theorie der Institution, 1970, S. 9 ff.

30 Vgl. Ernst Wolf, Sozialethik. Theologische Grundfragen, 1975, S. 168 ff.

31 Die Formel «Einheit von Stiftung und Annahme» stammt von Hans Dombois (Evangelisches Staatslexikon, 2. Aufl. 1975, Sp. 1020).

32 Vgl. als exemplarischen Text: De servo arbitrio (Weimarer Ausgabe 18, S. 754, 1–16) und dazu u. a.: Martin Seils, Der Gedanke vom Zusammenwirken Gottes und des Menschen in Luthers Theologie, 1962; Wilfried Joest, Ontologie der Person bei Luther, 1967, S. 310 ff.; Ulrich Duchrow, Christenheit und Weltverantwortung, 2. Aufl. 1982, S. 512 ff.; Heinz E. Tödt, Die Bedeutung von Luthers Reiche- und Regimentenlehre für heutige Theologie und Ethik, in: Niels Hasselmann (Hg.), Gottes Wirken in seiner Welt. Zur Diskussion um die Zwei-Reiche-Lehre. Bd. 2, 1980, S. 52 ff.

33 Vgl. Wolfgang Huber, Folgen christlicher Freiheit. Ethik und Theorie der Kirche im Horizont der Barmer Theologischen Erklärung, 2. Aufl. 1985, S. 151 ff.

34 So Max Weber, Die protestantische Ethik und der Geist des Kapitalismus II, in: Ders., Gesammelte Aufsätze zur Religionssoziologie, Bd. 1, 6. Aufl. 1972, S. 203, im Blick auf die Bedingungen der modernen Technik und Ökonomie.

35 Vgl. Francis H. Bradley, The Vulgar Notion of Responsibility in Connection with the Theories of Free-Will and Necessity, in: Ders., Ethical Studies, 1876 (Nachdruck 1927), S. 1–57; Richard McKeon, The Development and the Significance of the Concept of Responsibility, in: Ders., Freedom and History and Other Essays, 1990, S. 62–87.

36 Richard Swinburne, Responsibility and Atonement, 1989, S. 34 (eigene Übersetzung aus dem Englischen).

37 Vgl. u. a. Bernard Berofsky, Freedom from Necessity: The Metaphysical Basis of Responsibility, 1987, oder Bruce N. Waller, Freedom without Responsibility, 1990.

38 Vgl. die Beiträge zum «Symposium on Moral Responsibility», in: Ethics 101 (1991), S. 236–321.

39 Vgl. die typischen Aufsätze von Joel Feinberg, Doing and Deserving. Essays in the Theory of Responsibility, 1978.

40 Zur Funktionsverantwortung vgl. Herbert L. A. Hart, Punishment and Responsibility, 1968, S. 212.

41 Karl Jaspers, Die Schuldfrage. Für Völkermord gibt es keine Verjährung, 1979, S. 21 f.

42 Herbert C. Kelman/Lee V. Hamilton, Crimes of Obedience. Toward a Social Psychology of Authority and Responsibility, 1989.

43 Hannah Arendt, Organized Guilt and Responsibility, in: Larry May/Stacey Hoffman (Hg.), Collective Responsibility. Five Decades of Debate in Theoretical and Applied Ethics, 1991, S. 273–283; hier: S. 282 (eigene Übersetzung). Vgl. auch Larry May, Sharing Responsibility, 1992. In dieser Schrift befasst May sich mit der Beziehung zwischen Verantwortung und Gruppenzugehörigkeit, wie bereits in: Ders., The Morality of Groups. Collective Responsibility, Group-Based Harm and Corporate Rights, 1987.

44 Hans Jonas, Das Prinzip Verantwortung. Versuch einer Ethik für die technologische Zivilisation, 1979. Für seine eigene Übersetzung vgl. ders., The Imperative of Responsibility. In Search of an Ethics for the Technological Age, 1984.

45 Im folgenden Abschnitt führe ich Überlegungen in einer Reihe früherer Beiträge weiter. Vgl. Wolfgang Huber, Konflikt und Konsens. Studien zur Ethik der Verantwortung, 1990, S. 135–250; ders./Hans-Richard Reuter, Friedensethik, 1990, S. 256–269; Wolfgang Huber, Rights of Nature or Dignity of Nature?, in: Annual of the Society of Christian Ethics (1991), S. 43–60; ders., Selbstbegrenzung aus Freiheit. Über das ethische Grundproblem des technischen Zeitalters, in: Evangelische Theologie 52 (1992), S. 128–146.

46 Vgl. Max Weber, Politik als Beruf, in: Ders., Gesammelte politische Schriften, hrsg. von Johannes Winckelmann, 4. Aufl. 1980, S. 505–560, insb. S. 548–560.

47 Zu Jonas vgl. Hans Jonas, Das Prinzip Verantwortung. Versuch einer Ethik für die technologische Zivilisation, 1979; Dieter Birnbacher, Verantwortung für zukünftige Generationen, 1988.

48 Vgl. Karl-Otto Apel, Diskurs und Verantwortung. Das Problem des Übergangs zur postkonventionellen Moral, 1988.

49 Vgl. Franklin I. Gamwell, The Divine Good. Modern Moral Theory and the Necessity of God, 1990.

50 Vgl. Georg Picht, Der Begriff der Verantwortung, in: Ders., Wahrheit, Vernunft, Verantwortung. Philosophische Studien, 1969; ders., Hier und Jetzt. Philosophieren nach Auschwitz und Hiroshima, Bd. 1, 1980, S. 318–342.

51 Dietrich Bonhoeffer, Ethik, 3. Aufl. 2010, S. 254.

52 Vgl. H. Richard Niebuhr, The Responsible Self. An Essay in Christian Moral Philosophy, 1978, S. 149. Die Bedeutung Bonhoeffers und Niebuhrs als die zwei theologischen Klassiker zu diesem Thema ist bereits in dem Sammelband von James M. Gustafson/James T. Laney (Hg.), On Being Responsible. Issues in Personal Ethics, 1969, gewürdigt worden.

53 Vgl. Robert N. Bellah u. a., The Good Society, 1992, S. 283–286.

54 Martin Luther, Disputatio de homine, in: Weimarer Ausgabe, Bd. 39, Abt. 1 (1926), S. 175–177.

55 Dietrich Bonhoeffer, Ethik, 3. Aufl. 2010, S. 254.

56 H. Richard Niebuhr, The Responsible Self. An Essay in Christian Moral Philosophy, 1978, S. 56 (eigene Übersetzung).

57 Ebd., S. 65 (eigene Übersetzung).

58 H. Richard Niebuhr, The Responsibility of the Church for Society, in: Kenneth Scott Latourette (Hg.), The Gospel, the Church and the World, 1946, S. 111–133, besonders S. 114–117, 119. Dieser Artikel wird zitiert von Charles Scriven, The Transformation of Culture. Christian Social Ethics after H. Richard Niebuhr, 1988, S. 56.

59 Dietrich Bonhoeffer, Ethik, 3. Aufl. 2010, S. 255.

60 Ebd., S. 254. Das folgende kritische Argument wurde erstmals von Hans-Richard Reuter entfaltet in: Wolfgang Huber/Hans-Richard Reuter, Friedensethik, 1990, S. 261–265.

61 Dies führt zu einem nichtreziproken und sogar totalitären Verständnis von Verantwortung bei Jonas, das ich bereits bei verschiedenen Gelegenheiten kritisiert habe, vgl. Wolfgang Huber, Selbstbegrenzung aus Freiheit. Über das ethische Grundproblem des technischen Zeitalters, in: Evangelische Theologie 52 (1992), S. 128–146.

62 Zu den Ursprüngen dieses Konzepts bei Bonhoeffer vgl. Joachim von Soosten, Die Sozialität der Kirche, 1992.

63 Romano Guardini, zitiert von Willem Visser´t Hooft, A Responsible University in a Responsible Society, 1971, S. 5.

64 Vgl. Max Weber, Politik als Beruf, in: Ders., Gesammelte politische Schriften, hg. v. Johannes Winckelmann, 4. Aufl. 1980, S. 551–560.

65 Dietrich Bonhoeffer, Ethik, 3. Aufl. 2010, S. 40.

66 Vgl. Robert D. Benne, Toward a Theory of Responsibility. A Critique of Four Proposals (Diss.), Chicago 1970, S. 237. Zu Niebuhr vgl. außerdem Albert R. Jonsen, Responsibility in Modern Religious Ethics, 1968.

67 Karl-Otto Apel erörtert diesen Vorschlag mehrfach, wie beispielsweise in: Karl-Otto Apel, Discourse Ethics as a Response to the Novel Challenges of Today's Reality to Coresponsibility, in: The Journal of Religion 73 (4/1993), S. 496–513.

68 Vgl. Björn Engholm/Wilfried Röhrich (Hg.), Ethik und Politik heute, 1990, S. 81 f.

69 Karl-Otto Apel, Types of Rationality Today, in: Theodore Gereats (Hg.), Rationality Today, 1979, S. 307–340, hier: S. 338 (eigene Übersetzung).

70 Franklin I. Gamwell, The Divine Good. Modern Moral Theory and the Necessity of God, S. 38 (eigene Übersetzung).

71 Ebd., S. 62 (eigene Übersetzung).

72 Dies ist die Meinung von Bruce Ackerman, Social Justice in the Liberal State, 1980, die ich bereits ausführlich diskutierte in Wolfgang Huber, Selbstbegrenzung aus Freiheit. Über das ethische Grundproblem des technischen Zeitalters, in: Evangelische Theologie 52 (1992), S. 128–146.

73 Wolfgang Schluchter, Die Entwicklung des okzidentalen Rationalismus. Eine Analyse von Max Webers Gesellschaftsgeschichte, 1979; ders., Religion und Lebensführung, 1988.

74 Alasdair MacIntyre, Three Rival Versions of Moral Enquiry. Encyclopedia, Genealogy, and Tradition, 1990.

75 Vgl. Confessio Augustana, Art. 28, in: Die Bekenntnisschriften der Evangelisch-Lutherischen Kirche, 1959, S. 124.

76 Barack Obama, «Eine neue Ära der Verantwortung», in: Frankfurter Allgemeine Zeitung vom 22. 1. 2009, S. 7.

77 Als zusammenfassende Darstellung vgl. Walter Reese-Schäfer, Kommunitarismus, 2001.

78 Friedrich Schiller, Die Worte des Glaubens, in: Ders., Sämtliche Gedichte, hg. v. Gerhard Fricke und Herbert Göpfert, Bd. 1, 1958, S. 187.

79 Vgl. Isaiah Berlin, Two Concepts of Liberty. An Inaugural Lecture Delivered before the University of Oxford on 31 Oct. 1958, in: Ders., Four Essays on Liberty, 1969, S. 118–172; Charles Taylor, Negative Freiheit? Zur Kritik des neuzeitlichen Individualismus, 1992, S. 118–144.

80 Peter Bieri, Das Handwerk der Freiheit. Über die Entdeckung des eigenen Willens, 2001, S. 73.

81 Aristoteles, De motu animalium, 700 b 22; vgl. Walter Warnach, Art. «Freiheit», in: Historisches Wörterbuch der Philosophie, Bd. 2, 1972, Sp. 1068.

82 Walter Warnach, ebd., Sp. 1070.

83 George Herbert Mead, Naturrecht und die Theorie der politischen Institutionen, in: Ders., Gesammelte Aufsätze, Bd. 2, hg. v. Hans Joas, 1983, S. 411.

84 Vgl. Orlando Patterson, Freedom, 1991.

85 George Herbert Mead, Naturrecht und die Theorie der politischen

Institutionen, in: Ders., Gesammelte Aufsätze, Bd. 2, hg. v. Hans Joas, 1983, S. 451, vgl. Hans Joas, Die Entstehung der Werte, 1997.

86 Vgl. zu dieser Betrachtungsweise Michael Theunissen, Freiheit und Schuld – Freiheit und Sünde, in: Heinrich Bedford-Strohm u. a. (Hg.), Freiheit verantworten. Festschrift für Wolfgang Huber, 2002, S. 343.

87 Isaiah Berlin, Two Concepts of Liberty. An Inaugural Lecture Delivered before the University of Oxford on 31 Oct. 1958, in: Ders., Four Essays on Liberty, 1969, S. 118–172.

88 Darin liegt der wichtigste Beitrag der Gerechtigkeitstheorie von John Rawls für das Verständnis der Freiheit. Vgl. John Rawls, Eine Theorie der Gerechtigkeit, 1975; Heinrich Bedford-Strohm, Vorrang für die Armen. Auf dem Weg zu einer theologischen Theorie der Gerechtigkeit, 1993.

89 Vgl. Heinrich Bedford-Strohm, Gemeinschaft aus kommunikativer Freiheit. Sozialer Zusammenhalt in der modernen Gesellschaft. Ein theologischer Beitrag, 1998. Zur Bedeutung des Freiheitsbegriffs in der neueren evangelischen Ethik vgl. die Zusammenstellung exemplarischer Texte bei Hans G. Ulrich, Freiheit im Leben mit Gott. Texte zur Tradition evangelischer Ethik, 1993.

90 Gerd Theißen, Zum Freiheitsverständnis bei Paulus und Philo, in: Bedford-Strohm u. a. (Hg.), Freiheit verantworten. Festschrift für Wolfgang Huber, 2002, S. 337–356, hier: S. 337; ders., Erleben und Verhalten der ersten Christen. Eine Psychologie des Urchristentums, 2007, S. 213 f.

91 Wilfried Härle, Dogmatik, 1995, S. 448 f.

92 Michael Theunissen, Freiheit und Schuld – Freiheit und Sünde, in: Heinrich Bedford-Strohm u. a. (Hg.), Freiheit verantworten. Festschrift für Wolfgang Huber, 2002, S. 346.

93 Ebd., S. 347.

94 Augustin, De corruptione et gratia, 11, S. 33–44; vgl. Pier Francesco Beatrice, Art. «Sünde», in: Theologische Realencyklopädie, Bd. 32, S. 393.

95 Martin Luther, De servo arbitrio/Vom unfreien Willensvermögen, in: Ders., Lateinisch-deutsche Studienausgabe, Bd. 1, Der Mensch vor Gott, 2006, S. 219–261.

96 Vgl. die ausführliche Interpretation von «De servo arbitrio» durch Wilfried Härle, Menschsein in Beziehungen. Studien zur Rechtfertigungslehre und Anthropologie, 2005, S. 253–304.

97 Martin Luther, De servo arbitrio/Vom unfreien Willensvermögen, in: Ders., Lateinisch-deutsche Studienausgabe, Bd. 1, Der Mensch vor Gott, 2006, S. 663–669; vgl. Wilfried Härle, Menschsein in Beziehungen. Studien zur Rechtfertigungslehre und Anthropologie, 2005, S. 169–190.

98 Z. B. Martin Luther, De servo arbitrio/Vom unfreien Willensvermögen, in: Ders., Lateinisch-deutsche Studienausgabe, Bd. 1, Der Mensch vor Gott, 2006, S. 252 f.

99 Otto Hermann Pesch, Art. «Freiheit», in: Historisches Wörterbuch der Philosophie, Bd. 2, 1972, Sp. 1083–1088, hier: Sp. 1087.

100 Wilfried Härle, Menschsein in Beziehungen. Studien zur Rechtfertigungslehre und Anthropologie, 2005, S. 270.

101 Richard Swinburne, Responsibility and Atonement, 1989, S. 34.

102 Der Ausdruck «Zuschreibung von Verantwortung» bei Peter Bieri, Das Handwerk der Freiheit. Über die Entdeckung des eigenen Willens, 2001, S. 339. Zu konzeptionellen Fragen einer Verantwortungsethik siehe meine zusammenfassende Darstellung in: Wolfgang Huber, Toward an Ethics of Responsibility, in: Journal of Religion 73 (4/1993), S. 573–591, erstmals übersetzt für diesen Band, S. 73–96.

103 Max Weber, Politik als Beruf, in: Ders., Gesammelte politische Schriften, hrsg. v. Johannes Winckelmann, 4. Aufl. 1980, S. 505–560.

104 Vgl. insbesondere Hans Jonas, Das Prinzip Verantwortung. Versuch einer Ethik für die technologische Zivilisation, 1979; Dietrich Birnbacher, Verantwortung für zukünftige Generationen, 1988; Karl-Otto Apel, Diskurs und Verantwortung. Das Problem des Übergangs zur postkonventionellen Moral, 1988.

105 Dietrich Bonhoeffer, Ethik, in: Ders., Werke, Bd. 6, 1992, S. 256–299; H. Richard Niebuhr, The Responsible Self. An Essay in Christian Moral Philosophy, 1978.

106 Vgl. Wolfgang Schumacher, Theologische Ethik als Verantwortungsethik. Leben und Werk Heinz Eduard Tödts in ökumenischer Perspektive, 2006.

107 H. Richard Niebuhr, The Responsible Self. An Essay in Christian Moral Philosophy, 1978, S. 65.

108 Zum Begriff der Schuldübernahme siehe Dietrich Bonhoeffer, Ethik, in: Ders., Werke, Bd. 6, 1992, S. 275 ff.

109 Ebd., S. 277.

110 Friedrich Schleiermacher, Über die Freiheit, in: Ders., Kritische Gesamtausgabe. Schriften und Entwürfe, Bd. 1, Berlin 1984, S. 217–356; Wilhelm Dilthey, Leben Schleiermachers, Bd. 1, 2. Aufl. 1922, S. 143–148. Den Hinweis auf Schleiermachers Jugendschrift verdanke ich Wilfried Härle, Menschsein in Beziehungen. Studien zur Rechtfertigungslehre und Anthropologie, 2005, S. 299 f.

111 Amitai Etzioni, Die Verantwortungsgesellschaft, 1997, S. 19; ich ziehe freilich den Begriff der Freiheit dem der Autonomie in diesem Zusammenhang vor.

112 Hans-Richard Reuter, Eigenverantwortung und Solidarität – Befähigung zur Teilhabe. Zur neueren Gerechtigkeitssemantik in der evangelischen Sozialethik, in: Hermann-Josef Große-Kracht/Christian Spieß (Hg.), Christentum und Solidarität. Bestandsaufnahmen zu Sozialethik und Religionssoziologie, 2008, S. 501–522, bes. S. 513.

113 Vgl. Robert Spaemann, Art. «Freiheit IV», in: Historisches Wörterbuch der Philosophie, Band 2, 1972, Sp. 1097.

114 Zur Interpretation der sogenannten Libet-Experimente vgl. Wilfried Härle, Menschsein in Beziehungen. Studien zur Rechtfertigungslehre und Anthropologie, 2005, S. 285 ff.

115 Gerhard Roth, Fühlen, Denken, Handeln. Wie unser Gehirn unser Verhalten steuert, 2001, S. 443.

116 Ebd., S. 445.

117 Amartya Sen, Ökonomie für den Menschen, 2000.

118 Ebd., S. 10.

119 Ebd., S. 70.

120 Gerhard Uhlhorn, Das Christentum und das Geld, 1882, in: Ders., Gesammelte Werke, Schriften zur Sozialethik und Diakonie, S. 126.

III. Die Stimme der Christen in der Demokratie

1 Friedrich Daniel Ernst Schleiermacher, Reden über die Religion, hg. v. Rudolf Otto, 6. Aufl. 1967, S. 157 f.

2 Karl Marx, Das Kapital, Bd. 3 (Marx-Engels-Werke 25), 1964, S. 828.

3 Karl Barth, Reformierte Lehre, ihr Wesen und ihre Aufgabe (Vortrag in Emden 1923), in: Ders., Das Wort Gottes und die Theologie, 1925, S 179 ff., hier: S. 189.

4 Vgl. etwa die entsprechenden Formulierungen in der Studie der Kammer der EKD für öffentliche Verantwortung, Die Menschenrechte im ökumenischen Gespräch, in: Die Denkschriften der EKD, Bd. 1/2, 1978, S. 87 ff., hier: S. 96.

5 René Descartes, Discours de la méthode, hg. v. L. Göber, 1960, S. 100.

6 Martin Luther, Von der Freiheit eines Christenmenschen, in: Ders.: Werke in Auswahl, Bd. 2: Schriften von 1520 bis 1524, hg. von Otto Clemen, 1959, S. 11, 6–9, siehe auch oben S. 16.

7 Ebd., S. 15, 2–4.

8 Vgl. Karl Barth, Kirchliche Dogmatik IV/1, 1953 und IV/2, 1955.

9 Gustav W. Heinemann, Synode und Parlament (Vortrag zum Gedenken an die Emder Synode von 1571), in: Evangelische Kommentare 4 (1971), S. 668 f.

10 Erich Fromm, Haben oder Sein. Die seelischen Grundlagen einer neuen Gesellschaft, 1976, S. 56.

11 Vgl. Gustav W. Heinemann, Synode und Parlament (Vortrag zum Gedenken an die Emder Synode von 1571), in: Evangelische Kommentare 4 (1971), S. 668.

12 Vgl. Wolfgang Huber, Folgen christlicher Freiheit. Ethik und Theorie der Kirche im Horizont der Barmer Theologischen Erklärung, 2. Aufl. 1985, S. 131 ff.

13 Vgl. Kirchenkanzlei der EKD, Kirchenaustritte als Herausforderung an kirchenleitendes Handeln, epd-Dokumentation Nr. 52/77.

14 Johann B. Metz, Glaube in Geschichte und Gesellschaft, 1977, S. 66.

15 Charakteristisch etwa Eilert Herms, Theologie – eine Erfahrungswissenschaft, 1978, oder Wolfgang Lück, Praxis: Kirchengemeinde, 1978.

16 Johann B. Metz, Glauben in Geschichte und Gesellschaft, 1977, S. 66.

17 Karl Barth, Das christliche Leben (Fragmente zu Kirchliche Dogmatik IV/4), 1976, S. 223 ff.

18 Johann B. Metz hat (in: Zur Theologie der Welt, 1968) die Kirche als «Institution gesellschaftskritischer Freiheit» charakterisiert. Diese Formel zielte allein auf die gesellschaftlichen Wirkungen der Kirche; das Kirchenver-

ständnis der «politischen Theologie» konnte deshalb im Sinn eines «gesetzlichen Aktivismus» gedeutet werden. T. Rendtorff (in: Erhard Domay (Hg.), Manipulation in der Kirche?, 1977, und anderen Beiträgen) hat die Kirche eine «Institution der Freiheit» genannt und dabei hervorgehoben, dass die vorgegebene Ordnung der Kirche (Beispiel: Kindertaufe) individuelle Freiheit eröffnet. Die Formel von der Kirche als Raum und Anwalt der Freiheit hebt dagegen vor allem auf die Erfahrung von Freiheit ab. Kirchliches Eintreten für die Freiheit ist Antwort auf die Erfahrung der Freiheit. Dass vorgegebene Ordnungen und Institutionen Freiheit eröffnen, kann – gegen den Anschein, den Rendtorffs These erweckt – keineswegs von vornherein als ausgemacht gelten, sondern muss sich im Einzelnen erweisen. Deshalb gilt die Frage, ob die Erfahrung von Freiheit eröffnet oder verstellt wird, in der hier vertretenen Konzeption als der kritische Maßstab, an dem Recht und Organisation der Kirche zu prüfen sind.

19 Etwas anders konzipierte Typologien bieten beispielsweise an: Reinhard Marx, Ist Kirche anders? Möglichkeiten und Grenzen einer soziologischen Betrachtungsweise, 1990, insbesondere S. 450 f. (Kontrastgesellschaft; Einschwenken auf den Weg der Postmoderne, Erneuerung des Bündnisses mit der Moderne; Kultur- oder Zivilreligion), John T. Pawlikowski OSM, Catholicism and the Public Church. Recent US Developments, in: Annual of the Society of Christian Ethics 1989, 1989, S. 147–165 (Heiligkeitsmodell; Modell der öffentlichen Kirche; liberationistisches Modell; prophetisches Modell).

20 2 Kor 5,19–20.

21 Mt 28,18–20.

22 Vgl. die ausführlichste Auslegung dieses Textes in: Wilhelm Hüffmeier (Hg.), Für Recht und Frieden sorgen. Auftrag der Kirche und Aufgabe des Staates nach Barmen V, 1986.

23 Vgl. als repräsentatives Beispiel: Alfred Burgsmüller (Hg.), Zum politischen Auftrag der christlichen Gemeinde. Barmen II, 1974.

24 Der Schlüsseltext für die Neuinterpretation des Verhältnisses von Kirche und Staat im evangelischen Bereich stammt von Rudolf Smend, Staat und Kirche nach dem Bonner Grundgesetz (1951), in: Ders., Staatsrechtliche Abhandlungen und andere Aufsätze, 2. Aufl. 1968, S. 411–422.

25 Wolfgang Huber, Kirche und Öffentlichkeit, 2. Aufl. 1991. Vgl. jetzt die Zusammenfassung meiner Position in: Wolfgang Vögele, Zivilreligion in der Bundesrepublik Deutschland, Diss. Heidelberg 1993, S. 318–327.

26 Vgl. neben der schon in Wolfgang Huber, Kirche und Öffentlichkeit, 2. Aufl. 1991, S. 11 ff., verarbeiteten Literatur insbesondere Lucian Hölscher, Art. «Öffentlichkeit», in: Geschichtliche Grundbegriffe IV, 1978, S. 413–467; Ders., Öffentlichkeit und Geheimnis, Stuttgart 1979; Ders., Art. «Öffentlichkeit», in: Historisches Wörterbuch der Philosophie, Bd. 6, 1984, Sp. 1134–1140; H. Hofmann, Art. «Öffentlich/privat», ebd., Sp. 1131–1134; A. Rinken, Art. «Öffentlichkeit», in: Staatslexikon, Bd. IV (7. Aufl. 1988), S. 138–142; Jürgen Habermas, Strukturwandel der Öffentlichkeit, Vorwort zur Neuauflage von 1990, S. 11–50; Ders., Faktizität und Geltung. Beiträge

zur Diskurstheorie des Rechts und des demokratischen Rechtsstaats, S. 399–467.

27 Hannah Arendt, Vita Activa (engl. 1958, dt. 1967), Neuausgabe 1981, S. 27–75; vgl. dazu insbesondere Seyla Benhabib, Modelle des öffentlichen Raums: Hannah Arendt, die liberale Tradition und Jürgen Habermas, in: Soziale Welt 42 (1991), S. 147–156.

28 Samuel Gottlieb Bürde, Vermischte Gedichte, 1789, S. 126, zitiert nach Hildebert Kirchner, Beiträge zur Geschichte der Entstehung der Begriffe «öffentlich» und «öffentliches Recht», Diss. jur. Göttingen 1949, S. 56.

29 Ausschließlich an der Gegenüberstellung von «öffentlich» und «privat» orientiert sich Richard Schröder in seinen lesenswerten Erwägungen zum Thema: Deutschland schwierig Vaterland. Für eine neue politische Kultur, 1993, S. 116 ff. Von derselben Gegenüberstellung lässt sich auch Richard Sennett leiten: Verfall und Ende des öffentlichen Lebens. Die Tyrannei der Intimität, 1983.

30 Christian Wolff, Grundsätze des Natur- und Völkerrechts (1754), in: Ders., Gesammelte Werke, Bd. I/19, 1980, S. 725 f.

31 Kant hat dem Begriff des öffentlichen Rechts eine darüber hinausreichende inhaltliche Wendung gegeben, indem er die Publizität zum transzendentalen Prinzip des öffentlichen Rechts erklärt hat: Immanuel Kant, Zum ewigen Frieden (1795), in: Ders., Werke, hg. v. Wilhelm Weischedel, Bd. VI, S. 244 ff.

32 Die klassische Zusammenfassung dieses Begriffs der bürgerlichen Gesellschaft findet sich in Hegels Rechtsphilosophie: Georg Wilhelm Friedrich Hegel, Grundlinien der Philosophie des Rechts (1821), in: Ders., Theorie Werkausgabe, Bd. 7, 1973, S. 346 ff.

33 Zusammenfassend Herbert Krüger, Allgemeine Staatslehre, 2. Aufl. 1966, S. 347.

34 Friedrich Julius Stahl, Philosophie des Rechts, Bd. II/1, 5. Aufl. 1878, S. 302.

35 Friedrich Christoph Dahlmann, Politik, Leipzig 1847, § 139.

36 Karl von Rotteck/Carl Theodor Welcker, Staats-Lexicon, Bd. X, 2. Aufl. 1848, S. 246 ff.

37 Ebd.

38 Vgl. als exemplarische Erörterung Ernst-Wolfgang Böckenförde, Recht, Staat, Freiheit. Studien zur Rechtsphilosophie, Staatstheorie und Verfassungsgeschichte, 1991, S. 92 ff.

39 Vergleiche als exemplarische Erörterung Charles E. Lindblom, Politics and Markets, 1977 (dt.: Jenseits von Markt und Staat, 1980).

40 Die Begrenzung der Durchsetzungsansprüche des Marktmechanismus setzt also mehr voraus als nur die politische Kontrolle einerseits und die «Existenzverfassung der handelnden (interagierenden) personalen Individuen» andererseits; vgl. zu diesem Ansatz Eilert Herms, Grundzüge eines theologischen Begriffs sozialer Ordnung, in: Ders., Gesellschaft gestalten. Beiträge zur evangelischen Sozialethik, 1991, S. 56–94. Vorausgesetzt ist die

Eigenständigkeit zivilgesellschaftlicher Institutionen einerseits, die Eigenständigkeit kultureller Kommunikation andererseits.

41 Dieses Vorurteil gegen jede Art der Frage nach dem Gemeinwohl prägt viele Beiträge von Friedrich Wilhelm Graf; vgl. exemplarisch die Kontroverse zwischen Friedrich Wilhelm Graf und Wolfgang Huber, in: Zeitschrift für evangelische Ethik 36 (1992), S. 175–191 und S. 303–305.

42 Vgl. Jürgen Habermas, Strukturwandel der Öffentlichkeit, Neuausgabe 1990.

43 Vgl. Charles Taylor, Sources of the Self. The Making of Modern Identity, 1989, S. 3 ff.

44 Richard J. Bernstein/John Dewey, Democracy: The Task Ahead of us, in: John Rajchman/Cornel West (Hg.), Post-Analytical Philosophy, 1985, S. 48 ff.

45 Michael Walzer, Zivile Gesellschaft und amerikanische Demokratie, 1992, S. 78 ff.

46 John Dewey, The Public and its Problems (1927), Nachdruck 1980.

47 Diese Verknüpfung ist beispielsweise das entscheidende Merkmal für Michael Walzers Variante des Kommunitarismus, bestimmt aber auch die Konzeption von Robert N. Bellah u. a., The Good Society, 1991.

48 Vgl. dazu ausführlichere Überlegungen in Wolfgang Huber, Die tägliche Gewalt. Gegen den Ausverkauf der Menschenwürde, 1993, Kap. 3.

49 Robert N. Bellah u. a., Habits of the Heart, 1985 (dt.: Gewohnheiten des Herzens, 1987).

50 Vgl. Martin Honecker, Art. «Kirche VIII. Ethisch», in: Theologische Realenzyklopädie, Bd. 18, 1989, S. 317–334, bes. S. 324 ff.

51 Vgl. Eilert Herms, Erfahrbare Kirche. Beiträge zur Ekklesiologie, 1990, bes. S. 40 ff.

52 So Eberhard Jüngel, Kirche im Sozialismus – Kirche im Pluralismus. Theologische Rückblicke und Ausblicke, 1993, S. 44, im Anschluss an Eilert Herms.

53 Zu dieser Gegenüberstellung siehe Jüngel, ebd.

54 Vgl. Confessio Augustana VII (Bekenntnisschriften der Lutherischen Kirchen, 61,2–5): «Est autem ecclesia congregatio sanctorum, in qua evangelium pure docetur et recte administrantur sacramenta.» Vgl. Apologie der Confessio Augustana VII (Bekenntnisschriften der Lutherischen Kirchen 238, S. 27 f.).

55 So variiere ich eine Formel von Eberhard Jüngel, Kirche im Sozialismus – Kirche im Pluralismus. Theologische Rückblicke und Ausblicke, 1993, S. 43, in Anspielung an Kants Begriff der Freiheit als des Vermögens, «einen Zustand von selbst anzufangen» (Kritik der reinen Vernunft B 561, hg. v. Wilhelm Weischedel, Bd. II, S. 488).

56 Dietrich Bonhoeffer, Widerstand und Ergebung, 1990, S. 26.

57 Dazu zusammenfassend Heinrich Bedford-Strohm, Vorrang für die Armen. Auf dem Wege zu einer theologischen Theorie der Gerechtigkeit, 1993.

58 Vgl. Wolfgang Huber, Selbstbegrenzung aus Freiheit. Über das ethische

Grundproblem des technischen Zeitalters, in: Evangelische Theologie 52 (1992), S. 128–146.

59 Vgl. jetzt, frühere Untersuchungen zusammenfassend, Michael Welker, Gottes Geist. Theologie des heiligen Geistes, 1992, v. a. S. 29–32, 109–123.

60 Zu diesem Begriff vgl. insbesondere Ronald F. Thiemann, Constructing a Public Theology. The Church in a Pluralistic Culture, 1991; Wolfgang Vögele, Zivilreligion in der Bundesrepublik Deutschland, Diss. Heidelberg 1993, S. 345 ff.; Wolfgang Huber, Vorwort, in: Bruce C. Birch/Larry L. Rasmussen, Bibel und christliche Ethik, 1993.

61 Vgl. Václav Havel, Versuch, in der Wahrheit zu leben, 1989.

62 Vgl. exemplarisch Bruce Ackerman, Why Dialogue, in: The Journal of Philosophy 86 (1989), S. 5–22.

63 Darin liegt eine bisher noch kaum ausgeschöpfte Bedeutung der Demokratie-Denkschrift der EKD: Evangelische Kirche und freiheitliche Demokratie. Der Staat des Grundgesetzes als Angebot und Aufgabe. Eine Denkschrift der Evangelischen Kirche in Deutschland, 1985.

64 Zur ekklesiologischen Bedeutung der Denkschriften vgl. zusammenfassend Wolfgang Huber, Kirche und Öffentlichkeit, 2. Aufl. 1993, S. 579 ff.; Martin Honecker, Die Denkschriften der EKD als Paradigma ethischer Argumentation, in: Kirche im Spannungsfeld der Politik. Festschrift für Hermann Kunst, 1977, S. 131–142; E. Wilkens, Politischer Gottesdienst, 1978; Henning Schröer, Art. «Denkschriften, kirchliche», in: Theologische Realenzyklopädie, Bd. 8, 1981, S. 493–499; Martin Honecker, Sind Denkschriften kirchliche Lehre? in: Zeitschrift für Theologie und Kirche 81 (1984), S. 241–263.

65 Gemeinwohl und Eigennutz. Wirtschaftliches Handeln in Verantwortung für die Zukunft. Eine Denkschrift der Evangelischen Kirche in Deutschland, 1991, S. 125.

66 Vgl. Wolfgang Lienemann (Hg.), Die Finanzen der Kirche. Studien zur Struktur, Geschichte und Legitimation kirchlicher Ökonomie, 1989.

67 Vgl. Wolfgang Huber, Religionsfreiheit und Kirchenfreiheit, in: Ders., Konflikt und Konsens. Studien zur Ethik der Verantwortung, München 1990, S. 291–320.

68 Wegen des skizzenhaften Charakters der folgenden Argumentation verzichte ich auf Literaturnachweise.

69 So schon Wolfgang Huber, Kirche und Öffentlichkeit, 2. Aufl. 1991, S. 533 ff.

70 Vgl. Heinrich August Winkler, Geschichte des Westens, Bd. I: Von den Anfängen in der Antike bis zum 20. Jahrhundert, 2009, insbesondere S. 35 ff., sowie Ders., Was heißt westliche Wertegemeinschaft?, in: Ders., Auf ewig in Hitlers Schatten? Anmerkungen zur deutschen Geschichte, 2007, S. 180–201.

71 Zusammenleben mit Muslimen in Deutschland. Gestaltung der christlichen Begegnung mit Muslimen. Eine Handreichung des Rates der Evangelischen Kirche in Deutschland, Gütersloh 2000; Klarheit und gute Nachbarschaft.

Christen und Muslime in Deutschland. Eine Handreichung des Rates der Evangelischen Kirche in Deutschland, Hannover 2006.

72 Nikolaus Knoepffler, Toleranz und Umgang der Religionen mit bioethischen Kontroversen, in: Zeitschrift für Evangelische Ethik 53 (2009), S. 252–266, hier: S. 252 f.

73 Christian Waldhoff, Neue Religionskonflikte und staatliche Neutralität. Erfordern weltanschauliche und religiöse Entwicklungen Antworten des Staates? Gutachten D zum 68. Deutschen Juristentag, 2010, D 173.

Textnachweise

Alle Texte, die in dieses Buch Eingang gefunden haben, wurden kritisch durchgesehen, bearbeitet und teilweise gekürzt.

Theologie der Befreiung – ein Anstoß Martin Luthers: In: Protestantismus und Protest. Zum Verhältnis von Ethik und Politik, Rowohlt Verlag, Reinbek bei Hamburg 1987, S. 49–68.

Die Bedeutung der Reformation – 500 Jahre danach: Festrede zur Eröffnung der Lutherdekade in der Schlosskirche Wittenberg. In: epd-Dokumentation 42 (2008), S. 10–14; auch in: Luther 2017. 500 Jahre Reformation. Jahrbuch 2008, Wittenberg 2009, S. 22–28. – Festvortrag zur Eröffnung der Lutherdekade in der Schlosskirche zu Wittenberg am 21. September 2008.

Evangelisch im 21. Jahrhundert: In: Im Geist der Freiheit, Herder Verlag, Freiburg i. Br. 2007, S. 156–180. – Dem Text liegt der Eröffnungsvortrag für den Zukunftskongress der Evangelischen Kirche in Deutschland zugrunde, der vom 25. bis 27. Januar 2007 in Wittenberg stattgefunden hat.

Sozialethik und kommunikative Freiheit: In: Folgen christlicher Freiheit. Ethik und Theorie der Kirche im Horizont der Barmer Theologischen Erklärung. Neukirchener Verlag, Neukirchen-Vluyn 1983, S. 113–127. – Der Text geht auf einen Vortrag in Marburg am 25. Oktober 1979 zurück.

Eine Ethik der Verantwortung: Unter dem Titel «Towards an Ethics of Responsibility» in: The Journal of Religion, vol. 74, no. 4 (1993), S. 573–591. – Dieser Aufsatz wurde für die Konferenz «Realism and Responsibility in Contemporary Ethics» verfasst, die am 28. Februar 1992 an der Divinity School der Universität

Chicago stattfand; der Text wurde von Marc Bergermann für den vorliegenden Band ins Deutsche übersetzt.

Freiheit als Lebensform: In: Thomas Fuchs/Grit Schwarzkopf (Hgg.), Verantwortlichkeit – nur eine Illusion? Schriften des Marsilius-Kollegs, Bd. 3, Universitätsverlag Winter, Heidelberg 2010, S. 319–340.

Gerechte Teilhabe: Ein Auftrag für Christen: In: Wolfgang Nethöfel u. a. (Hgg.), Verantwortungsethik als Theologie des Wirklichen, Vandenhoeck & Ruprecht, Göttingen 2009, S. 18–34. – Festvortrag zum Symposion «Theologie des Wirklichen. 75 Jahre Sozialethik in Marburg» am 4. Juli 2007.

Protestantismus und Demokratie: In: Protestantismus und Protest. Zum Verhältnis von Ethik und Politik. Rowohlt Verlag, Reinbek bei Hamburg 1987, S. 69–83.

Die Kirche als Anwalt der Freiheit: In: Folgen christlicher Freiheit. Ethik und Theorie der Kirche im Horizont der Barmer Theologischen Erklärung. Neukirchener Verlag, Neukirchen-Vluyn 1983, S. 205–216. – Vortrag vor dem Deutschen Pfarrertag in Emden am 19. September 1978.

Öffentliche Kirche in pluralen Öffentlichkeiten: In: Evangelische Theologie 54 (1994), S. 157–180. Erweiterte Fassung eines Vortrags im Rahmen der Werner-Reihlen-Vorlesung an der Humboldt-Universität zu Berlin am 12. Mai 1993.

Neue Religionskonflikte und staatliche Neutralität: In: Verhandlungen des 68. Deutschen Juristentages Berlin 2010, herausgegeben von der Ständigen Deputation des Deutschen Juristentages, Bd. II/1: Sitzungsberichte – Referate und Beschlüsse, Abteilung Öffentliches Recht, Verlag C. H. Beck, München 2011, S. 57–66. – Kurzreferat in der Abteilung Öffentliches Recht des 68. Deutschen Juristentags Berlin, 21. bis 24. September 2010.

Der christliche Glaube und die politische Kultur in Europa: In: Helmut Goerlich/Wolfgang Huber/Karl Lehmann, Verfassung ohne Gottesbezug? Zu einer aktuellen europäischen Kontroverse, Leipzig 2004, S. 45–60; auch in: epd-Dokumentation, 24, 2004, S. 12–20; Englisch in: Asia Europe Journal 3 (2004), S. 327–336; auch in: Peter Schreiner (Hg.), Europa – Bildung – Religion, München/Berlin 2006, S. 15–26. – Vortrag vom 24. Mai 2004 im Haus der EKD in Brüssel.

Eine ökumenische Vision für Europa: In: Thomas Flügge u. a. (Hgg.), Wo Gottes Wort ist. Die gesellschaftliche Relevanz von Kirche in der pluralen Welt. Festgabe für Thomas Wipf. Beiträge zu Theologie, Ethik und Kirche 6, Zürich 2010, S. 239–248. – Der Text geht auf die Bibelarbeit bei der Vollversammlung der Konferenz Europäischer Kirchen (KEK) in Lyon am 16. Juli 2009 sowie auf den Vortrag beim Nikaean Club Annual Dinner am 10. September 2009 in Lambeth Palace, London, zurück.

Die Herausgeber

Helga Kuhlmann ist Professorin für Systematische Theologie und Ökumene sowie Stellvertretende Vorsitzende des Zentrums für Komparative Theologie und Kulturwissenschaften an der Universität Paderborn. Sie ist Mitglied der Kammer für Theologie der EKD und nimmt darüber hinaus weitere Funktionen wahr. Bekannt wurde sie durch zahlreiche Publikationen und Vorträge zu Theologie, Ethik und Religion in der Moderne und als Mitherausgeberin der «Bibel in gerechter Sprache». Zu ihren letzten Veröffentlichungen gehören «Eher eine Kunst als eine Wissenschaft. Resonanzen der Theologie Dorothee Sölles» (Hrsg., 2007) und «Fehlbare Vorbilder in Bibel, Christentum und Kirchen. Von Engeln, Propheten und Heiligen bis zu Päpsten und Bischöfinnen» (Hrsg., 2010).

Tobias Reitmeier ist wissenschaftlicher Mitarbeiter an der Dietrich-Bonhoeffer-Forschungsstelle für Öffentliche Theologie an der Universität Bamberg, wo er über Wirtschaftsethik forscht.

Personenregister

237

§. 90 Eschatologie, Teleologie